Portanto…

Pepetela

Estudos Literários 32

Apoio:
CAPES

Rita Chaves
Tania Macêdo
(orgs.)

Portanto... Pepetela

Ateliê Editorial

FAPESP

CAXINDE Edições Chá de Caxinde

UNEMAT

Dados Internacionais de Catalogação na Publicação (CIP)
(Câmara Brasileira do Livro, SP, Brasil)

Portanto... Pepetela / Rita Chaves, Tania Macêdo, (orgs.) – São Paulo: Ateliê Editorial, 2009.

ISBN 978-85-7480-457-6
Bibliografia.

1. Escritores angolanos – Crítica e interpretação 2. Literatura africana (Português) – História e crítica 3. Pepetela I. Chaves, Rita. II. Macêdo, Tania.

08-10218 CDD-863.09

Índices para catálogo sistemático:
1. Romances: Literatura angolana em português: Crítica e interpretação 863.09

Direitos reservados à
ATELIÊ EDITORIAL
Estrada da Aldeia de Carapicuíba, 897
06709-300 – Granja Viana – Cotia – SP
Telefax: (11) 4612-9666
www.atelie.com.br / atelie@atelie.com.br
2009
Printed in Brazil
Foi feito o depósito legal

Sumário

Pepetela, Entre Nós

Muitos fatos e alguma imaginação cercaram a preparação da primeira edição deste livro, lançado em Luanda pela Editorial Chá de Caxinde em 2002. O enorme interesse despertado pelas literaturas africanas em nossos cursos de Letras – e não só – e a impressionante carência de material bibliográfico vêm alertando os estudiosos para a urgência de reduzir a distância que ainda nos separa do continente africano. Entre nós, professores e alunos da Área de Estudos Comparados das Literaturas de Língua Portuguesa da Universidade de São Paulo, a ideia de reunir textos que pudessem minimizar o vazio da desinformação converteu-se em convicção e fez nascer o projeto de uma série de coletâneas em torno das Literaturas Africanas de Língua Portuguesa.

A decisão, tomada em 2000, conduziu-nos ao problema da definição da obra a inaugurar o nosso itinerário. Seguindo os caminhos dessas literaturas, optamos por consultar a nossa história enquanto centro de pesquisa e ensino na área e o nome de Pepetela logo surgiu entre os autores mais estudados entre nós. Entre os alunos da Graduação e os da Pós-Graduação, e o próprio escritor pôde testemunhar o fato em algumas das visitas que nos fez, seus textos permanecem despertando um entusiasmo digno de registro.

Do ponto de vista científico estaria justificada uma iniciativa como essa; no entanto, a história desse livro apenas começa aí, pois a aproximação do ano 2001 fez recordar-nos que o nosso "objeto de estudo" completaria em outubro sessenta anos. Essa primeira edição converteu-se, então, também numa forma de homenagem. Hoje, alguns anos depois, a confirmação do interesse pela obra do autor motivou essa segunda edição, que ganha uma nova configuração, destinada, em especial, ao público brasileiro.

De um modo geral mantém-se a divisão do livro, sendo cinco as partes que o compõem. A primeira incide sobre a trajetória do autor, com o registro de alguns dos passos da sua vida e a criação de sua obra, completando-se com um quadro informativo sobre as edições e traduções de seus livros. Na segunda parte, é o autor que nos apresenta um pouco de si mesmo, captado o seu pensamento em entrevistas concedidas nos últimos anos. Abordando temas variados, ele revela-nos algumas de suas convicções, abrindo-nos um pouco do seu passado, de seu presente, de seu país e de sua obra. Na sequência, vem a voz de alguns de seus companheiros – de ofício, de luta, da utopia que, felizmente, foi além da sua geração. Nesses depoimentos transparecem outras dimensões de sua personalidade que o leitor de seus livros há de gostar de descobrir. Em forma de artigos e em jeito de resenhas, sua obra é abordada por vários especialistas, professores e estudiosos do Brasil, de Portugal e de Moçambique, num conjunto de estudos que bem atestam a qualidade de seu trabalho e a sua relevância no terreno dos estudos literários. Tal repercussão pode ser ainda comprovada na listagem de dissertações de mestrado e teses de doutoramento que têm Pepetela como tema, com que encerramos a nossa viagem com o escritor. A relação foi obtida a partir de consultas feitas a muitas das universidades brasileiras.

Diante do material aqui reunido, constatamos, com alegria, que o movimento iniciado na Área de Pós-Graduação em Estudos Comparados de Literaturas de Língua Portuguesa, assumido com entusiasmo por um grupo de alunos e professores, espalhou-se por algumas outras instituições brasileiras de ensino e pesquisa, numa adesão que exprime a relevância do autor no âmbito das universidades do país, e não só. Colegas de outras nacionalidades aderiram ao projeto. A todos que dividiram conosco estas páginas fica ainda a nossa gratidão.

Na preparação da primeira edição, algumas pessoas foram fundamentais, intervindo de variadas maneiras para que o desejo ganhasse corpo: Conceição Barata, Jacques dos Santos, José Luís Cabaço, Luís Samora Cabaço, Paula Tavares e Idasse, artista plástico moçambicano que ofereceu o desenho para a capa. É preciso registrar a contribuição de Célia Marinangelo, Marina Ruivo e Vima Lia de Rossi Martin, pela dedicação à pesquisa que esteve na base desse projeto. De maneira particular, na presente edição, ressaltamos a participação de Érica Antunes, responsável pela atualização e organização dos dados acrescentados. Sua competência e desvelo foram essenciais na consecução do projeto.

A revisão e a atualização do material não significa que o livro esteja completo. Uma vez mais, inspiradas pela doce ironia com que nos seduz o escritor, também nós defendemos que não está acabado um livro a que chamamos *Portanto...* Seus textos incentivam-nos a prosseguir na pesquisa e na divulgação não só do seu, mas do trabalho daqueles escritores que com seu talento ajudam a reinventar essa nação chamada Angola.

Fingindo concluir, queremos reiterar a nossa gratidão ao escritor pela generosa disponiblidade. E reafirmar a nossa convicção na importância da sua obra.

Rita Chaves e Tania Macêdo

I

Pepetela: As Estórias na História

Cronologia

1941 – A 29 de outubro, em Benguela, nasce Artur Carlos Maurício Pestana dos Santos, filho de Maria Helena Maurício Pestana dos Santos e José Guilherme Figueiredo Pestana dos Santos. A família de sua mãe estava radicada em Angola há pelo menos cinco gerações, sendo responsável pela fundação da cidade de Moçâmedes, atual Namibe. Já seus avós paternos eram imigrantes portugueses.

1955 – Pepetela deixa Benguela após terminar o 5º ano no Colégio Nuno Álvares e parte para o Lubango, dando continuidade a seus estudos no Liceu Diogo Cão, internato dos padres maristas.

1958 – Pepetela vai para Lisboa, onde se matricula no Instituto Superior Técnico para estudar Engenharia, curso que não conclui. Opta, então, por se matricular em História na Faculdade de Letras de Lisboa. Como frequentador da CEI (Casa dos Estudantes do Império), é eleito para compor sua Assembleia Geral. Participa de diversas organizações estudantis, colaborando na formação da RIA (Reunião Inter-Associações).

1959 – Pepetela escreve seus primeiros contos que são publicados na revista *Mensagem* (CEI).

1962 – Para escapar da convocação do exército colonial, Pepetela sai de Lisboa e vai para Paris, lá permanecendo por seis meses. Em Angola, publicação do conto "As Cinco Vidas de Teresa" na antologia *Novos Contos d'África.*

1963 – Pepetela deixa Paris e fixa-se em Argel, onde permanecerá nos próximos seis anos, formando-se em Sociologia pela Universidade de Argel.

1964 – Juntamente com Adolfo Maria, Henrique Abranches, João Vieira Lopes e Kasesa, Pepetela funda o Centro de Estudos Angolanos, que tinha como principal objetivo auxiliar a luta do Movimento Popular de Libertação de Angola (MPLA).

1969 – Em abril, Pepetela escreve *Muana Puó*. É recrutado para a luta armada, deslocando-se para a segunda região político-militar (em Cabinda), onde se torna responsável da Educação.

1970 – Em Cabinda, Pepetela participa de sua primeira ação de combate como jornalista da rádio do MPLA (Angola Combatente). É na guerrilha que ele recebe o nome de guerra Pepetela, o qual, em umbundo, significa "pestana".

1971 – Pepetela escreve *Mayombe*, em plena frente guerrilheira.

1972 – Pepetela vai para a Frente Leste, onde assume as funções de diretor do Centro Augusto Ngangula e de secretário permanente da Educação; escreve *As Aventuras de Ngunga*, que recebe uma edição especial em Lisboa.

1973 – O Serviço de Cultura do MPLA divulga uma edição mimeografada de *As Aventuras de Ngunga.*

1974 – Pepetela vai para Luanda, onde instala a primeira delegação do MPLA juntamente com Lúcio Lara; em Benguela, assume o comando da guerra contra a Frente Nacional de Libertação de Angola (FNLA); torna-se diretor do Departamento de Educação e Cultura do MPLA.

1975 – Pepetela participa da União dos Escritores Angolanos (UEA), fundada em 10 de dezembro; ocupa o cargo de diretor do Departamento de Orientação Política do MPLA e integra o Estado-Maior da Frente Centro (FAPLA). Casa-se com Filomena.

1976 – Pepetela inicia sua participação no governo angolano como vice-ministro da Educação e como presidente da Comissão Nacional para a Unesco (United Nations Education, Science and Culture Organization), cargos que ocupará até 1982; conclui a escritura da peça *A Corda*.

1977 – Primeira edição comercial de *As Aventuras de Ngunga*; nascimento de sua filha Lueji em janeiro.

1978 – Pepetela escreve a peça teatral *A Revolta da Casa dos Ídolos*; publicação das obras *Muana Puó* e *A Corda*.

1979 – Em janeiro, Pepetela finaliza *A Revolta da Casa dos Ídolos*. Entre junho/julho, em Luanda, participa da VI Conferência dos Escritores Afro-Asiáticos, pela primeira vez sediada em território africano; começa a escrever *O Cão e os Caluandas* e concomitantemente coleta material para *Yaka*; publicação de *A Corda*.

1980 – Pepetela coordena a Comissão de Reformulação do Ensino Superior, desempenhando essa função até 1982. Publicação de *A Revolta da Casa dos Ídolos* e de *Mayombe*.

1981 – Pepetela recebe o Prêmio Nacional de Literatura, por *Mayombe*.

1982 – Pepetela deixa o cargo de vice-ministro da Educação.

1983 – Pepetela começa a trabalhar como professor agregado na Universidade Agostinho Neto, ministrando as disciplinas de Sociologia Geral e Sociologia Urbana no Departamento de Arquitetura; escreve *Yaka* e finaliza a escritura de *O Cão e os Caluandas*.

1984 – Pepetela participa da Comissão Diretiva da UEA, atuando como secretário das Relações Exteriores. Publicação de *Yaka*.

1985 – Pepetela publica *O Cão e os Caluandas* e recebe o Prêmio Nacional de Literatura por *Yaka*.

1988 – Em fevereiro, Pepetela finaliza *Lueji: O Nascimento dum Império*, em Luanda.

1989 – Pepetela escreve *Luandando: Resenha Histórico-sociológica*. Publicação de *Lueji: O Nascimento dum Império*.

1990 – Pepetela inicia a escritura da *Parábola do Cágado Velho* e publica *Luandando*.

1991 – Pepetela recebe uma bolsa de criação do Serviço Alemão de Intercâmbio Universitário, uma fundação do governo alemão, estabelecendo-se em Berlim, onde escreve *A Geração da Utopia*.

1992 – De volta a Angola, Pepetela retoma as aulas de Sociologia. Publicação de *A Geração da Utopia*.

1993 – Pepetela recebe o Prêmio da Associação Paulista dos Críticos de Arte (APCA) pelo livro *A Geração da Utopia*.

1994 – Pepetela começa a escrever *O Desejo de Kianda*.

1995 – Pepetela efetiva-se como professor titular na Universidade Agostinho Neto. Recebe prêmio da União dos Escritores Angolanos (UEA). Em novembro, fixa-se em Portugal, onde permanecerá até 1997. Publica *O Desejo de Kianda*.

1996 – Com subsídio do Instituto Camões e do Instituto Português de Cooperação, Pepetela inicia a escritura de *A Gloriosa Família: O Tempo dos Flamengos*; publica *Parábola do Cágado Velho*.

1997 – Pepetela recebe o Prêmio Camões pelo conjunto de sua obra; publica *A Gloriosa Família: O Tempo dos Flamengos.*

1998 – Pepetela volta a se fixar em Luanda e retoma o cargo de professor na Faculdade de Arquitetura.

1999 – Pepetela recebe o prêmio holandês Prinz Claus pelo conjunto de sua obra.

2000 – Pepetela publica *A Montanha da Água Lilás (Fábula para Todas as Idades*).

2001 – Pepetela recebe o Prêmio da Câmara Municipal de Sintra (Portugal). Publica *Jaime Bunda, Agente Secreto.*

2002 – Pepetela recebe a Ordem de Rio Branco (Brasil).

2003 – Pepetela publica *Jaime Bunda e a Morte do Americano.*

2005 – Pepetela publica *Predadores.*

2007 – Pepetela recebe o Prêmio Literário de Escritor Galego Universal promovido em Santiago de Compostela, Espanha, pela Associação de Escritores de Língua Galega (AELG). Publicação de *O Terrorista de Berkeley, Califórnia.*

2008 – Publicação de *O Quase Fim do Mundo* e de *Contos de Morte.*

Bibliografia

AS AVENTURAS DE NGUNGA (escrito em 1972)

- 1ª edição: Serviços de Cultura, Frente Leste (Angola), 1973 (mimeografado).
- União de Escritores Angolanos, Luanda (Angola), 1976, 1977. (livro de bolso), 1978 (livro de bolso), 1985, 1988.
- Edições 70, Lisboa (Portugal), 1976.
- Ática, São Paulo (Brasil), 1980, 1981, 1983, 1987.
- Nzila, Luanda (Angola), 2000, 2002.
- Publicações Dom Quixote, Lisboa (Portugal), 2002.

Traduções

- Russo: tradução de Helena Riauzova, Edições Khudozhestvenaia, Moscou (Rússia), 1977; Edições Progresso, Moscou (Rússia), 1978; Edições Detguiz, Moscou (Rússia), 1981.
- Inglês: tradução de Chris Searle, Writers and Readers Publishing Cooperative, Londres (Inglaterra), 1980; Anvil Press, Harare (Zimbábue), 1988.
- Alemão: tradução de Tilla Thonig e Norbert Pohl, Der Kinderbuchverlag, Berlim (Alemanha), 1981, 1985.
- Servo-croata: tradução de Jelena Colic e Carlos Alberto de Sá Faria, Edições Decje Novine, Belgrado (Sérvia), 1982.
- Sueco: tradução de Hillevi Nilsson, Afrikagrupperna i Sverige, Estocolmo (Suécia), 1983.
- Espanhol: Livros del Astillero, Montevidéu (Uruguai), 1986.
- Basco: tradução de Bego Montorio, Txalaparta, Tafalla (Espanha), 1996.

MUANA PUÓ (escrito em 1969):

- 1ª edição: UEA, Luanda (Angola), 1978.
- Edições 70, Lisboa (Portugal), 1978.
- Publicações Dom Quixote, Lisboa (Portugal), 1995, 1995, 2002.

Traduções

- Alemão: tradução de Klaus Laabs, Volk und Welt, Berlim (Alemanha), 1985.
- Ucraniano: tradução de Andrej Berezny, Dnipro, Kíev (Ucrânia), 1985.

MAYOMBE (escrito em 1971)

- 1ª edição: UEA, Luanda (Angola), 1980, 1981 (livro de bolso), 1985 (livro de bolso).
- Edições 70, Lisboa (Portugal), 1980, 1982, 1988.
- Círculo de Leitores, Lisboa (Portugal), 1982.
- Ática, São Paulo (Brasil), 1982.
- Publicações Dom Quixote, Lisboa (Portugal), 1993, 1999, 1999, 1999, 1999, 1999, 1999, 2002, 2003, 2005.
- Editores Reunidos, Lisboa (Portugal), 1994 (edição em capa dura).
- Maianga, Luanda (Angola), 2004.

Traduções

- Alemão: tradução de Marita Tkalee, Volk und Welt, Berlim (Alemanha), 1983; Issa, Bonn (Alemanha), 1985.
- Inglês: tradução de Michael Wolfers, Zimbabwe Publishing House, Harare (Zimbábue), 1983; Heinemann, Oxford (Inglaterra), 1986, 1994, 1996.
- Búlgaro: tradução de Donka Angelova, Narodna Kultua, Sofia (Bulgária), 1983.
- Servo-croata: tradução de Milenko Dobrosavijevic, Decje Novine, Belgrado (Sérvia), 1985.
- Italiano: tradução de Anna Maria Gallone, Edizione de Lavoro, Roma (Itália), 1989.
- Espanhol: tradução de Carlos Silva e Arantza Arrizabalaga, Txalaparta, Navarra (Espanha), 1991; LOM (Chile).
- Japonês: Ryokuchisha, Tóquio (Japão), 1993.

A CORDA (Teatro) (escrito em 1976)

- UEA, Luanda (Angola), 1978, 1980.

Tradução

- Russo: tradução de Helena Riauzova, Iskusstvo, Moscou (Rússia), 1983.

A REVOLTA DA CASA DOS ÍDOLOS (Teatro) (escrito em 1979)

- UEA, Luanda (Angola), 1980.
- Edições 70, Lisboa (Portugal), 1980.

Tradução

- Italiano: tradução de Giuliano Soria, Bulzoni Editore, Roma (Itália), 1988.

YAKA (escrito em 1983):

- 1ª edição: Ática, São Paulo (Brasil), 1984.
- UEA, Luanda (Angola), 1985.
- Publicações Dom Quixote, Lisboa (Portugal), 1985, 1992, 1996, 1998.

Traduções

- Alemão: tradução de Klaus Laabs, Volk und Welt, Berlim (Alemanha), 1988.
- Francês: tradução de Artur da Costa e Carmelo Vizone, Les Eperonniers/Unesco, Bruxelas/Paris (Bélgica/França), 1991.
- Inglês: tradução de Marga Holness, Heinemann, Oxford (Inglaterra), 1996.

O CÃO E OS CALUS (escrito entre 1979 e 1983)

- 1ª edição: UEA, Luanda (Angola), 1985, 1989.
- Publicações Dom Quixote, Lisboa (Angola), 1985, 1993, 1996, 1997, 2002 (livro de bolso), 2003.
- Nzila, Luanda (Angola).

Traduções

- Alemão: tradução de Inès Koebel, Issa, Bonn (Alemanha), 1986.

- Russo: tradução de Helena Riauzova, Moscou (Rússia), 1989.
- Finlandês: tradução de Karina Katajisto, Like, Helsinque (Finlândia), 1991.
- Sueco: tradução de Gunilla Winberg e Miguel Pinto, Tranan, Estocolmo (Suécia), 2005.

LUEJI: O NASCIMENTO DUM IMPÉRIO (escrito em 1988)

- 1ª edição: UEA, Luanda (Angola), 1989.
- Publicações Dom Quixote, Lisboa (Portugal), 1989, 1997, 1997, 2003.
- Círculo de Leitores, Lisboa (Portugal), 1992.
- Nzila, Luanda (Angola), 2004.

LUANDANDO (Resenha Histórico-sociológica) (escrita em 1989)

- ELF Aquitaine, Luanda (Angola), 1990, em português e francês (tradução francesa de Alain Caniac).

A GERAÇÃO DA UTOPIA (escrito em 1991-1992):

- 1ª edição: Publicações Dom Quixote, Lisboa (Portugal), 1992, 1993, 1995, 1997, 2000, 2002, 2004.
- Colecção Planeta, Lisboa (Portugal), 1994, 1999.
- Nzila, Luanda (Angola), 1999, 2002.
- Nova Fronteira, Rio de Janeiro (Brasil), 2000.

Tradução

- Espanhol: tradução de Milene Illas Castañedo, Txalaparta, Tafalla (Espanha), 2003.

O DESEJO DE KIANDA (escrito em 1994-1995)

- 1ª edição: Publicações Dom Quixote, Lisboa (Portugal), 1995, 1997, 2000, 2001, 2004.
- Nzila, Luanda (Angola), 2002.

Traduções

- Espanhol: tradução de Eduardo Naval, Alianza Editorial, Madri (Espanha), 1999.

- Finlandês: Helsinki University Press, Helsinque (Finlândia), 2001.
- Grego: Kritiki, Atenas (Grécia), 2001.
- Francês: tradução de Michel Laban, Actes Sud, Arles (França), 2002.
- Inglês: tradução de Luis R. Mitras, Heinemann, Oxford (Inglaterra), 2002.

PARÁBOLA DO CÁGADO VELHO (escrito em 1990-1996)

- 1ª edição: Publicações Dom Quixote, Lisboa (Portugal), 1996, 1997, 1998, 2001, 2002.
- Círculo de Leitores, Lisboa (Portugal), 1997.
- Nova Fronteira, Rio de Janeiro (Brasil), 2005.
- Nzila, Luanda (Angola).

Traduções

- Espanhol: tradução de Basilio Losada, Alianza Editorial, Madri (Espanha), 2000.
- Italiano: tradução de Agnese Purgatorio, Besa Editrice, Nardò (Itália), 2000.
- Sueco: tradução de Gunilla Winberg, Tranan, Estocolmo (Suécia), 2000.
- Norueguês: tradução de Christian Rugstad, Cappelen, Oslo (Noruega), 2003.

A GLORIOSA FAMÍLIA (escrito em 1996-1997)

- 1ª edição: Publicações Dom Quixote, Lisboa (Portugal), 1997, 1998, 2000, 2005.
- Círculo de Leitores, 1999.
- Nova Fronteira, Rio de Janeiro (Brasil), 1999, 2000.

Traduções

- Holandês: tradução de Harrie Lemmens, Meulenhoff, Amsterdã (Holanda), 2001.
- Espanhol: tradução de Mario Merlino, Texto Editores, Madri (Espanha), 2006.
- Norueguês: Cappelen, Oslo (Noruega), 2006.

A MONTANHA DA ÁGUA LILÁS.
(Fábula para Todas as Idades)

- 1ª edição: Publicações Dom Quixote, Lisboa (Portugal), 2000, 2000, 2002, 2005.

JAIME BUNDA, AGENTE SECRETO

- 1ª edição: Publicações Dom Quixote, Lisboa (Portugal), 2001, 2001, 2002, 2002, 2002, 2003, 2005.
- Círculo de Leitores, Lisboa (Portugal), 2004.
- Record, Rio de Janeiro (Brasil), 2003.

Traduções

- Dinamarquês: ALOAS AKS Hjulet (Dinamarca), 2002.
- Francês: tradução de Béatrice de Chavagnac, Buchet Chastel, Paris (França), 2005.
- Sueco: tradução de Gunilla Winberg, Tranan, Estocolmo (Suécia).
- Inglês: Aflame (Inglaterra), 2006.
- Italiano: tradução de Daniele Petruccioli, E/O (Itália), 2006.
- Alemão: tradução de Barbara Mesquita, Unionsverlag, Zurique (Suíça), 2004, 2006.

JAIME BUNDA E A MORTE DO AMERICANO

- 1ª edição: Publicações Dom Quixote, Lisboa (Portugal), 2003, 2004, 2005.

Tradução

- Francês: Buchet Chastel, Paris (França).

PREDADORES

- 1ª edição: Publicações Dom Quixote, Lisboa (Portugal), 2005, 2005, 2006.
- Nzila, Luanda (Angola), 2005.

O TERRORISTA DE BERKELEY, CALIFÓRNIA

- 1ª edição: Publicações Dom Quixote, Lisboa (Portugal), 2007.

O QUASE FIM DO MUNDO

- 1ª edição: Publicações Dom Quixote, Lisboa (Portugal), 2008.

CONTOS DE MORTE

- 1ª edição: Edições Nelson de Matos, Lisboa (Portugal), 2008.

TRADUZIDO EM 17 LÍNGUAS

- Alemão, Basco, Búlgaro, Dinamarquês, Espanhol, Finlandês, Francês, Grego, Holandês, Inglês, Italiano, Japonês, Norueguês, Russo, Servo-croata, Sueco, Ucraniano.

II

Pepetela pela Sua Voz (Fragmentos de Entrevistas)

I

Experiência e Vida

"[...] Eu tinha oito, nove anos e para mim, era absolutamente normal ter amigos de todas as cores – a minha casa estava na fronteira, aquilo que o Luandino chamou 'a fronteira do asfalto' [...] Portanto eu tinha amigos dos dois lados. E na escola – a escola era relativamente liberal –, também havia crianças que vinham da sanzala, da cidade branca – do centro –, e no nosso largo nós jogávamos, sobretudo futebol, todos em conjunto. Portanto, aí, do ponto de vista humano, houve sempre uma disposição para não ver as cores das pessoas... Até que, em um certo momento – doze anos, treze anos – comecei a aperceber-me de que os meus amigos que moravam de um lado tinham mais facilidades do que os meus amigos que moravam do outro lado [...] E eu comecei-me a aperceber de que havia diferenças, e sobretudo os meus amigos brancos tinham comportamentos estranhos para mim – em relação aos meus amigos negros ou mestiços. E não sei porquê, isso sempre me perturbou..." (Laban, 1991).

"[...] realmente, a literatura nasceu muito antes em mim, antes da sociologia... Sei lá, lembro-me que a primeira coisa que eu escrevi, que tenho, que guardei, foi um pequenino conto – uma redacção de escola, que foi depois publicada no boletim do colégio – em que havia preocupação social, devia eu ter dez ou onze anos... Era sobre os pescadores de Benguela, a vida difícil dos pescadores, o risco etc. Portanto, a dimensão social já estava presente nessa altura, antes de eu pensar que estava a escrever – eu estava a fazer uma redacção para a escola. A literatura e essa preocupação social apareceram ligadas em mim desde o princípio, portanto, agora, é um bocado tarde para mudar..., há é que aperfeiçoar isso..." (Laban, 1991).

"[...] Eu só poderia dar aquilo que dei – ser já nacionalista antes de ir para Portugal. Geralmente, as pessoas, era em Portugal, na Casa dos Estudantes do Império, que começavam com as conversas... Eu já era quando lá cheguei. Por isso eu procurei a Casa dos Estudantes do Império, não foi a Casa dos Estudantes do Império que me procurou – eu procurei, sabia que era lá, o sítio [...]" (Laban, 1991).

"Moro numa vivenda num bairro tranquilo, onde há muitas mansões de embaixadores, mas também casas bem modestas, embora seja considerado em Luanda um bairro rico. Dou aulas na Faculdade de Arquitetura, mas passo os dias em casa, escrevendo, preparando aulas, pesquisando, lendo romances ou livros de História. Saio pouco durante a semana. No fim de semana, que começa na sexta-feira, há sempre almoços e jantares com amigos, idas à praia, bailes e eventos culturais – exposição de pinturas, lançamentos de livros etc." (Bueno, 2000).

"Querendo ou não, sempre fui professor, mesmo quando não dava aulas. É um dever lecionar num país com tanto analfabetismo. Também é uma forma de estar em contato com as novas gerações, perceber os seus anseios e receios" (Mota, 2006).

2

Guerrilha

"[...] Foi o melhor período da minha vida. Era o período em que estava absolutamente tranquilo com a minha consciência. Fazia aquilo que deveria fazer" (Castro, 1997).

"Em guerra, o homem está em situação-limite. Mostra melhor a sua personalidade, terá talvez menos oportunidade de a camuflar. Nesse sentido, aprendi muito sobre meus semelhantes. Terá por isso sido uma experiência útil para a minha literatura" (Bueno, 2000).

"Há situações em que fazer uma guerra é justo, por exemplo quando um povo quer a independência e uma potência pretende manter um regime colonial a todo o preço. Foi o que aconteceu em Angola. O governo português, já de si despótico em relação ao povo português, não aceitava sequer discutir sobre a possibilidade de independência. Os angolanos não tiveram outro recurso senão a guerra. Guerra que acabou também por libertar os portugueses, hoje vivendo em democracia e progresso indesmentíveis. Neste caso, o escritor só tem que estar com o seu povo e apoiar, mesmo que só em pensamento, a guerra de libertação" (Bueno, 2000).

"Os intelectuais têm o direito e o dever de exprimir as suas opiniões e até revoltas. Os governos têm de aprender a conviver com isso como coisas normais. Só quando as palavras deixam de ter impacto social, porque são censuradas e, portanto, as aspirações de grupos de população não são atendidas, é que há a tentação de utilizar outros meios, entre os quais as armas" (Cristóvão).

3

Literatura

"Evidentemente, eu penso que a nossa literatura precisa de ir à tradição – e eu, sempre que posso, tento ir, procurar raízes. Isto é uma sociedade com muitas fontes – não só fontes propriamente africanas, mas que são diversas, conforme as regiões, conforme as culturas e etnias; mas, depois toda a influência europeia, quer de Portugal, quer do resto da Europa, quer do próprio Brasil etc. Há um caldear de culturas, aqui, e nós temos de ir procurando raízes daquilo que faz uma certa identidade. E aí sim, aí é uma busca consciente de ir buscar certos valores, certos referenciais à cultura tradicional. Mas eu penso que todos os escritores o fazem mais ou menos – de uma forma mais directa ou menos indirecta. Não considero que seja eu... Acho que o Abranches, o Ruy Duarte, são muito mais conscientes desta via" (Laban, 1991).

"[...] é que me parece, exceto Castro Soromenho, não há ainda na ficção uma análise da sociedade colonial. Ora, há muita coisa de Angola de hoje e de Angola de amanhã que encontram explicação nessa sociedade. Porque apesar da luta de libertação, apesar da Independência etc., muita coisa ficou fundamentalmente em termos do que se pode chamar muito genericamente de cultura, incluindo comportamentos sociais, preconceitos etc. Há uma série de reações que tiveram que são explicadas pela história colonial. Há educação que receberam em determinado meio. Depois houve a ruptura. A Independência é uma ruptura, um trauma de que se recuperam numa nova sociedade, mas com muita coisa que vem de trás" (Serrano, 1999).

"Eu acho que era preciso desenvolver esforços no sentido de haver um bilinguismo regional. Digamos, claro, o português é a língua que serve de unidade, oficial – que seria falado por todo o lado –, mas que cada pessoa pudesse conservar a língua da sua região de origem, ou enfim, a que está mais praticada... Que pudesse, portanto, manter-se esse bilinguismo. E por esses dados de Luanda, parece que a tendência será ter um monolinguismo só... É isso que é preocupante... Porque, realmente, há uma série de dados da cultura que estão associados à língua e que se poderão perder" (Laban, 1991).

"[...] creio que foi depois da independência que se sentiu uma grande explosão do português em Angola. Foi considerada a língua da unidade – no fundo a língua da nação – e decretada língua oficial. E houve um grande desenvolvimento do ensino nos primeiros anos – muitas crianças nas escolas, adultos a serem alfabetizados em português etc. Tudo isso fez alargar o conhecimento da língua. Os números, de resto, indicam que não há perigo nenhum em relação ao português. Antes pelo contrário. Pelos únicos dados estatísticos que existem (os de um censo, aliás incompleto, de 1983) prova-se que a língua em perigo é o quimbundo que está a desaparecer por causa do português. Na área onde o quimbundo era (e é ainda) dominante (de Luanda a Malanje), a maior parte das crianças já só então falava português. Em Luanda, por exemplo, a língua materna mais importante é o português, sem dúvida alguma" (Rodrigues da Silva, 1997).

"Reconheço grande influência dos escritores brasileiros que lia e relia quando muito jovem: Jorge Amado, Graciliano Ramos, José Lins do Rego, Érico Veríssimo. Foram os meus mestres. Dos atuais, destaco João Ubaldo Ribeiro, entre muitos que admiro" (Bueno, 2000).

"Hoje em dia há dois tipos de escritores angolanos. Há um número muito, muito pequeno de escritores angolanos que é publicado fora de Angola. A grande maioria dos escritores só é publicada em Angola. Os escritores que são publicados em Angola vendem mil, dois mil exemplares no máximo. Enquanto os que são publicados fora, em Portugal, vendem muito mais.

Eu vendo tranquilamente vinte ou trinta mil em Portugal, dez vezes mais do que em Angola" (Wieser, 2005).

"A minha linguagem é muito próxima do português padrão, mas de vez em quando há umas fugas. A elite angolana tem dois registos de linguagem. Se estamos em Portugal, falamos de uma maneira, se estamos lá, entre amigos, falamos de outra. Não gosto de usar demasiado certas formas de calão, expressões que não me dão garantia de sobrevivência dos livros. [...] Tento usar só aquilo que tenho a certeza que se irá manter, que é estrutural, uma linguagem que daqui a vinte anos um falante de português normal possa ler. As línguas estão sempre a evoluir, a serem interferidas. É um problema que se põe ao escritor que tipo de linguagem usar, mesmo quando são as personagens a falar, senão há tantas notas de fim de página..." (Lucas, 2005).

"Há poucos que podem comprar livros e poucos que podem ler porque as bibliotecas quase não existem. Mas o que o escritor tem a fazer é chamar a atenção, levar as pessoas a reflectir sobre certas coisas. Penso que esse é o papel do filósofo. O escritor, no fundo, é um filósofo... Ou então inventar mundos que não existem, mas baseando-se na própria realidade" (Lucas, 2005).

"Alguns dos meus livros foram escritos anos antes da independência, embora tenham sido publicados depois dela. Uma participação tão prolongada no processo de libertação e de constituição de uma nação deixa marcas e influencia minha literatura, sobretudo em termos dos temas que escolho" (Mota, 2006).

4

A Obra

Angolanidade

"No fundo, todos procuramos isso. O que é isso? Um conceito abstracto. Tenho a impressão que ninguém sabe muito bem o que é. No fundo, não conseguimos até hoje teorizar, definir o que é isso de angolanidade. Isto, embora esteja patente na obra dos escritores angolanos, claro. Creio que é um conceito que se vai procurar ainda durante muito tempo" (Ammann e Venâncio, 1990).

"De um modo geral o povo angolano é religioso, qualquer que seja a religião e, às vezes, com religiões associadas. A Igreja Católica diz que metade dos angolanos são católicos. Só que boa parte desses católicos também acreditam noutras coisas, têm crenças que lhes vêm das tradições. Todos se protegem mais ou menos com a religião católica e com certas manipulações. É forçoso que a literatura angolana toque muito no aspecto da religiosidade" (Lucas, 2005).

As Aventuras de Ngunga

"Escrito [...] para ser publicado. Não como livro, mas como folhas, na escola. Aí talvez se veja melhor, já há uma preocupação didática. A questão da linguagem já é muito mais cuidada para ser entendida por crianças. Os temas tratados mais resumidamente. Mais ou menos todos os capítulos ficaram com o mesmo tamanho, até. Havia uma preocupação didática, podiam ser distribuídos. [...] Aí foi escolhida a ficção por ter maior impacto, as ideias passavam, as crianças e os guerrilheiros também podiam ler, interessar-se-iam porque era uma obra de ficção [...]" (Serrano, 1999).

Muana Puó

"Parece-me que as preocupações de fundo, em *Muana Puó*, são as mesmas de todo o resto que foi escrito depois. Há um tema que é comum, que é o da formação da nação angolana. Isso faz o denominador comum [...]" (Laban, 1991).

Mayombe

"[...] Eu escrevi não para publicar. Escrevi porque tinha necessidade de escrever. Estava em cima de uma realidade que quase exigia que eu escrevesse. Escrevendo eu compreendia melhor essa realidade; escrevendo eu atuaria também melhor sobre a própria realidade. Não quanto à obra escrita, mas pela minha atuação militante para melhor compreensão dos fenômenos que se passaram. Mas escrevia também para compreender melhor esses fenômenos [...]" (Serrano, 1999).

"Esse livro foi escrito em total liberdade, até porque não tinha pretensão de o publicar. Eram mais reflexões sobre o que se ia passando, em forma de romance. Poderia ser um diário, mas nunca gostei de diários. Uma parte foi escrita à noite, nas bases do interior de Cabinda, enquanto os companheiros dormiam. Uma segunda parte foi escrita em Dolisie, no Congo, perto da fronteira, onde tínhamos a base mais importante de apoio à guerrilha. E a parte final foi escrita em Brazzaville. Ele foi acompanhando a minha vida nessa época de Cabinda e por isso tem muitas referências verídicas, embora as personagens não correspondam a pessoas reais. Uma ou outra tem traços que a um momento dado até confundiram os intervenientes, mas eram apenas um traço aqui, outro traço ali" (Cristóvão).

A Corda

"[...] tinha um objectivo didáctico, aqui, nos primeiros tempos, para a mobilização das pessoas, fundamentalmente" (Laban, 1991).

A Revolta da Casa dos Ídolos

"Construí a peça a partir de uma frase que existe na *História de Angola* feita em Argel, que é do Abranches, que dá o nome a essa revolta que terá havido – ele leu no Cavazzi ou no Cadornega uma referência qualquer a essa revolta. E não se sabia mais nada sobre isso, e acho que até hoje não se sabe mais nada sobre essa revolta. Foi a partir daí… Aí está um tema bem preparado, bem feito, para sobre ele uma pessoa inventar o que quiser, ter toda a liberdade de criação sobre isso… Não havia nada. […] Aí houve que inventar tudo, digamos, criar as razões da revolta. Porquê essa revolta? Quais as razões? Era preciso criar tudo a partir do nada… Então isso era interessante, mas era uma ideia para um romance. E, se fosse um romance, já, certamente, a coisa seria diferente… Mas eu, na época, não tinha tempo para pensar em romances… Eu achei – talvez erradamente – que uma peça de teatro era mais rápida de fazer. Até porque eu tinha muita rapidez em escrever diálogos – não digo facilidade –, mas muita rapidez em escrever diálogos. E eu tinha um mês…" (Laban, 1991).

Yaka

"[…] Eu me preocupo muito nesse livro com a possibilidade de alguém vindo da sociedade colonial dar o 'salto'. Aparece uma personagem que dá o 'salto' e que depois luta contra os sulafricanos, até. Mas não me demoro muito a estudar os fatores que criam esta mudança, esta opção. […] Há qualquer coisa como uma tentativa de ver pessoalmente. Um 'pessoal' que é circunscrito a um grupo. Uma pessoa, mas como outras pessoas que vêm da Resistência colonial e que um momento dado tomam o partido nacionalista […]" (Serrano, 1999).

O Cão e os Caluandas

"[…] Agora, de qualquer modo, digamos os aspectos críticos que aparecem nesse livro não são fundamentalmente críticas estruturais, são de comportamentos – que eu considerava, e considero comportamentos errados… E aí já a conciliação é mais possível – é vista em termos de militante, militante que critica comportamentos errados, de maneira que havia o fim de atingir um objectivo – objectivo esse que o governante percebe, também. A conciliação fazia-se a esse nível" (Laban, 1991).

"Esse livro saiu assim porque na época não tinha disponibilidade para escrever de forma continuada (estava no Governo). Quando tinha um momento, uma ideia surgia, eu ia escrevendo. Para que se não notassem quebras, escrevi de propósito com quebras. Mudando o foco narrativo, os meios de narração etc. Quando foi para publicar, arrumei as coisas. Daí esse formato, aparentemente caótico, mas que eu considero um romance" (Cristóvão).

Lueji: O Nascimento dum Império

"Foi um desafio escrever num romance duas estórias cruzadas e separadas não só por séculos (nem sabemos quantos) mas por toda uma envolvente social, uma num ambiente rural e tradicional e outra num ambiente urbano e moderno, uma estória questionando a outra. Eu achava não ser possível fazer isso, portanto, tentei. Afinal era possível, mas eu só poderia saber depois de ter feito" (Cristóvão).

Luandando

"É da nascença e crescimento dessa menina bonita e caprichosa, langorosamente lenta no despertar, que este livro trata. De como vive e brinca, entre areais vermelhos, barrocas e mar azul. E também dos sonhos que nela se depositaram e dos anseios que ela destruiu. Inocentemente cruel, afaga e embala as gentes que em si vivem, amarrando-as com o feitiço da sua sensualidade. Para sempre. Como diz a lenda, quem alguma vez água do Bengo bebeu, jamais se poderá libertar" (Pepetela, 1990).

A Geração da Utopia

"Esse romance não é uma resposta a nada. Apenas uma estória sobre uma geração que fez a independência de Angola e não soube fazer mais" (Bueno, 2000).

"Esta geração realizou parte do seu projeto, a independência. Mas nós lutávamos também pela criação de uma sociedade mais justa e mais livre, por oposição à que conhecíamos sob o colonialismo. Por razões várias (constantes interferências externas, desunião interna e erros de governação), este objetivo não foi atingido e hoje Angola ainda é um país que procura a paz e está destruído, economicamente desestruturado e com uma população miserável, enquanto meia dúzia de milionários esbanja e esconde fortunas no estrangeiro" (Bueno, 2000).

O Desejo de Kianda

"O capitalismo instalou-se nas consciências e as pessoas contam consigo próprias e lutam pela vida passando por cima umas das outras, negociam, fazem esquemas. A única moral é ganhar dinheiro rápido" (Pepetela, 1995).

Parábola do Cágado Velho

"Está tudo subvertido naquele livro, até a geografia... de propósito. É um microcosmo que representa o país" (Portal da Literatura).

A Gloriosa Família

"A construção do narrador escravo e curioso de *A Gloriosa Família* é uma forma de fazer mais próximo de o próprio autor. Recorri à imaginação do escravo para cobrir os vazios, um problema de todo romance histórico. Neste livro há uma ligação muito forte entre o narrador e o autor" (Piñon e González, 2007).

"*A Gloriosa Família,* assim como *Yaka* e *Lueji* são livros de cariz histórico e exigiram uma ampla pesquisa. Mesmo que seja para enganar a História, é preciso conhecê-la antes" (Cristóvão).

A Montanha da Água Lilás

"Escrevi esse livro para ensinar a minha filha, que tinha então oito anos, o mundo em que vive. Foi, depois, publicado quando ela era já adulta, em 2000..." (Póvoa de Varzim – Portal Municipal, 2008).

Jaime Bunda, Agente Secreto e *Jaime Bunda e a Morte do Americano*

"A fundação policial, criminosa é só um pretexto para analisar a sociedade" (Wieser, 2005).

"*Jaime Bunda* foi a primeira obra policial angolana... que eu saiba e que as pessoas saibam lá, porque foi apresentada como a primeira. Houve um autor que escreveu pequenas histórias policiais, mas era quase didático. Overido de Melo se chama. Escreveu umas quatro historinhas policiais que vinham com uma explicação depois, nem era bem uma história policial e não era um romance" (Wieser, 2005).

"Digamos que há um clima geral que seria mais ou menos representativo de tudo aquilo que é a realidade, mas depois já é a imaginação do autor que inventa as histórias. Neste livro a parte do policial eu acho o menos importante. Importante é levar o leitor à sociedade de Luanda ou pelo menos a algumas camadas da sociedade" (Wieser, 2005).

"Eu nunca faço uma coisa totalmente pensada antes. As boas ideias ou vão nascendo à medida que as coisas evoluem ou então não nascem e é um fracasso, desisto do tema. A um dado momento, acho que é preciso mudar de narrador, bem, mudo. Foi o que aconteceu e entrei eu próprio, o autor, para explicar isso, alguma coisa me incomodava naquele narrador, devia dar uma chicotada psicológica. Como sou um ditador (qualquer escritor o é no momento da escrita) despedi um e arranjei outro. E outro" (Cristóvão).

Predadores

"O livro aborda a ascensão de uma personagem-tipo, alguém que representa um grupo social que começa a aparecer a partir da independência. São os últimos 30 anos da vida de Vladimiro Caposso. Ele é o pretexto para contar a história do país. Mas não tive essa preocupação, até porque normalmente nem me lembro de datas. Este livro surge por eu achar que era tempo de tratar o aparecimento e a ascensão de uma nova burguesia" (Lucas, 2005).

"Não considero *Predadores* o meu livro mais crítico. Não foi escrito por causa de eleições, reais ou fictícias. Na época de seus lançamentos, livros como *Mayombe* (1980) e, principalmente, *O Cão e os Caluandas* (1985), foram quase considerados uma provocação ao regime. Especialmente em *O Cão e os Caluandas*, usei muito a sátira. Mas isso faz parte do humor angolano, capaz de rir das suas próprias desgraças. É provavelmente a maior força dos angolanos" (Mota, 2006).

O Terrorista de Berkeley, Califórnia

"O livro foi escrito assim: do princípio ao fim. E não sabia como a história ia acabar, fui escrevendo. É raro acontecer isso, ultimamente. A partir do momento em que comecei a publicar, comecei a pensar mais no fim das histórias, a sentir uma responsabilidade social, às vezes até política. A surpresa era cada vez menor. Então, tinha também cada vez menos gosto pela história. Escrever era quase já como uma obrigação, era uma profissão, faz-se, como outros vão fazer outra coisa qualquer" (Lourenço, 2007).

O Quase Fim do Mundo

"Em certa medida, este livro não tem a ver com o resto que escrevi. Embora forçosamente um leitor que já tenha lido outras coisas minhas perceberá que há pontos comuns, certas preocupações sociais, certo tipo de ironia que uso muito sempre" (Vitória e Castanheira, 2008)

"Os africanos, de um modo geral (e é sempre muito perigoso generalizar), têm um certo preconceito em relação à Europa e aos europeus. Pensam que os europeus os quiseram colonizar, depois, separaram-se e, agora, estão a fazer a sua fortaleza" (Angola Xyami, 2008)

Contos de Morte

"De facto, mais de quarenta anos separam o mais antigo do mais moderno. Talvez haja pontos comuns na maneira de ver o mundo, embora o autor tenha forçosamente mudado. Mas pode ser que as realidades focadas não sejam afinal tão diferentes assim, ou pelo menos haja alguns fios de ligação. O mundo, esse, continua a andar à roda e a confundir todos" (Pepetela, 2008).

Prêmio Camões

"Fiquei satisfeito porque, até certo ponto, é uma consagração. Embora ache que se devem relativizar sempre estas coisas. Foi um grupo de pessoas que escolheu uma opção entre muitas possíveis. Penso é que pode ter algum interesse este prémio em termos de Angola. Para chamar a atenção – se é que chama – das autoridades angolanas para a necessidade de haver um apoio à cultura em geral. Isto porque hoje em dia pensa-se em Angola que a iniciativa privada resolve tudo. De maneira que o Estado tem-se demitido absolutamente de qualquer apoio à cultura. Até mesmo de legislar sobre ela. Editar em Angola, por exemplo, é hoje extremamente difícil, praticamente não existe edição angolana. Coisa que não acontecia aqui há uns dez anos. e tem mesmo que ser o Estado a subsidiar um pouco a edição" (Castro, 1997).

"O Prémio Camões é dado ao conjunto da obra e não a um livro em particular. Mas acho que esse prémio não mudou (espero) nada na minha maneira de escrever ou de encarar o mundo. Deu um maior sentido de responsabilidade, sim, é claro. Embora a visibilidade desse prémio não ultrapasse as fronteiras da língua portuguesa e mesmo aí: por exemplo, no Brasil, ninguém conhece esse prémio senão os escritores e alguns académicos" (Cristóvão).

"A minha ideologia não mudou. Eu continuo a ser uma pessoa que pensa primeiro no povo, e depois no resto. Eu me definiria talvez como um socialista utópico. Talvez. Eu não gosto de pôr rótulo nas coisas. É difícil. O socialismo deve ser a base, sem dúvida nenhuma, mas um socialismo mais para o utópico. Aquilo que ainda não se conseguiu construir" (Castro, 1997).

5
Política

"[...] Costumo dizer que é preciso acreditar para que as coisas aconteçam. Eu quero acreditar. Agora há uma certa esperança" (Rodrigues da Silva).

"Há um problema muito grave: a perda de valores morais. O capitalismo selvagem instalou-se nas consciências e as pessoas contam apenas consigo próprias e lutam pela vida passando por cima umas das outras, negociam, fazem esquemas. A única moral é ganhar dinheiro rápido. [...]" (Rodrigues da Silva).

"Enquanto houver o espectro da UNITA, a sociedade urbana de Angola junta-se ao MPLA. Ora, é preciso surgirem outras forças, até para o MPLA se modificar" (Rodrigues da Silva, 1995).

"[...] o meu desafio é esse: é desafiar os angolanos a serem capazes de pensar. Para tentarem fazer qualquer coisa que não seja uma cópia. Este ano, que passei na Europa, vi que é um problema que se começa a pôr também aos intelectuais daqui: será que a democracia significa, fatalmente, o domínio dos partidos? Para que é que nós precisamos de partidos para fazer uma democracia? Uma coisa não pode funcionar sem a outra? Eu ponho essa questão em relação aos partidos e ponho-a até em relação à classe dos políticos profissionais. Os males do Mundo não virão exactamente, do facto de haver políticos profissionais, que acabam por açambarcar o poder para os quais foram mandatados, mas depois fazem o que querem, conforme os interesses – outros – que não os dos eleitores? É essa a questão que eu ponho: a da democracia representativa, da participação do povo. Agora eu não tenho uma fórmula, de maneira nenhuma, nem pretendo ter. O que eu acho é que nós precisamos pensar, discutir calmamente, e inventar um sistema democrático que esteja mais adaptado à nossa cultura e ao nosso próprio ritmo de vida, tudo isso. Para que as pessoas não estejam a viver apenas para produzir aquilo que vão consumir. A perder, no fundo, o tempo de viver para estarem a produzir coisas que, muitas vezes, são inúteis. Esse tipo de desenvolvimento por que é que nós somos forçados, também, a passar por ele? É essa a questão. E como bom utópico que sou, lanço o desafio: vamos tentar inventar outra coisa. Talvez não consigamos, mas, de qualquer modo, pode ser que se dê um passo em frente" (Rodrigues da Silva, 1992).

"[...] Então eu desafio os meus compatriotas a pensarmos em conjunto o que vamos fazer. Através de jornais, da rádio, sentados à sombra da tal árvore, com fóruns de debate. Não forçosamente só no Parlamento ou nas instituições. [...]" (Rodrigues da Silva, 1997).

"[...] Claro que há uma série de princípios básicos da democracia que nem se põem evidentemente em causa: liberdade de expressão, de discussão, de associação. O que se põe em causa é que modelo de sociedade que queremos criar. Será que não podemos ir buscar às sociedades tradicionais africanas, com muita base rural, uma série de valores, de princípios e de normas que estão a ser liquidadas pela globalização e pela sociedade de consumo? Será que não podemos salvar alguns desses valores?" (Rodrigues da Silva, 1997).

"[...] E eu acho que, mais uma vez, estamos a copiar modelos. Neste caso a chamada democracia parlamentar. Há que defender a democracia e instaurá-la, mas pode acontecer que o modelo de democracia que se instaura seja antidemocrático nas nossas condições. Temos que inventar o nosso próprio modelo, o nosso próprio sistema, político, económico etc. E quando digo 'nós', digo África. Que tem uma tradição política e económica e toda uma História diferentes das da Europa. Isso tem que ter algum peso quando se está a pensar em sistemas. Não estou a pensar propor nenhum. O que acho é que temos de ter tempo – calmo – para nos sentarmos debaixo da árvore, porque só debaixo da árvore é que funcionamos" (Rodrigues da Silva, 1997).

"Eu como cidadão tenho algumas ideias. Já é altura de tentarmos resolver os nossos problemas nós próprios, com a nossa cabeça. Nós já copiamos muitas coisas, mas as cópias nunca são tão boas como o original. Muitas vezes o original também não achei tão bom, e a cópia é ainda pior. Já é altura de começarmos a pensar e a tentar resolver os nossos problemas com calma e à nossa maneira, digamos, de acordo com a cultura angolana, de acordo com a maneira de ser dos angolanos. Por exemplo, que tipo de sociedade nós queremos ter. Em que tipo de sociedade nós queremos viver. Da mesma maneira, que tipo de casa nós queremos ter. Queremos ter uma casa com mandioqueira no quintal? Ou queremos ter uma casa no oitavo andar. E isso tem a ver com a cultura. A forma de organizar a sociedade e a vida política tem a ver com a cultura. Já é altura de começarmos a pensar nisso. Não vai ser fácil, vamos cometer muitos erros. Mas é melhor cometermos erros com a nossa cabeça do que cometer erros com a cabeça dos outros" (Wieser, 2005).

"A luta pela independência teve essa capacidade de unir as vontades, embora de formas separadas, como se pode constatar pela existência de diferentes Movimentos de Libertação. Mas a ideia de independência era comum, como um mito renovador. O que tenho dito é que nos está faltando esse novo mito que una a Nação para um projecto comum. E deveria ser um projecto criado, inventado por nós, não copiado do exterior, que é o que não paramos de fazer" (Cristóvão).

"Acho que o Estado angolano devia dar mais importância ao livro. Deveria haver uma política para fazer as pessoas lerem mais, política que passaria pela escola, pelas bibliotecas escolares, pela indústria livreira e com subsídios para que os livros fossem baratos, com incentivo à abertura de bibliotecas regionais, municipais etc. etc., de forma a que as pessoas tivessem facilmente acesso a livros e que estes fossem baratos. O Estado não se pode demitir disto, é sua obrigação, é condição *sine qua non* para o desenvolvimento do país. Toda a gente que tem algum poder político já sabe (quem disser que não sabe está a mentir) que o primeiro factor de desenvolvimento de um país é a instrução pública. O livro enquadra-se na instrução pública" (Cristóvão).

"Primeiro de tudo, é preciso convencer as pessoas que Angola não é um país extremamente rico, nem rico sequer. País que não consegue alimentar a sua população é um país miserável. Se mudarmos essa mentalidade, se conseguirmos convencer as elites de que um país se faz com muito trabalho e sem despesas faraônicas de novos-ricos, com muito estudo, bem, então começaremos a resolver o problema e a aproveitar o que a natureza nos providenciou e que hoje só beneficia um punhado de pessoas e os estrangeiros" (Mota, 2006).

Referências Bibliográficas

AMMANN, Margret e VENÂNCIO, José Carlos. "Pepetela, um Construtor da Angolanidade", *Jornal de Letras, Artes e Ideias,* Lisboa, 2 out. 1990, pp. 6-7.

ANGOLA XYAMI. "Angola é um dos Países com mais Diferenciação Social", Intervista a Pepetela, Luanda, 17 mar. 2008. Disponível em: <http://www.angolaxyami.com/Cultura-/Angola-e-um-dos--paises-com-mais-diferenciacao-social-intervista-a-Pepela.html>. Acesso em: 28 maio 2008.

BUENO, Wilson. "'O Escritor Pode Apoiar uma Guerra', diz Pepetela", "Caderno 2", *O Estado de S. Paulo*, 11 jun. 2000.

CASTRO, Roberto C. G. "A Dura Luta para Escrever", *Jornal da USP*, São Paulo, 30 jun. a 6 jul. 1997, p. 12.

CRISTÓVÃO, Aguinaldo. "O Escritor é um Ditador no Momento da Escrita", *Site da União dos Escritores Angolanos*, Luanda, s.d. Disponível em: <http://www.uea-angola.org/destaque_ entrevistas1.cfm?ID=503>. Acesso em: 21 abr. 2007.

LABAN, Michel. *Angola – Encontro com Escritores*. Porto, Fundação Eng. António de Almeida, 1991, Vol. II, pp. 779-780.

LOURENÇO, Gabriela. "Já Não Dá para Brincar Nesta Sociedade", *Visão,* n. 765, Paço de Arcos, 31 out. 2007.

LUCAS, Isabel. "Apeteceu-me Champanhe na Escrita Deste Livro", *Diário de Notícias*, Lisboa, 7 nov. 2005. Disponível em: <http://dn.sapo.pt/2005/11/07/artes/apeteceume_champanhe_escrita _deste _1.html>. Acesso em: 27 abr. 2007.

MOTA, Denise. "Independência e Justiça", *Raça Brasil*, n. 97, São Paulo, abr. 2006. Disponível em: <http://racabrasil.uol.com.br/edicoes/97/artigo16440-1.asp>. Acesso em: 20 abr. 2007.

PEPETELA. *Luandando,* Luanda, ELF Aquitaine, 1990.

__________. *Jornal de Letras*, Lisboa, 29 mar. 1995, p. 15.

__________. "Cinco Histórias Dispersas Deste Grande Escritor Angolano, até Agora Inéditas em Livro". Disponível em: <http://bp0.blogger.com/_o9pVf3JJft8/SBXuZw3qonI/AAAAAAAAAD0/mdkGv_199oQ/s1600-h/Promo_ContosDeMorte_1200.jpg>. Acesso em: 20 jun. 2008.

PIÑÓN, P. Ismael e GONZÁLEZ, Gerardo. "La Literatura Debe Ayudar a las Personas a Reflexionar, a Pensar, a Sentir, a Transformarse en Personas Libres", *Rebelión,* 8 jan. 2007. Disponível em: <http://www.rebelion.org/noticia.php?id=44344>. Acesso em: 30 maio 2008.

PORTAL DA LITERATURA. *Parábola do Cágado Velho.* Disponível em: <http://www.portaldaliteratura.com/livros.php?livro=3600>. Acesso em: 10 abr. 2008.

SERRANO, Carlos. Entrevista recolhida em 1985, em anexo ao texto "O Romance como Documento Social: O Caso *Mayombe*", *Via Atlântica*, n. 3, São Paulo, 1999, pp. 132-139.

RODRIGUES DA SILVA. "De Utópico a Profeta", *Jornal de Letras, Artes e Ideias*, Lisboa, 11 ago. 1992, pp. 12-13.

__________. "Da Utopia à Amargura", *Jornal de Letras, Artes e Ideias*, Lisboa, 29 mar. 1995, pp. 14-16.

__________. "Acreditar é Preciso", *Jornal de Letras, Artes e Ideias*, Lisboa, 7 maio 1997, pp. 8-9.

VITÓRIA, Ana e CASTANHEIRA, Bruno Simões. "A Ironia Ajuda a Alijeirar os Dramas", *Jornal de Notícias,* Lisboa, 15 mar. 2008.

WIESER, Doris. "Pepetela: 'O livro policial é o pretexto'", *Espéculo: Revista de Estudios Literarios*, n. 30, Madrid, jul. out. 2005. Disponível em: <http://www.ucm.es/info/especulo/ numero30/pepetela.html>. Acesso em: 20 abr. 2007.

III

Pepetela por Outras Vozes

I

Pepetela, Bem-vindo...

DARIO DE MELO
(*Escritor Angolano*)

Pepetela, conheci-o no Ministério da Educação. Vinha aureolado de ter escrito no *maquis* um livro *As Aventuras de Ngunga*, lido e consumido aos milhares e que se tornou um clássico da nossa pouca literatura para os mais novos.

Mais adiante, ou quase ao mesmo tempo, publicou o *Mayombe*. Um livro corajoso: quando todos nós, com maior ou menor fervor, não fugíamos à tentação de pôr os guerrilheiros nos altares de onde tínhamos tirado os santos, ele mostrava-nos o combatente como um homem-comum, com os seus defeitos e fragilidades, com os seus medos e tribulações, com, por vezes, o seu pouco esclarecimento sobre a luta que o fizera herói.

Dizia-se até (não sei se verdade, se mentira, mas que ajudou a uma aceitação ideológica menos suspeitosa deste livro) que o presidente Neto tinha achado conveniente a sua publicação. Quem seríamos nós para contestar!

De quando em vez, se o encontrava, dava-lhe o meu parecer de leitor. Homem simples, sabia escutar, aferia comigo outras opiniões e ali estava eu, *ex cathedra* como o Santo Padre, a alumiar de um lado, a esclarecer do outro. Um sábio, sentia-me eu. Um experto diria qualquer um, importando do inglês, a falta que em português fazem as palavras especialista, perito e outras mais.

Embora bem escrito, não entendi o *Muana Puó*, se bem que seja o livro que mais admiradores parece ter. Sem menosprezo pelos que sabem, deixai que eu pense, compensando o desprazimento e desconsolo que sinto pela minha incultura, que também o *Guernica* de Picasso fez época decorando as salas de casais que se sentiam politicamente à esquerda. Era uma espécie de marca, de sinete ideológico, de etiqueta de qualidade – menos vulgar que o conhecido retrato de Che que, sabe-se lá por que estranhos entendimentos, só servia para decorar quartos, *tshirtes* e bonés.

Do restante dos romances que o Pepetela tem publicado, tudo tem vindo num crescendo de qualidade. De raízes assente no *Mayombe*, o *Yaka* é um belíssimo livro, o *Lueji* uma preciosidade de imaginação, *A Geração da Utopia*, um aproveitamento perfeito de um capítulo ("A Chana") que há muito dormia na gaveta e finalmente *A Gloriosa Família* um livro que se considera perfeito, com todos os pesos e medidas aferidos.

E isto, apesar das reservas com que entrei neste livro (não tinha gostado dos anteriores[1]) mais pronto a catar defeitos que a encontrar virtudes. A começar pela linguagem. Cuidava eu, ir encontrar umas pinceladas de português do século XVII e afinal leio um tu-cá-tu-lá tão actual que até a gíria de hoje falava. Achava eu que este narrador que me levou 279 páginas a conhecer (da 114 à 393) e que só quase no final me foi apresentado pela palavra de Baltazar Van Dum: "É mudo de nascença. E analfabeto. Até duvido que perceba uma só palavra que não seja quimbundo. Sei lá mesmo se percebe quimbundo [...] Como pode revelar segredos?..." pois, pensava eu, que este narrador deveria ter-nos sido dado a conhecer logo de princípio.

Evitar-se-ia assim, andar a resmungar contra ele, ora porque achava demasiado o descuido de deixarem um escravo ouvir tudo, ora porque me parecia muito escorreito de linguagem quando narrava, ora também, porque é evidente que estava em presença de um mal pintado, impossível e pouco real escravo poliglota e culto.

1. *Parábola do Cágado Velho* e *O Desejo de Kianda*.

Tive de passar pela humilhação da surpresa, ao saber como o autor o inventara plausível porque mudo. Que esta limitação, encarregara-se ele próprio de a transformar na virtude que nos dá no livro – ele, escravo, mulato, filho de padre, fechado no seu silêncio – aprendera línguas, escutando confidências e ouvindo conversas.

E continuando a implicar com o texto atirei-me na página 180 a uma caldeirada de cabrito acompanhada com fungi, apesar das batatas do reino. Ora aqui achei que era batata a mais e fui estudar: introduzida na Europa em 1566 e generalizada no século XVIII não é crível que Luanda a conhecesse no século XVII, muito embora fossem mais próximas as nossas relações com as américas que com o velho continente.

E andando a catar estes pequenos nadas fiquei-me com aqueles que ciscam estas miudezas históricas na estória dos pepetelas. Ruminando estes gravosos senões fui de má vontade pelo livro fora quando me senti literalmente raptado para dentro da sanzala dos Van Duns.

Comecei a claudicar...

Principalmente quando, com a caldeirada, vem a "invenção" do sábado. O Sábado luandense das grandes e sempre habituais almoçaradas que todos nós conhecemos e terá começado na sanzala do Van Dum. Uma ideia, uma espécie de ovo de Colombo que qualquer escritor podia ter inventado, mas não inventou.

E aqui se vê como os Van Duns de ontem são bem os Van Duns de hoje: diversos, dispersos, mas agarrados orgulhosamente à mística da família. Como D. Inocência, a mãe primeira, que vigia a sua descendência legítima e rejeita todos os filhos feitos pelo seu homem no pátio das escravas.

Assim Diogo, que passando a vida como qualquer escravo da sanzala, é legitimado pelo pai ("... agora passa a usar o meu nome, porque és meu filho...") numa cerimónia que pela simplicidade nem cerimónia é.

Trezentos e cinquenta anos depois, o espírito de D. Inocência está bem presente no orgulho de alguns que são (ou se sentem) os Van Duns verdadeiros. Todos os outros do mesmo nome que apareçam, são falsos e provam-no com contos de avós e bisavós, presentes e passados e demais entrosamentos familiares.

Notável esta galeria das mulheres da família. Ainda hoje mulheres de força. Ainda hoje muito donas Inocências, capazes de levar os maridos a pensar que são eles que mandam, quando são elas realmente que decidem. Assim Catarina, a filha-cozinheira que ninguém perguntou porque se quisera assim, zeladora humílima da família.

Baltazar, o patriarca, dirige os negócios bem à medida da época. Dorme, bebe e é um exímio jogador de neutralidades. Entre inimigos confessos (ele que, embora flamengo e católico, não é nem holandês, nem português) parece estar com todos, sem estar realmente com ninguém. Não se compromete. Unicamente se defende, a si e à família.

Interessante é a naturalidade com que a diáspora familiar se faz, a pré-anunciar futuros Van Duns em todos os cantos de Angola: Gertrudes, casa com um cristão-novo e exige que os filhos sejam Pereira Van Dum para que o seu patronímico não desapareça. É já a consciência de família que aparece; Rodrigo do Olho Verde que se apaixona pela filha de D. Agostinho Corte Real, fidalgo e Comandante dos exércitos do Rei e se exila na Corte do Congo, fugindo aos portugueses; Benvindo que vai para Benguela; e até Hermenegildo que parece um tanto efeminado, mas faz um filho de acaso à coxa Dolores que mais tarde fugirá com ele, para onde ninguém mais tenha notícia.

Sinal de que os Van Duns, para além dos que se conhecem e são verdadeiros, e dos outros que se dizem e não serão tão verdadeiros assim, tem também os que, sendo legítimos, não se sabem, nem se reconhecem como tal.

A Gloriosa Família – um romance que deixa sempre como todos os livros de Pepetela uma interrogação: como vai ele conseguir fazer um próximo tão bom ou melhor do que este?...

... mormente agora que, aos sessenta anos, melhor lhe assenta a bengala que a pena, as tremuras, e o tropeço dos olhos baços tentando entender este espelho que não devolve imagem, nem a cria como na televisão e é só assim, pobrinho, inútil e despido um ecran de computador.

Bem-vindo à terceira idade, Camarada!

2

Reler Pepetela

GABRIELA ANTUNES
(Escritora Angolana)

Conheci-o pequenito, ainda de calções.

Era no tempo em que ele deixava o Bairro do Benfica, onde nascera, o mar, o Sombreiro, os bananais, o Cavaco... e na velha estação de Benguela, agora monumento nacional, tomava o comboio e ia apanhar um "Banho de Civilização" à cidade, que, por decreto nunca revogado, era a capital de Angola. Refiro-me ao Huambo, a minha cidade, porque quase toda ela construída por meu pai.

Quem chegava ao Planalto Central, naquela época, tinha logo que arranjar uma bicicleta para as costumeiras passeatas Alta/Baixa/Alta e um par de patins, não só para correr atrás das garotas mais giras da urbe, como para dar umas esticadas nos frequentes desafios de hóquei, que, para não variar, acabavam sempre em pancadaria, ou não estivesse lá o famoso Xico Bamba, meu irmão...

E o miúdo da cidade das acácias jogava bem!

Juntos frequentámos, depois, um dos dois únicos liceus existentes na então colónia – o Liceu Diogo Cão do Lubango, melhor dizendo, Sá da Bandeira, cidade pacata que só tinha vida no tempo das aulas e que se gabava de ser "A Coimbra Africana", ou não se vissem os estudantes de batina e capa preta esvoaçando ao vento, durante o dia e as noites de sábado e vésperas de feriado não fossem premiadas de serenatas às moças mais belas do Liceu! com fados e tudo.

Voltámos a encontrar-nos na Casa dos Estudantes do Império, em Lisboa, onde eu, com a cabeça cheia de sonhos e o corpo de desejos, enveredara pelo estudo das línguas e literaturas e ele, de calças compridas já, mas pequenito como sempre, passava rapidamente pela Engenharia e procurava o seu refúgio pela História... que acabou por ser trocada pela Sociologia.

Foi na Casa, lá na Duque de Ávila 23, que ele ganhou o nome de Pestanita.

Depois... a vida de cada um dá tanta volta, que as voltas de nós dois nos separaram. Ele passou pela Europa, viveu em terras que eu só conhecia de nome... quanto a mim, voltei para casa, dando início a uma carreira e luta que só acabarão com a morte.

74 foi tempo de regresso e reencontro. Ele voltou, de barbas para esconder o ar jovem que ainda tinha, porque o era e trazendo um nome novo – PEPETELA que, no Umbundo da terra da gente, quer dizer "pestana", o seu apelido, afinal. Na bagagem, trazia algumas surpresas.

A primeira surgiu em 1977, quando *As Aventuras de Ngunga* foram postas à venda, em edição da União dos Escritores Angolanos, de que fora um dos ilustres fundadores. Escrita no *maquis* em novembro de 72, para servir de texto às crianças das escolas das zonas libertadas do MPLA e dos adultos recém-alfabetizados, a estória é a vida de um pioneiro que não tem pais a quem obedecer, que ama a natureza, que vai descobrindo a mentira, a falsidade e egoísmo dos adultos, que critica alguns aspectos da tradição. Com períodos e parágrafos curtíssimos, orações simples, linguagem corrente e acessível, o livro foi entendido e adorado pelas crianças angolanas que se identificavam com o pequeno-grande herói e pelos adultos que viam em Ngunga o Homem Novo há tanto, tanto esperado e que iniciaria uma vida nova, num país novo, também.

Escrita em 1969, mas editada apenas em 1978, *Muana Puó* é, quanto a mim, a mais bela obra do autor. Se como *Ngunga*, tem períodos e parágrafos curtos, se as palavras são simples, fácil não é a compreensão desta estória de amor, pois que a linguagem simbólica e as mensagens escondidas a tornam difícil de entender. Daí talvez a razão para a única edição que teve entre nós. Mas logo neste livro, o autor vai introduzir "símbolos" que sob outras formas se repetirão noutras obras seguintes: animais, aqui morcegos, e a toninha em *O Cão e os Calus*, a estátua, como, posteriormente, em *Yaka*, o sonho, melhor dizendo a utopia e o lago, que aqui, como em *Lueji*, é o local onde as coisas boas acontecem.

... Mas quem somos nós para querer compreender tudo o que um escritor produz, quando é ele próprio que afirma "o enigma de *Muana Puó* talvez fique um dia enterrado na areia"?

Mas *Mayombe* foi a primeira grande bomba de Pepetela.

O livro veio ajudar a compreender a intriga, o racismo, as manifestações tribais, o amiguismo que na altura da publicação se viviam em Luanda – eterno centro do poder e ambição – e afinal um pouco por toda a parte de um território imenso que o soldado/escritor ajudara a libertar. Prémio Nacional de Literatura em 1980, *Mayombe* é o relato da vida diária dos guerrilheiros do MPLA que não só lutavam contra os soldados do exército colonial, como contra a chuva, o frio, a fome e a sede, como lutavam entre si; era a desconfiança provocada pela cor da pele e pelos títulos académicos, o proteccionismo dos chefes face aos guerrilheiros da sua região, o parentesco, as dúvidas do intelectual, o bem-bom que alguns passavam na Europa... mas acima de tudo *Mayombe* é uma narrativa muito bem concebida, de que resulta uma riqueza de pormenores à volta de cada personagem bem humana, provocando interesse e expectativa no leitor, para quem a leitura é tornada mais compreensível pelo papel do narrador. Ondina é a figura feminina da obra, recusada por muitas leitoras, incompreendida por outras, mas que o autor cria porque é assim que a mulher deve ser – livre, desinibida, depois de ter pegado em armas para lutar. Mulher livre e liberta que se entrega ao desejo, que rompe com compromissos e choca com a tradição...

Uma breve passagem pelo teatro e o autor dá-nos, primeiro *A Corda*, pequena homenagem a Helder Neto, o criador da ideia, e *A Revolta da Casa dos Ídolos*, esta peça muito mais elaborada e que resultou em espectáculo pela encenação de Mena Abrantes. O tema tem lugar numa época de contradições religiosas entre a crença trazida pelo colonialista invasor, e adoptada pelo rei, e a dos súbditos, fiéis aos seus ídolos que acabaram por ser queimados.

Depois o autor dá-nos *Yaka* e a União dos Escritores, de que é membro fundador, dá-lhe, pela segunda vez, o Prémio Nacional de Literatura. Vários são os que dizem ser esta uma obra biográfica, mas pode ser a história da família de Pepetela, como a da minha, como a de tantos angolanos como ele e eu, cujos avós vieram para Angola pelos motivos mais diversos, cá fizeram família, se amestiçaram e morreram. São quase cem anos da história (1890–1975) de um país a crescer que sempre viu os filhos a lutar pela liberdade: é a guerra do bailundo e a morte de Mutu Ya Kevela, ainda o comércio da borracha, cera e marfim, a escolha do Lobito para porto e sede do caminho de ferro de Benguela. São os clãs das grandes famílias, as fortunas rápidas, os eternos quintalões, os brancos, os mulatos e os negros, os sertanejos, os comerciantes e os exploradores... depois a luta pela libertação e a chegada da independência que vem provocar novo drama social e familiar. Frente aos nossos olhos corre veloz a História de Angola, tão recente, ainda, tão veloz, tendo como protagonistas nós próprios, os que estivemos e cá estamos. Tanta estória numa História tão bela e rica como é sempre a história de um povo que se quer libertar... Mas Pepetela tem o condão de escrever bonito e nada mais belo que as passagens relativas aos Kuvale que de longe vieram, fugindo à secura da terra mas sobre quem paira a maldição. Embora seguindo a tradição, a família de Vilonda estava condenada... e a morte surgiu trazida por "um pássaro grande e cinzento". Muito mais há para dizer de *Yaka*, como a angolanização da linguagem, o Acácio, as festas da mulata Ermelinda, a estátua que diz a Semedo que a sua foi a última geração. Ficou Joel, que como Ngunga, estava destinado a ser o Homem Novo.

Duas estórias ou dois momentos diferentes é o que nos dá *O Cão e os Calus* que não agradou a certas autoridades, mas que o povo adorou por ver criticada uma sociedade que o afectava. De um lado temos a história de uma família em cuja casa cresce uma buganvília vermelha – a cor, talvez o que resta de um sonho, ao sermos confrontados com cada um dos episódios da outra estória que mais não é que a descrição de uma Luanda cujos podres vão aparecendo e fazem parte de um quotidiano que ainda permanece – a incompetência presunçosa dos chefes, o modo de vida daqueles que regressaram com maneiras de viver diferentes, elogio da ignorância, a burocracia, o autoconsumo das poucas fábricas existentes que origina a candonga, o começo do comércio informal.

A ligação entre as duas estórias é feita pelo cão – herói – autor, presente ainda que ausente, autor que divide a sua tarefa com a de narrador. E sempre o mistério da buganvília que acaba por asfixiar a trepadeira... A mulher, tipo Ondina, volta a aparecer. Sem nome, mas livre e coerente.

Mas é em *Lueji* que vamos encontrar a mais bela figura feminina do autor. A obra é estória de duas mulheres separadas no tempo por centenas de anos de distância, mas no papel, separadas por capítulos, depois por parágrafos e, por fim, por uma simples vírgula ou uma conjunção, mulheres que têm em comum a vontade de vencer e lutar por um projecto: reinar e dançar...

Com a beleza e a força que só a juventude pode dar, Lueji, a rainha, é uma jovem feliz, correndo pelos campos, amando no lago, dançando nos batuques nocturnos, cumprindo os rituais, não com muita convicção, para não ferir quem ama. Lu é a jovem bailarina moderna que busca nas raízes, nas histórias da avó, os porquês, melhor dizendo, as respostas a muitos porquês que a apoquentam. Lu enquadra-se numa Luanda moderna, onde arte tem um papel importante... Mas Lueji é a grande figura tornando rainha contra decisão da tradição, mas por vontade do pai, amada outrora e odiada hoje pelo irmão que ela amara como homem, Lueji luta, esforça-se por cumprir, recusa uma vez mais a traição ao casar com um estrangeiro, a quem ama, mas que só descansa ao ter um filho – filho que ela tem mas não teve – mas só uma mulher inteligente, e que ama, pode enganar um povo para não perder um reino, que a todo o custo lutara para não entrar em lutas com os irmãos, pondo em perigo o seu reino. Lueji é uma das mais belas estórias de Pepe. Superior à de Lu, o que mostra que é sempre melhor trabalhar-se sobre o passado. O presente está próximo...

Um ano como bolseiro em Berlim, ali bem na Kudamm, foi tempo suficiente para Pepetela rever papéis antigos, corrigi-los, dar-lhes um toquezito de classe e criar de novo para, em 1992, oferecer *A Geração da Utopia*. A obra decorre em quatro tempos diferentes interligados, como é diferente a forma narrativa e a linguagem.

O primeiro tempo é "A Casa", ou seja, "A Casa dos Estudantes do Império", criada nos anos 1940 com resultado da união da existentes Casa da Índia, Macau e Angola. Onde a malta se reunia e vivia, onde sonhava com o futuro dos nossos países. Foi aí que ele ganhou o nome de Pestanita, para se distinguir dos dois irmãos de Luanda – o Pestana grande e o pequeno. A fuga da obra foi mesmo uma fuga de tantos e tantos que lá fora ajudaram a preparar a luta no interior. "A Chana" é o momento mais belo da obra e remete-nos um pouco a *Mayombe*, pois o guerrilheiro perdido mostra muito do que os outros guerrilheiros de *Mayombe* haviam sofrido e contestado, já. "O Polvo" é o terceiro momento da obra, em que o herói cansado e frustrado prefere combater os seus fantasmas que os irmãos. E que acaba, por uma maneira simples de conquistar o amor de Sara, que estava escondido desde há muito. A obra termina com "O Templo", momento que reflecte bem a decadência moral, a fortuna fácil, a manipulação de massas feita pelas diversas igrejas que se vão aproveitando da caótica situação do país... é o tempo para os novos tubarões saquearem um povo já tão saqueado. Claro que este não era o sonho daqueles que passaram pela Casa. Ou seria?

Uma longa estadia em Portugal e o autor vai continuando a escrever e a publicar. É a vez de *O Desejo de Kianda*, que não me apaixonou assim por aí além... Deve ser pelo facto de eu não ser caluanda e não acreditar em coisas míticas que eles acreditam. Mas com beleza e peso aparece depois *Parábola do Cágado Velho*, com a guerra, os dois lados da mesma, o amor, mas a beleza do símbolo, a ternura, o desespero, uma vez mais o sonho e o desejo de uma paz, que só nos pode ser dada pela tranquilidade e sabedoria de um cágado... *A Gloriosa Família* leva o autor a outras épocas, e o escravo narrador é uma das belas criações do Pepe, que entretanto não deixou de receber prémios. Da UEA em 1995, o Grande Prémio Camões em 1997, o Príncipe Klaus em 1999, e já neste 2001, o da Câmara de Sintra. Continua simples, e isso revela-se em cada uma das homenagens que aqui e ali lhe são feitas. Mas penso que o melhor para o autor é continuar a ser lido em vários idiomas e estudado em vários quadrantes. Na sua terra também, se bem que não como merecia e era necessário.

Em 2000, Pepetela publica *A Montanha da Água Lilás* que eu tive a sorte de conhecer numa primeira versão, muito mais crítica que a actual, mas talvez menos conveniente. Os lupis e os jacalupis continuam vivos por aqui, bem activos, só que bem identificados... E enquanto o seu romance policial não aparece – ao que parece já está na forja – contentemo-nos em reler Pepetela para estarmos actualizados com o maior escritor angolano de agora. Alguém que conheci pequenito, de calções, que cresceu, que continua a usar calções em casa e quando vamos ao Mussulo, que continua simples na grandeza toda que atingiu porque cresceu sem atropelar os outros, pois ele como eu pensamos que cada um tem o seu tempo e o seu espaço. É preciso é estar no sítio certo quando o tempo de cada um chegar. E o Pepe estava na paragem certa.

Como estará no dia certo da homenagem que lhe vamos fazer e que me levou a escrever isto que já havia sido escrito para o *JÁ* e principalmente para os meus alunos que são obrigados a ler-te, Pepe, e o melhor é que gostam e continuam a ler...

3

Até Camões...*

HENRIQUE ABRANCHES

(Escritor Angolano)

Eu deveria começar pela apresentação do autor. Mas Pepetela não precisa. É um marco da nossa literatura, é muito conhecido. Até Camões o conhece... ou pelo menos reconhece.

Todavia é sempre bom reparar no caminho que o autor tem seguido com as suas obras, como quem dá passos numa certa direcção. E esse caminho é o das descobertas das múltiplas vertentes da angolanidade, da colecção dos seus dramas, do seu crescimento tortuoso, da sua cultura, das suas origens, enfim, como diria Agostinho Neto, "da Ideia do Povo Angolano".

Desde os tempos e o contexto da guerrilha – em *Mayombe* –, onde as diferentes atitudes dos personagens mostram uma diversidade de pensamentos e aspirações que cabem na mesma forma, a nossa forma – mesmo para o herói Sem Medo, um intelectual que conhece os valores que condicionam a luta e a nação em formação –, passando pelo pioneiro Ngunga, esse nosso pioneiro que comove qualquer leitor angolano, fazendo com o autor aquele percurso meio abstracto sobre uma máscara chamada *Muana Puó* e transformada em palco de uma acção literária, viajando através da História contemporânea em redor duma família e do seu contexto em *Yaka*, ou encadeando a His-

* Texto de apresentação do livro *A Gloriosa Família: O Tempo dos Flamengos*, na cerimónia de seu lançamento em Luanda.

tória antiga, ainda um pouco mítica, com histórias modernas, da Lunda até Luanda, como o fez em *Lueji*; ou na História mais recente da Luta de Libertação entre a clandestinidade e a guerrilha, a guerrilha e a vitória, essa vitória que foi talvez o nosso último grande feito; comentando naquela maneira muito sua de ser objectivo sem perder o humor ou a tristeza ou a consciência muito exacta do estado a que chegamos, em *O Cão e os Calus*, *Parábola do Cágado Velho*, *O Desejo de Kianda*, e as várias crónicas e entrevistas que tem feito com uma presença constante; enfim Pepetela deu agora mais um grande passo atirando-se a um tema da nossa História seiscentista, que até aqui pouco mais era para nós, leigos, do que um episódio enevoado, mal explicado, sem vida própria, que envolvia os portugueses e os holandeses e deixava o povo na sombra, não alimentando a nossa consciência com esse conduto saboroso e indispensável.

Falemos então apenas alguns minutos sobre o livro que aqui nos reúne hoje, ou seja, *A Gloriosa Família.*

Para escrever, Pepetela fez uma larga investigação, lá onde sabia que podia encontrar o que precisava, inclusive, ao que me parece, sobre documentação holandesa. Não sei exactamente quais os documentos e obras que o autor consultou, excepto a talvez mais importante para o efeito que procurava: *História Geral das Guerras Angolanas* de António de Oliveira Cadornega, que aliás é também personagem do seu livro, obra essa que alguns dos nossos melhores escritores consideram um pouco como uma das primeiras criações, senão a primeira, da Literatura Angolana. Aí Pepetela encontrou elementos para recriar e fantasiar sobre a vida das pessoas da então Colónia de Angola, durante a ocupação holandesa e depois, durante a chamada "Restauração Portuguesa", essa que veio do Brasil e deixou Angola amarrada a brasileiros, por um laço comercial e até administrativo que muito bem servia o tráfico negreiro.

Tudo isso é, porém, uma narração de romance desse tempo e desse contexto, não visto pelos conquistadores nem pelos restauradores, mas sim pelas pessoas todas que lá viveram – ou poderiam ter vivido – e sobretudo por uma família complexamente angolana de origem cruzada com gente da Holanda, e mais que tudo ainda, pelo extraordinário narrador da história, um escravo do personagem central, que tinha os olhos e os ouvidos bem abertos e uma consciência das coisas absolutamente inquietante. Não sou, de resto, o primeiro a chamar a atenção para o grande valor e a originalidade deste narrador, sobre o qual Pepetela resolveu descarregar a responsabilidade dos factos narrados.

Trata-se portanto da história do crescimento de uma família de origem holandesa que vive os acontecimentos do contexto acima referido, mas que não se comporta nem como holandesa nem como portuguesa. Pessoalmente eu reconheço no comportamento dessa gente uma traça muito nossa. O chefe da família é um certo Balthazar Van Dum, personagem, de resto, citado por Cadornega, casado ou amigado com uma angolana, cruzamento esse – e mais outros – que deram origem a uma data de homens e mulheres, que constituíram grupos sociais, os da Casa Grande, os do Quintal, os da Quinta, e que depois se multiplicaram de várias maneiras incluindo um casamento com gente do Mani-Luanda, um grande senhor súbdito do Rei do Kongo. Tudo isto enfim, aspectos sociais que tão bem conhecemos ainda hoje nas grandes famílias. Parece que começamos a poder afirmar, com mais certeza do que imaginação, que nós hoje somos a continuação daquilo que já fomos nesses tempos e através do tempo.

Pepetela produziu assim um trabalho antes de mais nada literário, mas com a maturidade de um mestre do romance angolano, na sua escrita sempre especial mas sempre clara e por vezes densa, com humor e com drama, com verdade e com fantasia, e sobretudo, com Angola na sua sensibilidade, para não repetir o estribilho corrente, aliás bem bonito, "com Angola no coração".

Para terminar não posso deixar de referir que a leitura deste livro foi para mim, ao longo de muitas horas, um percurso em sobressaltos de incidente em incidente, mas sempre com um entusiasmo crescente. Só no fim, quando pousei o livro, consegui restabelecer a respiração normal.

Espero que os futuros leitores, já que o livro conseguiu, embora minguadamente, chegar até cá, se comprazam nele tanto ou mais do que eu.

4

Pepetela: A Dimensão do Renascimento*

JOSÉ LUÍS MENDONÇA
(Escritor Angolano)

Membro da Associação Cultural e Recreativa Chá de Caxinde, Pepetela é homenageado pelo seu contributo à Nação que todos, ainda que a vender sacos de água gelada, ajudamos a consolidar. É uma grande honra para uma associação como esta contar nas suas fileiras com um escritor a quem foi outorgado o Prémio Camões, faz hoje precisamente um ano e um dia, e sendo ele o segundo escritor de Língua Portuguesa a recebê-lo.

Pepetela é um daqueles raros espíritos humanos que não só compreendem o lugar, o tempo e a oportunidade única da criação artística, mas que sabem vencer o dilema entre a efemeridade das benesses materiais e a perenidade dos dons da alma, através de uma opção radical a favor da arte. Daí ele ter escolhido o caminho mais difícil, onde lhe estava reservada a glória de ser escritor para além das fronteiras do nosso país.

O poeta português Fernando Pessoa teve razão ao escrever que "Os deuses vendem quando dão". Comprada que foi a glória com o sacrifício da vida mundana e política, e pela qual cultivou um amor cimeiro à busca do verbo mais propício para recriar as coisas nunca vistas deste nosso mundo já visto,

* Texto apresentado no ato de homenagem ao autor realizado pela Associação Cultural e Recreativa Chá de Caxinde em celebração ao Prémio Camões recebido pelo autor.

Pepetela pariu para nós, cidadãos-leitores nesta "Nave espacial chamada Terra" – como bem definiu António Jacinto – os nossos próprios passos, a nossa própria história africana e angolana numa nova dimensão: a do renascimento.

No romance *Mayombe*, "Teoria sentia que o Comandante também tinha um segredo. Como cada um dos outros. E era esse segredo de cada um que os fazia combater, frequentemente por razões longínquas das afirmadas".

Pepetela também guarda o seu segredo, que nem mesmo Mena, a única que recebeu uma dedicatória a abrir *O Cão e os Calus*, talvez tenha desvendado, ou venha um dia a desvendar. Caminheiro existencialista, um pouco à maneira de Sartre, Pepetela fez duas incursões notáveis na vida: a primeira é aventura social e política, comum a todo o animal, que inclui a longa marcha desde os tempos de estudante ao perigo e desilusões do *maquis*, que o levaram a concluir na mata do Mayombe que "não há trilhos amarelos no meio do verde"; a segunda, mais profunda, é o percurso literário que representa no fundo uma incursão nos meandros de si mesmo, em busca da resposta para esse segredo (ou interrogação existencialista) que atanaza Teoria.

Na espuma do movimento "Vamos Descobrir Angola", cujo 50º aniversário agora se celebra, a obra de Pepetela visa transmitir, no seu conjunto, em primeiro lugar, o conhecimento da nossa idiossincrassia e é por isso que ela narra muito naturalmente as coisas próprias da nossa vida, que sempre se caracterizou por uma luta tenaz contra o próprio destino e contra as imposições políticas internas e externas, mas também cria, e é aí que reside a arte de ser-se um grande escritor, uma visão do mundo dessa mesma realidade vivida e narrada. É o que poderíamos chamar de narrativa com um sol detrás, a iluminar o próprio sol que nos ilumina agora. Essa visão, esse sol novo, é precisamente, o sol do humanismo, que fará o homem, em todas as latitudes, renascer dentro de si mesmo, para um novo mundo.

E cá está a utopia. É que na verdade, sem Utopia, ninguém pode viver. E seria uma autêntica Utopia dizer que o homem pode viver sem Utopia. Esta visão do mundo e do homem, melhorada e aprofundada com o passar irreversível dos séculos, levar-nos-ia até à Declaração Universal dos Direitos do Homem, mas ainda nos reserva novas hipóteses de um programa existencial cada vez mais humano. Remete-nos para as teses de Sócrates, do autoconhecimento do homem, e da dialética de Platão, que tem por coroamento a teoria das ideias, mas faz-nos lembrar, na senda histórica que Pepetela tão apaixonadamente escava, o movimento renascentista europeu, iniciado na Itália no século XIV e que teve como alguns dos seus expoentes Miguel Ângelo, Albrecht Dürer, e estrelas inapagáveis como Leonardo da Vinci, um dos seus génios mais completos. A citação deste processo histórico e das figuras que a ele se ligaram deve-se unicamente à necessidade de pôr em destaque a importância e o valor que os movimentos humanistas e de renascimento sociocultural outorgavam à Arte. Daí concluir-se que não pode haver descoberta de si próprio, nem mudança significativa da sociedade e do próprio homem, sem mexer com a cultura e sem fazer arte. Assim o provaram, no que concerne à nossa história, os integrantes do movimento "Vamos Descobrir Angola", dos quais se destacaram as figuras de Mário Pinto de Andrade e de Viriato da Cruz, dois ilustres homens de cultura angolana, para além dos outros protagonismos sociais e políticos.

Por isso, não foi por mera inspiração artística que Pepetela propôs um dia que esta Associação tivesse como lema "UNIR PELA CULTURA". Pepetela compreende perfeitamente que também o renascimento político-social de Angola e dos angolanos insere-se dentro e não fora da valorização da cultura nacional e que a valorização das raízes passa pela adaptação aos tempos que hoje correm em todo o planeta. Esse lema indica igualmente que a cultura tem um papel importante a jogar na promoção da tolerância e da unidade entre todos os angolanos.

Disse um dia distante o nosso Prémio Camões que "não há, não pode haver a criação de um país verdadeiramente independente sem uma literatura nacional própria, que mostre ao povo aquilo que o povo sempre soube: isto é, que tem uma identidade própria". Daí que só tenhamos a lamentar o facto de que as mais recentes obras de Pepetela não se encontrem à disposição do público leitor angolano, na nossa terra.

A sua obra literária, que conta já com mais de uma dezena de títulos, prima pela simplicidade e rigor da escrita em língua portuguesa, a língua que nos une a todos, de Cabinda ao Cunene e tem o condão de exibir para as gerações vindouras e hodiernas o filme do nosso passado, o que nos permite saber de onde viemos e aplanar os caminhos para onde havemos de ir.

Retomando o fio do pensamento de Teoria, no livro *Mayombe*, que foi Prémio Nacional de Literatura, "porque Sem Medo abandonou o curso de economia em 1969 para entrar na guerrilha? Consciência política, consciência das necessidades do povo! palavras fáceis, palavras que, no fundo, nada diziam. Como age em cada um [...] essa dita consciência?"

Afinal qual o segredo que levou Pepetela a sacrificar quase tudo pela escrita?

Maculusso, abril de 1998.

5

O Pepe

JÚLIO DE ALMEIDA

(Deputado pelo MPLA)

Há mais de 45 anos que conheço o Pepe.

Ainda imberbes, entre 1954 e 1957, frequentámos juntos o Liceu e vivemos no Internato do Liceu Diogo Cão, no Lubango, então gerido pelos Irmãos Maristas. Comíamos a mesma e intragável comida, a sala de estudo era a mesma e praticávamos os mesmos desportos. E saíamos aos domingos (se não estivéssemos "de castigo") para irmos ver um filme, depois passear no picadeiro, ver as miúdas e regressar a correr para o Internato, onde deveríamos nos apresentar antes das 19 e 30.

Como o Pepe nasceu um ano depois de mim, ele ainda ficou no Lubango quando fui estudar para Portugal em 1957. Ele foi em 1958 e aí nos voltámos a encontrar, quer na Casa dos Estudantes do Império, quer no Instituto Superior Técnico, onde ambos estávamos matriculados para ser engenheiros.

A dada altura, em 1960, o Pepe achou que isso de engenheiro não era para ele e decidiu mudar para a Faculdade de Letras. Para fazer tal transição de faculdades era necessário que o Pepe fizesse as disciplinas de Latim e Grego do 7º ano. Ora, tendo eu feito um ano antes este mesmo percurso, tornei-me em "explicador" daquelas disciplinas, tendo o meu discípulo obtido no exame melhor nota a Latim do que eu houvera obtido no ano anterior, se bem que a Grego me tenha desiludido um pouco e passado à tangente. Este nosso "segredo" foi revelado publicamente pelo Pepe, aquando do lançamento em Luanda da obra de Saramago *A Caverna*, pelo que é de sua autoria a primazia desta inconfidência.

Entretanto aconteceu o 4 de Fevereiro e cada um fez o que pôde para se juntar ao MPLA.

Já só nos voltámos a encontrar em 1968 em Argel, embora seja possível que nos tivéssemos visto, fugazmente, em Paris em 1963, mas não garanto. Mantivemos, no entanto, alguma correspondência entre nós, estando ele em Argel e eu em Aachen, ambos a estudar: o Pepe manteve-se fiel ao abandono das engenharias, mas eu regressei a elas.

A "equipa" que me recebeu em Argel tinha um "plantel de luxo": o representante do Movimento era o Mbeto Traça e lá estavam o Abranches, o Adolfo Maria e a Lena, o Zé dos Calos (Arnaldo Pereira da Silva, depois Omar), o Jorge Pires, o Helder Neto, o Kasesa, o Katyana e, claro, o Pepe e a Céu e o Fidel, seu filho. Estes nomes aqui citados são os dos camaradas com quem mais directamente lidava e dos que estavam engajados no Centro de Estudos Angolanos.

Vivíamos num "charuto" de quartos em Hydra, um bairro de Argel bastante afastado do Centro, a cozinha e a casa de banho eram comuns. Foi aí que pela primeira vez tomei contacto com a literatura de Pepetela, pois parece lembrar-me de ser dessa altura a obra *Muana Puó*.

Quando o Movimento considerou que já bastava de os militantes brancos serem colocados na periferia da acção, foi Pepetela chamado para a 2ª Região enquanto eu ainda fiquei por ali mais uns dois anos como "conservador" ou fiel depositário do acervo do Centro de Estudos.

Voltámo-nos a encontrar no Internato Ngangula já nos primeiros anos da década de 1970, onde o Pepe fazia parte do corpo docente e por onde eu passava quando, de camião, me dirigia para Kalombo, na fronteira sul do quadrado de Cazombo com a Zâmbia.

No início da Independência, sob governo de Agostinho Neto, fizemos parte do grupo de Vice-Ministros brancos que, por acaso ou não, o então Presidente tinha nomeado para o Governo. Quem já não se recorda que seja lembrado, quem nunca o soube que fique a saber:

Pepetela, Vice da Educação; Fonseca Santos, Vice da Construção; Ferreira Neto, Vice da Saúde; Júlio de Morais, Vice da Agricultura e eu próprio, Vice dos Transportes.

Pepetela é de certeza um dos mais brilhantes escritores da geração que sucedeu àquela primeira do Neto, do Jacinto, do Viriato, do Mário, do Cardoso e de outros, e é sem dúvida aquele que, do ponto de vista do seu posicionamento intelectual, melhor continuidade tem dado àquela geração.

É por isso reconhecido dentro e fora das nossas fronteiras e o mérito que lhe tem sido granjeado é mais do que merecido.

Completa este ano sessenta anos. Ainda vai a tempo de produzir no futuro uma obra pelo menos tão valiosa como aquela com que já nos brindou.

Afectuosamente,
Juju

6

Pepetela – A Pestana Vigiando o Olhar

MIA COUTO

(Escritor Moçambicano)

Uma primeira amostra da obra de Pepetela me chegou há muitos anos. A nossa rádio, deste lado do Índico, adaptava *As Aventuras de Ngunga*. Nessa altura, eu não tinha possibilidade de avaliar o autor. Mesmo na adaptação radiofónica, o texto parecia-me demasiado óbvio na sua intenção didáctica. Nessa altura, Pepetela era um militante do Departamento de Educação, preocupado e ocupado com a pedagogia dos estudantes da região do Leste de Angola, onde ele actuava como combatente do MPLA.

Mais tarde, porém, fiquei completamente encantado com o romance *Mayombe*. Aquelas páginas estavam embebidas de uma luz que nos vinha de dentro. Estava ali a história da luta armada de libertação nacional, com um brilho que nós, moçambicanos, nunca tínhamos sido capazes de criar, ao ficcionar a nossa própria luta. Havia uma dimensão épica, não fosse escrita por um guerrilheiro. Mas estava ali algo mais que isso. E esse algo era o mais importante.

Pepetela juntou-se ao movimento revolucionário e pegou em armas, seguindo o apelo da libertação do seu país. Eu sei quanto isso é difícil. Aqui, em Moçambique, sujeitos a um mesmo regime colonizador, custava-nos na carne essa entrega à mesma causa emancipadora.

Nos textos de Pepetela há a lucidez de alguém que se interroga, que avança dúvidas e sabe que, para além das crenças, subsiste a inquietação de quem entra e vai sair da política de mãos limpas. Como se o seu nome de guerra (Pepetela significa pestana) simbolizasse essa vigilância do olhar sobre as mudanças de que somos sempre corresponsáveis.

Sou um escritor. Sinto os livros sem os querer entender e julgar. Os moçambicanos sempre espreitaram matreiramente para o que produziam os nossos "primos" angolanos, lá da outra África. Fomo-nos habituando a uma certa divisão de géneros entre as nossas literaturas – Angola ficava com os prosadores, Moçambique com os poetas.

Esta diferença parecia explicada: Angola era mais uma nação já feita, com uma maior taxa de urbanização. Partia-se da ideia de que a prosa nasce na cidade e que Angola possuía das mais antigas cidades de todo o continente. Mais rural, o meu país estaria preso a uma visão poética do mundo.

Não sei se isto corresponde à realidade. Sei que a escrita de Pepetela continha, desde o primeiro livro, um sentido de nação, uma proposta de integração de tempos e espaços que, em geral, não transparecia tão vivamente na produção literária que se ia fazendo no nosso país. Os moçambicanos cantavam a nação que haveria de vir. E para isso, para evocar esse projecto, a poesia parecia mais apta. Os angolanos reclamavam a nação que já havia.

Os seus grandes romances sugerem uma continuidade entre gerações, uma harmonização de diferenças numa mesma totalidade. Esta urgência de pertença, esse contorno que contém e esbate diferenças é, afinal, Angola. A ideia de angolanidade está presente em toda a sua obra mas de forma tão natural que não a condiciona do ponto de vista literário. Pepetela está a escrever não sobre Angola. Ele está escrevendo Angola, essa que há mas que ainda não existe, a sonhada e a geradora de sonhos.

Fui encontrando Pepetela nesses múltiplos encontros literários que vão ocorrendo por esse mundo. Tornámo-nos amigos e criámos cumplicidades tão imediatas que só o nosso percurso comum pode explicar. Nascemos ambos em cidades que tinham dificuldades em obedecer à geografia do colonialismo. Benguela de Pepetela e a minha Beira eram cidades abraçadas a pântanos, onde a hierarquia do espaço e a lógica colonial tiveram dificuldades de vencer. O mosquito, em ambos os casos, foi um herói da resistência anticolonial. Os portugueses mandavam, à frente, os homens. As mulheres esperavam um sinal para se juntarem a seus maridos. Frequentes vezes, esse sinal demorou mais que as paixões que esses estrangeiros criavam por mulheres locais. A mestiçagem criava uma ponte por onde, mesmo contra a vontade do regime fascista, circulava cultura entre a Europa e África. Em Benguela e na Beira foi mais díficil construir o "outro lado". Pepetela estava destinado a ser um desses seres de fronteira que contrabandeavam valores, histórias e fantasia.

Tudo isso fomos falando ao longo da nossa amizade. De cada vez que reatamos essa longa e inacabada conversa é como se parte das nossas vidas se espreguiçasse numa imensa varanda frente aos nossos dois oceanos. E como se esses mares fossem, afinal, uma só água. Lembro com saudade cada um desses momentos, o quanto eu podia trocar de biografia com ele, o quanto ele podia usurpar minhas lembranças. Como se eu pudesse ser natural de Benguela e ele se tivesse infanciado na Beira. Nossas vidas trocáveis, sem outro preço que a conversa para amolecer o tempo.

Os dois sofremos da coluna e ele, durante um tempo, escreveu de pé. Assim, encostado a uma escrivanha, com um banco sobre a mesa para que a máquina de escrever ficasse a boa altura, assim nasceu *Yaka*, essa apurada saga que alude o próprio entretecer da sociedade angolana. Já *Lueji* e *O Cão e os Caluandas* nasceram sentados, em outra condição de saúde. Mas nenhum texto de Pepetela está sentado, nada na sua escrita convida à sedimentação. Tudo convida à descoberta, tudo induz à ousadia. Lê-se Pepetela, descobrindo a terra e a gente angolanas.

As barbas do meu amigo foram embranquecendo. As minhas estão seguindo, céleres, o exemplo dele. Este ex-guerrilheiro marcha ainda como se estivesse na mata, seu corpo magro parece pisar pouquíssima terra. Mas não são apenas educadas maneiras que tornam o seu passo tão ligeiro. Se o pé dele tem a subtileza da emboscada é porque a alma dele ainda espreita em acto de guerrilha, a conspirar contra o silêncio e contra uma certa ideia de África como o continente derrotado dos pedintes e dos mendigos.

Angola foi mudando, experimentando a ferro e sangue os interesses de quem troca nações como fonte de lucros. De todas as vezes que fui encontrando Pepetela fui sentindo como o seu orgulho se ia convertendo em mágoa, a esperança se ia, de quando em quando, confrontando com a desilusão. Como o tempo parecia desutopiar gerações. Mas ele, o Pepe, é a geração de si mesmo. Há nele qualquer coisa que resiste, como se fosse o caroço de um alma mais profunda, que não esmorece nem se esgota. Angola pode sangrar, sob o roubo dos seus recursos e a agressão dos seus inimigos. Angola pode estar perdendo soberania. Mas essa outra Angola, aquela que os livros de Pepetela consagrou, essa Angola resiste sob o olhar vigilante do seu grande coração. Essa soberania do escritor nada nem ninguém subjugará.

Maputo, setembro de 1999.

7

Quarenta Anos de Amizade para Sessenta de Vida

NDUNDUMA WÉ LEPI

(Escritor Angolano e Deputado pelo MPLA)

Para ser exacto tenho de admitir que conheço o Pepe há mais de quarenta anos! Perdoem-me pois que o efeito literário relacione melhor sessenta com quarenta. É um facto inegável: no acto de escrever, em literatura, os personagens ditam a quem escreve, sem contemplações, aquilo que querem, ponto final e basta!

Falo de um Escritor com letra maiúscula e que no entanto escreve, quando escreve à mão, com letra tão pequenina que sugere uma escrita miúda hieroglífica de figuração miniaturada, impecavelmente directa e objectiva. Em Pepetela não há que adivinhar intencionalidades. Há que seguir caminhos, quer directos, quer miméticos que conduzem através do fio inteligente da coerência da trama, ao marco da tragédia, quanto ao da realização, quanto ao da vontade última, quanto ao da felicidade, sem cedências outras que as impostas pela objectividade do facto literário criado.

Corriam os últimos anos cinzentos, da década dos cinquenta, do século passado!!!, sob os dias quase sempre muito claros de Lisboa, quando tive conhecimento do que suponho ser o primeiro conto escrito pelo Pepe, para publicação (Peço perdão: não era ainda Pepe!), que a perda duma parte da minha colecção de "Mensagens" da Casa dos Estudantes do Império, me não permite situar categoricamente. Recordo ter sido esse conto, entre variada e criativa produção literária, um dos que serviram a Amândio César, o "crítico fascista da escritura colonial, de serviço na época", para acusar a nossa literatura de subversiva e promotora de ideias independentistas, no que era rigorosamente verdadeiro, admita-se. Por outro lado, o compromisso de absoluto segredo, assumido com o Jacques dos Santos, sobre os motivos deste depoimento excluiu o recurso ao próprio Pepe para a precisão necessária. Além disso o Pepetela ainda era o Pestana (havia outros, também, então amigos), de Benguela, vindo de Angola com o sétimo de ciências, para cursar engenharia. Os caprichos imprevisíveis dos percursos humanos fizeram-no cruzar, no Instituto Superior Técnico, com o amigo e colega do Liceu do Lubango, o namibe Júlio de Almeida, o Juju, que depois do sétimo de ciências, decidiu completar o de letras, para estudar histórico-filosóficas. Concluíram ambos que não era exactamente isso que cada um deles queria. O resultado foi o Juju transformar-se em explicador de Latim e Grego, ao Pepe, acabando este por formar-se em Sociologia, e o explicador em Engenharia Mecânica.

Estes cruzamentos de caminhos díspares conduzem sempre às mesmas rectas finais, para objectivos idênticos, deixando no entanto, tantas vezes tanta amargura antes da meta, esfacelando no pó que tudo esconde, sonhos desfeitos, como rosas que vão perdendo cada dia as suas pétalas na estrada.

Muitos outros companheiros, que será de todo impossível recordar aqui e agora juntaram-se a nós (sei que alguns se ofendem por não serem citados, ainda que não venham a propósito), ou nós a eles, quer nos meandros, quer nas vastidões das chanas, na travessia dos rios, na fome do quotidiano e no esforço de todas as horas, para a recta final. Esta chegou num tão sofrido novembro, que, não obstante, encheu os corações e os pensamentos de tão fortes esperanças, mais do que esperanças, certezas, para logo de seguida dispersar-nos uma vez mais por estradas, que seria necessário percorrer ainda, para chegar verdadeiramente à meta, sempre adiada. Assim, enquanto uns foram para o norte, outros para leste e outros tantos para sul e centro, Pepetela foi pisar areias morenas da sua infância, rever a família, construir família, entre estilhaços de morteiro, bengalas de "chefe" conquistadas ao inimigo, nas batalhas do Lobito. Os caminhos, estradas mais duras que as vividas, levaram-no até à Mena, uma flor viçosa e morena, dos contrafortes da Ganda, talvez por isso mesmo, flor de caule e perfume resistente às intempéries, com quem esculpiu o nome de uma filha, o nome de um romance, e o nome doutro percurso de vida.

Foi o período das incertezas vistas, contra as certezas sonhadas. As armas não puderam ser silenciadas pelo despertar dos homens, porque se mantinham insones pela violência dos monstros e seus tentáculos. Foi a resistência de Benguela até ao limite da decisão, entre retirar para um recomeço salvando vidas, ou a morte simplesmente, diante duma força invasora muito mais poderosa.

O sociólogo havia cedido ao soldado, o escritor calara, para gravar na memória, a memória dos horrores e do sofrimento, da perda de companheiros queridos, da destruição de séculos de adobe, caliça e cimento de uma cidade, com a idade de gerações insubmissas e poemas de amor entre a argamassa.

Haverá alguém um dia, que tente escrever alguma vez, mesmo retalhos apenas, dessas biografias, suas, nossas, enfim da Pátria?

Alguém que, sem a prioridade do sentimento da perda, do amor ou da saudade, saiba trazer do indelével dos factos, sem adjectivos maiores, nem substantivos redutores, apenas a parte da verdade verdadeira? Alguém capaz de concluir que a Pátria teve história protagonizada por homens, que por ela e por bem, e por vezes, por erros, outras vezes por impossíveis que venceram, a tornaram realidade? A verdade que não é absoluta, para que seja verdade, necessita de ser história. E a história da luta de libertação e a que se lhe seguiu, não está escrita, nem suficientemente documentada para que as gerações vindouras a estudem, conheçam e finalmente a compreendam e civicamente a respeitem. Ela é deturpada dia a dia pela ignorância efémera (por vezes enferrujada, mas não descartada), pela ambição destruidora dos protagonismos de ocasião, em voga. A destruição e o desrespeito pelo passado, mesmo face ao hábito (apenas hábito) do culto ao "Mais Velho", o horror ao mérito alheio, cria dúvidas e receios, quanto ao futuro. "Santos de casa não fazem milagres", tornou-se princípio, meio e fim da negação absoluta até das evidências. Pretexto e causa profunda, quer para desistências, como para rupturas que geram ecos.

Tenho dúvidas! A nossa é uma memória de oraturas, que hoje se vulgariza até por relatos fabricados segundo conveniências e objectivos escusos, falsos ou deturpados, para se atingirem fins circunstanciais, aos quais se empresta uma auréola de verdade. Serão na maioria, esses os materiais que ficarão à disposição dos pesquisadores. Simplesmente porque são raros os que escrevem sobre si, e ainda menos os que escrevem sobre os outros, com uma perspectiva honesta de presente e de futuro. Cada vez mais os que escrevem contra o imediato, ignorantes do antes, fazem-no, possivelmente, no vórtice veloz da internet e da globalização. Não temos ou perdemos a cultura do registo para as fontes da história, seja qual for a tecnologia de que possamos dispor... A destruição continua e o vazio dos seus autores encarrega-se de apagar memórias, documentos, factos, testemunhos. Os nossos criadores, os que se distinguem nas várias faces do nosso poliedro, vão ganhando o reconhecimento cristalino das distâncias do mundo, mas raramente o olhar duma janela da nossa própria morada. E se nesse reconhecimento acontece a mistura do mérito e do cabotino, do mesmo modo, aqui raros distinguem os que teimam habitar o núcleo inicial, dos novos inquilinos de estratégia duvidosa, ou até claramente antagónica.

Assim, quem saberá dizer um dia que também Pepetela travou por Angola, combates no Chongorói, no Lobito e noutras localidades da Benguela de Angola? Quem eram os seus companheiros desses dias? E no Leste e em Cabinda? E na Argélia? E no Congo? E no regresso à Pátria? E na tragédia de maio? E no Ministério da Educação, a obra feita aí? E como e quando, em que circunstâncias foram escritos o *Mayombe*, *Lueji*, *Muana Puó*, *As Aventuras de Ngunga*, *Yaka*, *O Cão e os Caluandas*,

A Geração da Utopia, *O Desejo de Kianda*, *A Parábola do Cágado Velho e da Víbora da Cabeça ao Contrário*, *Luandando*, *A Gloriosa Família*, *A Montanha da Água Lilás*?

Será suficiente que uma só linha de contracapa de livro diga que foi guerrilheiro, é actualmente professor de Sociologia, na Faculdade de Arquitectura e conquistou o Prémio Camões? Quem saberá daqui a cinquenta anos, porque se deu um nome a um anfiteatro, quando a história da paz, finalmente vencer a história da guerra que transforma em pó o saber e alegria de transmiti-lo aos filhos, netos e bisnetos, sucessivamente? Haverá ao menos jornais nas Hemerotecas? Haverá sequer Hemerotecas? Haverá a hora e a vez da formação científica em História? Que materiais terão para as suas pesquisas? Com ruínas e espólios sepultados, o silêncio é mudo; a mentira gritada será a única verdade.

Um escritor não é apenas a sua obra. É ele próprio, a sua obra e todas as envolventes da sua escrita. Tudo isso misturado num almofariz de vivências que se esmagam entre si, para que surja o eco, o poema, o conto, o livro, e nele, terra, povo, pátria, história de vidas da vida eterna. O escritor que o seja de facto é muito mais do que a lápide que lhe fixe o nome numa rua. Ele permanece e conversará com os seus leitores dentro de anos ou de séculos. Mas aqueles com quem tiver esse diálogo só terão dele a imagem necessariamente importante, pela biografia que lhe dê forma, e à sua herança de palavras dê o corpo que a eventual fotografia só reproduz estática.

Precisamos pois de mais e mais estudiosos dos homens. E do acto de criação angolana, em todos os seus domínios, para que a nossa cultura seja, também ela, uma sucessão sem síncopes, que explique a idiossincracia de um povo, a constituição do magma que o caldeia e desfaça os mitos musgosos que a sufocam.

O Prémio Camões, a circunstância da ausência de uma homenagem de Estado ao mais galardoado dos seus escritores perguntam-se os que por estas razões do orgulho de sermos se interessam, porque será? E porque não depois das homenagens de todos os Estados da nossa língua comum? Os vários

Prémios, e os Prémios Nacionais de Literatura? E a participação no núcleo fundador da União dos Escritores Angolanos? Quem saberá que a posse de Agostinho Neto, como Presidente da Assembleia Geral da UEA, foi conferida pelo Escritor, Vice-Ministro da Educação, Artur Pestana – Pepetela? E as causas de causas? Rupturas, afastamentos, distâncias, são questões privadas ou pertença de todos, desde o momento em que um homem deixa de ser apenas ele próprio, para transformar-se em património da nação? Causas e efeitos?

Não é importante saber se alguém dirá ou não alguma coisa da história dos homens dessa época, à nossa História. O que é dramático é o vazio de informações credíveis, sobre as quais se possa debruçar um dia a pesquisa honesta e séria de quem tiver capacidade de fazê-la. E mais grave: o que resta é apenas o que denigre, o que mente, o produto da inveja e do absurdo. Mais do que a traição à memória, será a traição à história, que voluntária ou involuntariamente se vai praticando. Porque a Cultura não é prioridade? Como não, se ela é a única, que a todos sobreviverá?

*

Esse escritor que chega aos sessenta anos e a quem os pais deram o nome de Artur Carlos Maurício Pestana dos Santos nasceu em Benguela no dia 29 de outubro de 1941. Pai e mãe angolanos filhos de angolanos, por sua vez de portugueses e madeirenses. A árvore da família cobriu, tal imbondeiro de raízes tentaculares, várias regiões. Assim os parentes vários de Pepetela são de Benguela e do Namibe, do Huambo, de Calulo, sabe-se lá se de Cabinda, e do Cunene? Mas certamente, porque entre eles os conheci, há brancos, negros e mulatos. A Angola profunda que alguns pretendem exclusiva e inibidora habita as suas veias com a profundidade do seu pensamento e acção. De angolano universal. Livre de atavismos que as areias secas de Benguela rejeitam e as acácias vermelhas que perduram, se recusam a desenhar, sequer por simbolismo, através do voo dos catituis, no azul irmão de mar e céu, da nossa inteira geografia humana.

No tempo das quimeras, quando lhe publiquei, 2 de abril de 1974, *As Aventuras de Ngunga*, sendo simultaneamente dactilógrafo sobre o stencil, revisor, operador da duplicadora manual, operário da dobra de cada folha de quatro páginas, autor da capa e do prefácio, agrafando depois o volume conseguido, no total de 480 exemplares, distribuindo-o a guerrilheiros, comandantes, remetendo-o a conhecidos estudiosos de vários países, escrevi, entre outras coisas, as palavras que a seguir transcrevo por acreditar na sua actualidade, síntese histórica da personalidade de Pepetela nessa época, sem que ela difira grandemente dos dias de hoje:

"Quando Pepetela, escritor angolano pisando caminhos da guerrilha, se decidiu a fixar num caderno, com a caligrafia miúda, constante, feita de pequenos círculos sucessivos as aventuras de um protótipo, pioneiro, não tinha em absoluto a intenção de oferecer-nos a narrativa que acabou por realizar. Tratava-se de redigir para si próprio, e eventualmente para os pioneiros e guerrilheiros da área em que se encontrava, um instrumento que, em tradução literal, o ajudasse a compreender a língua mbunda e àqueles o português. A leitura de *As Aventuras de Ngunga* lembra um remoinho de chana, no fim da estação seca. O vento pequenino da anhara começa como um assobio de encontro combinado, ganha corpo, entusiasma-se, catapulta as folhas mortas, o capim velho, as areias sujas, ergue-se bem alto, limpa o horizonte. Chegadas as primeiras chuvas, renasce o capim velho, renasce a esperança dos homens, revitalizam-se os animais, as árvores e as coisas. Na linguagem dos homens do Movimento Popular de Libertação de Angola, a isso chamou-se Reajustamento. *As Aventuras de Ngunga* são escritas na fase que o antecede, mas, com o mérito de escritor que interpreta mais além a hora social que vive, a pergunta permanece: "Se Ngunga está em todos nós, que esperamos então para o fazer crescer?"

Pepetela terá contribuído, como poucos, para fazer crescer Ngunga na literatura e no Homem, em si próprio. Disso é prova sua Obra. Outros ainda, a seu modo, na sua maneira de ser e estar, que terão feito crescer Ngunga, caíram nas emboscadas, foram devorados pela guerra, ou estão ensimesmados no clima opressivo que o tempo imutável impõe às idades. Talvez depois de duas décadas, um novo Reajustamento aberto e cristalino desse ao Ngunga que sobrevive em tantos ainda, apesar de tudo, a seiva necessária para crescer, de forma a transformar-se efectivamente no Homem Novo, que dava força interior aos passos da nossa esperança e do sacrifício consentido com amor e confiança.

A primeira tradução de *As Aventuras de Ngunga* foi efectivamente para a língua mbunda, da autoria de Manuel Francisco Tuta – Ouro de Angola, e depois aperfeiçoada por Justino Katuya, professor do Instituto Nacional de Línguas, e antigo comandante. Mas não foi, lamentavelmente, jamais publicada, tal como não foram feitas traduções para outras línguas nacionais, desse livro tão eficaz construtor de unidade nacional e de luz no fundo do túnel de cada jovem.

O Escritor consolidou-se, ergueu-se à altura do merecimento amplamente reconhecido. Tornou-se referência nacional. Eis por que a sua responsabilidade além da criação, sendo do paradigma e do direito de cada homem e cidadão, assume uma outra dimensão que ultrapassa o comum e o quotidiano. É o preço que assumem, relativamente à sua comunidade, aqueles que "da lei da morte se libertam".

Vieram *Yaka*, *Lueji*, *O Cão*, *A Geração da Utopia*, *A Gloriosa Família* etc. O Escritor fez, possivelmente, a sua opção mais difícil: priorizou a narrativa, na base de histórias da História, criou o mito dentro dos mitos e da verdade deu por vezes uma visão pessoal (nesse sentido, nem sempre necessariamente redutora), de aspectos que, sendo génese e glóbulos de tantas outras veias, terão certamente leituras divergentes. A Literatura engajada, que começa a ser aceite de novo, no mundo, depois de um longo período de domínio do abstracto introspectivo, conta em Pepetela um dos seus nomes maiores. Produziu globalmente uma obra de vulto, um marco entre raros, da literatura angolana. A opção deixou de lado o buril, que cinzelou arte de escrever, em *Muana Puó*, esse livro que o situa na fímbria da poesia e da espuma! É evidente que são direitos, escolhas do fórum do Homem, antes de o serem do Escritor. Por isso indiscutíveis. Mas nem por isso imperceptíveis!

*

Um Escritor com sessenta anos é na realidade um jovem escritor! Pepetela é pois um Escritor jovem, autor de uma obra Adulta, no limiar da criação da Obra sem fronteiras, que dele se espera. Eis por que me permito acreditar que Pepetela esteja agora no patamar da escrita de outras obras, que possam (quem sabe?) catapultá-lo, e com ele Angola, para as luzes da ribalta daquela constelação, onde residem os nomes que são da literatura universal.

Luanda, maio de 2001.

8

Pepe

ORLANDO SENNA
(Cineasta Brasileiro)

Meu primeiro contato com Pepetela foi a leitura de *Mayombe*, em 1980. Luandino Vieira me mandou o livro com o propósito de envolver-me em um projeto cinematográfico, a transcodificação de *Mayombe* em um filme. Uma co-produção Angola-Moçambique, direção do moçambicano-brasileiro Ruy Guerra, um plano arquitetado por Luandino, na época presidente do Instituto Angolano de Cinema, além de escritor de grande prestígio. Era o sonho de um cinema africano em língua portuguesa, alimentado pelo espírito libertário da guerra de independência e pelo ideário poético, pela sombra luminosa de Agostinho Neto. O grande líder do MPLA havia morrido recentemente e o governo ainda conservava o seu desenho, a sua marca: o poder decisório compartilhado por militares e poetas, por soldados e artistas. Muitos atores da guerra e da implantação da República Popular de Angola exerciam com igual destreza ambas as atividades, ambas as atitudes, eram soldados e artistas. Agostinho Neto era um deles, claro, poeta profundo e chefe de um exército. Pepetela era um deles, escritor intenso e ultrassensível e comandante guerrilheiro, no início da década de 1980 gastando muitas horas de seus preciosos dias como vice-ministro da Cultura.

Encontro Luanda com esta atmosfera, ao aceitar o convite de Luandino Vieira e Ruy Guerra para escrever o guião do filme (o roteiro, como se diz no Brasil). Um dos objetivos da viagem era conversar longamente com Pepetela, escutar histórias da guerrilha, trocar ideias sobre a tradução de *Mayombe* em imagens e sons. O outro era mergulhar em Luanda, conhecer o povo que o filme ia retratar. Pepetela foi um guia exuberante e maravilhado neste mergulho, maravilhado com seu povo. Andamos e cavocamos por toda a Luanda, minuciosamente, nós e seu cão Zico, de saudosa memória. Quartéis, feiras, praias, musseques, o Mussulo, entramos em dezenas de casas, conheci centenas de pessoas – artistas, poetas, músicos, ex-guerrilheiros, soldados, mutilados, funcionários, operários, refugiados das zonas em conflito, as candongueiras, um kimbanda. Ficamos horas extasiados diante de um imbondeiro. Contou-me o mito de Feti, o Fundador, e falou-me do complexo sistema cultural angolano, as vertentes kongo, yaka, tchokwe, o mistério do hamba, as escariações de *Muana Puó*. Pepe dizia: "Não é tão difícil como parece, entre umbundos, kimbundos, kikongos e ganguelas podemos fazer um país". Enfim, são todos bantos.

Creio que o início dos anos 1980 foi a época mais esperançada de Luanda, as pessoas acreditavam que a guerra ia acabar. O filme não foi feito, os produtores moçambicanos e angolanos não se entenderam, mas aquelas três semanas de banho caluanda foi o primeiro de muitos encontros com Pepetela, em Angola e no Brasil. Amizade à primeira vista, amor de amigo. Nossas mulheres se juntaram a esta celebração de fraternidade, Mena e Conceição se irmanaram, vimos Lueji crescer, de menininha a mulher. Presenciei momentos candentes do processo de criação de Pepe durante a feitura de *Yaka* – eu estava hospedado em sua casa em Luanda e desta vez não me acompanhava nas expedições urbanas, concentrado que estava na engenharia do seu texto, escrevendo de pé, a máquina sobre uma mesa que lhe chegava ao peito, e sempre de sunga, quase nu. De pé para poupar a coluna, intensamente utilizada nos muitos anos na selva (Hemingway também escrevia de pé mas por motivos diferentes, por causa das hemorroidas).

Quando estava escrevendo *O Cão e os Calus*, em meados dos 80, fingia estar vivendo em 2002, o ano fictício em que o Autor narra a antiga história de um pastor-alemão. Esta sua vivência no futuro era muito divertida, os elementos que usava para adivinhar a vida em um porvir tão distante, para a época, era o bom humor (ninguém conta chistes tão bem como Pepe, principalmente os de sua própria lavra). Ele me falava sobre o livro, como o estava construindo, e eu me sentia alagado de orgulho e emoções afins porque eram confidências. Enfim, foram e são muitos os bons momentos de convivência mas aquelas semanas em Luanda, no início dos 80, ficaram gravadas com detalhes em minha memória, em meu coração: uma cidade que, filtrada pelo amor de Pepe, era ao mesmo tempo realidade e possibilidade, concretude e magia. Como ele mesmo, como a sua arte...

Interrompo estas anotações e telefono para Pepe, motivado pelas lembranças e pela necessidade de confirmar seu e-mail. Está preocupado com seu novo cão, Max Weber, que se meteu em uma briga com um cachorro vizinho duas vezes maior que ele, e está fazendo uma coisa que nunca fez – está escrevendo um seriado para a televisão. Gosta da experiência, sempre foi cinéfilo, mas acha muito estressante, não se sente cômodo com as interferências de produtores e diretores, com o nível de censura que isto implica. "Decididamente prefiro escrever romances", me diz. E eu agradeço a Kalunga por tal decisão, em meu nome e em nome da grande literatura.

Rio de Janeiro, junho de 2001.

IV

Pepetela sob os Olhos de Tantos

I

Fatos de Vida, Feitos de Ficção (*Yaka*, de Pepetela: História, Mito e Símbolo)

MARIA APARECIDA CAMPOS BRANDO SANTILLI*

Ao tratar de "Questões Prévias e de Princípio, a Separação da Arte e Vida Cotidiana", a Estética de Lukács (*I. La Peculiaridad de lo Estético,* Barcelona/México, Grijalbo, 1966) ocupa-se dessa relação, desde sempre polêmica, entre o que ele chama de "reflexo científico" e "reflexo poético" da realidade cuja diferenciação o Autor aborda como problematicamente reconstruível, dado o fato básico de que existe uma interação ininterrupta entre a "cotidianidade", e a arte e a ciência.

Lukács faz lembrar a forma lenta de constituição do modo propriamente científico do reflexo, na historiografia, considerando os fluidos-limites que, na Antiguidade, separam a historiografia da "conformação estética", ou a constância de certo predomínio do estético, na agrupação e narração anedótica e novelística dos fatos, que prevalece no princípio, como em Heródoto, por exemplo. E assinala, como tardia, "fruto da Idade Moderna, a resolvida constituição da história como ciência, devido à tendência crescente a captar, em sua necessidade, os fatos do decurso histórico", não só reproduzidos fielmente em seus contornos mais gerais, como também em seu histórico ser-assim, sem afetar-se pela subjetividade do historiador. Tal

* Maria Aparecida Campos Brando Santilli, professora titular de Literatura Portuguesa e Literaturas Africanas da Universidade de São Paulo (USP).

tendência baseia-se na também crescente compreensão de que, atrás da transformação qualitativa dos feitos da vida, das relações entre os homens, das condições de sua ação, de sua psicologia, de sua moral, atuam forças sociais objetivas, cientificamente detectáveis e explicáveis, quais sejam, a estrutura de cada formação social, suas transformações e suas causas. O ser-assim qualitativo desses fatos já não apareceu, portanto, como simples dado imediato, como abstrato ser-assim, mas como ponto nodal, como interação das leis objetivas.

Como a historiografia antiga pouco soubesse disso, não terá atendido apenas a isso e, assim, os elementos artísticos desempenhavam um papel tão amplo na representação do ser-assim dos fatos e dos acontecimentos.

Lukács remata por definir-se pela não-supressão de uma distinção estrutural entre a historiografia e a arte, mesmo com o pressuposto de que a historiografia se utilize, em grande medida, dos meios estéticos da representação literária, assim como a arte também não se afeta, na pureza de seus efeitos, pela mera razão de apoiar-se em métodos e resultados da ciência, para apropriar-se da matéria da vida.

Uma vez que o canal dos meios expressivos e de representação ficam abertos ao uso comum da historiografia e da arte, embora se tratando de uma proposta diferencial como essa de Lukács, a confusão dos limites persiste, sobretudo quando se considera que os meios expressivos estéticos de representação são determinantes ao representado.

A observação da prática tem apontado que, se ora essa confusão de limites parece atenuar-se, vai mostrar-se, entretanto, acentuada em certos momentos da História e da história da arte.

Do lado da história da arte, ou, mais especificamente, da literatura, verifica-se já extensa e intensamente que, em nossos dias, o trajeto de certo romance passa, programaticamente, pelo percurso da história, enviando a uma leitura da história, feita pela literatura.

O romance *Yaka*, de Pepetela (São Paulo, Ática, 1984), talvez seja uma obra privilegiada do Autor, para observar esse viés de leituras que o romance contemporâneo pratica e até para notar-se o vice-versa, isto é, para aferir como a recíproca das transleituras, em ciências ou artes, está na ordem do dia.

Como um exemplo às avessas dos casos literários mencionados, é interessante invocar o caso de um operador que, até por atenuar limites entre campos vizinhos do conhecimento, cruza mais previsivelmente fronteiras. Será o de Tzvetan Todorov, em seus magníficos textos reunidos como *Teorias do Símbolo* (Lisboa, Edições 70, 1977).

A epígrafe do livro significará o espírito que certamente Todorov quis dar ao corpo de seus ensaios. Trata-se de uma evocação, *ad-hoc*, de Novalis, que diz: "Depois de muito refletir sobre o assunto, parece-me que um historiador deve também e necessariamente ser poeta, pois só os poetas podem entender essa arte que consiste em ligar os fatos com habilidade".

Ao determinar-se um caminho que vai do "nascimento da Semiótica ocidental" à "crise semântica", da linguagem e seus duplos, à "poética de Jakobson", passando por Freud e Saussure, Todorov entendeu – conforme declara na "Explicação do Título" – que "a pluralidade das teorias examinadas dá a este trabalho um carácter histórico".

Mas o que, então, vem ao caso principalmente grifar é que Todorov, segundo suas próprias palavras, "de boa vontade o teria classificado como história-ficção, se não suspeitasse que é o caso de toda a história" e que, nesse aspecto, o seu parecer "coincide com a íntima convicção de todos os historiadores. O fato histórico que, à primeira vista, parece apenas um dado" – prossegue Todorov – "revela-se como inteiramente construído" (p. 13).

Nessa concepção do fato, não como dado apenas, mas como construção, ficam legitimadas as viagens da ficção a história, ou de história a ficção. Franqueiam-se as travessias de fronteiras entre tais ditas áreas do conhecimento, em vista do processo (da construção) que ambas podem operacionalizar em comum.

Quanto ao fato como construção, do lado de cá da literatura, *Yaka*, de Pepetela, é um romance que vale a pena de considerar. De intrincada técnica de elaboração, parte de fatos previamente identificáveis, porque até sedimentados como consensuais na realidade extraliterária, mas que vão tornar-se resultantes de construção, no trânsito para o nível simbólico que a articulação ficcional promoverá.

É intrigante, para o leitor, acompanhar essa operação que se efetua – como é sabido – em cinco segmentos distintos, simbolicamente rotulados e cronologicamente seriados, de modo que os títulos são indícios prévios da apropriação ficcional dos fatos, especularmente pautados por um tempo exterior ao próprio universo da ficção. Recordem-se as partes "A Boca" (1890-1904), "Os Olhos" (1917), "O Coração" (1940-1941), "O Sexo" (1961), "As Pernas" (1975), sucedidas por um telegráfico epílogo.

Está claro que tal estrutura reproduz o estilhamento, a saga de um corpo (que à leitura irá identificar-se como coletivo), cuja cabeça pode supor-se ambiguamente estar representada no protagonista e/ou autor que concebeu, para desse corpo, afinal, se conscientizar.

Por essa via, os marcos de periodização da odisseia da resistência, no contraponto com os desastres da história de ocupação ampla e efetiva do território angolano, constituem-se lances simbólicos da desorganização de todo corpo físico-social concernente aos povos de Angola.

No primeiro lance, a data de 1890, ano de nascimento de Alexandre, figura central do romance que é a primeira geração angolana da família portuguesa dos Semedos, lance, portanto, de origem da estória de vida que a ficção engendrará, marca a implantação do nó episódico inicial, no período de decorrências históricas do "Ultimatum" inglês, na Colônia, a determinar a iminência e urgência dos esforços de ocupação cujos resultados aparecem, tanto nas guerras do Bié, como em outras, por desdobramentos da resistência dos reinos Ngambu e Humbi, até o marco-fecho de 1904. É, então, a época de agravamento das desavenças entre portugueses e alemães na disputa do território africano, com os decorrentes conflitos de posse na parte sul de Angola. As estratégias de ocupação demandam vias mais eficazes de comunicação que se incrementam com a construção da estrada de ferro Moçâmedes, nessa altura iniciada.

Estes acontecimentos, articulados pelo eixo simbólico de "A Boca", convergiriam para um *carrefour*, uma encruzilhada de estória e história, com alternativas abertas à definição de caminhos futuros.

Induzindo "A Boca" a uma série de significados como: abertura, respiração ou alento, palavra, nutrição, representaria – segundo os entendidos dos símbolos – o poder criador e, muito particularmente, a insuflação da alma. Órgão da palavra (*Verbum*, *logos*) e do alento (*spiritus*), ela simbolizaria também um degrau elevado da consciência, um poder organizador por meio de razão. Mas este aspecto positivo, como em todo símbolo, tem sua contrapartida negativa. A força capaz de construir, de animar, de ordenar, de elevar será a que igualmente capacita a destruir, a matar, a perturbar, a rebaixar. Como se deduz, enquanto mediação entre a situação em que se encontra um ser, e o mundo superior e o mundo exterior a que se pode arrastar, terá sido o símbolo justo para representar os dois grupos opostos que se digladiam na luta colonial em Angola.

O segundo lance – cujos limites cronológicos circunscrevem-se a 1917 – atinge seu clímax no topo da crise, na disforia que corresponderia a um tempo fraco da progressão dialética na escalada de uma vitória adiada, comprovável pelos dados aferíveis na crônica de ocupação, poeticamente revivida, na voz anônima que se coletiviza como a do rapsodo, para o registro avaliativo de uma estrutura forasteira aleatória, ou seja, destoante e exorbitante no quadro ancestral das tradições locais.

É o ciclo da resistência encurralada, na torre de mensagem que se constrói de fé, esperança, projetadas num futuro de augúrios, como se pode ver:

"Os sobas antigos, que não morreram na guerra ou no interrogatório, foram mudados: agora tem regedor indígena nomeado pelo governo." "Regedor não olha os sumbes e os seles nos olhos, olha só nos pés deles." "Nos olhos, os sumbes e os seles e amboíns guardaram a força da terra vermelha, iluminada pela fogueira que apagou em outubro." "Apagou mesmo? Queimada não apaga com bala de canhão, nem com traição nas falas. Só a minha chuva de música, criação nossa, pode apagar de vez essa fogueira escondida nas brasas, sempre avivadas pelo sopro da injustiça. Deixa só! O vermelho das brasas guardadas está escondido nos olhos dos sumbes e dos seles, leão pronto a saltar no anhara" (p. 123).

Nesse quadro que poderia caber numa moldura de galeria da história angolana, cresce a personagem de ficção, a figura de Alexandre Semedo, com a fixação progressiva de traços tipificadores do retrato de uma geração já angolana, contudo ainda alinhada com a colônia portuguesa e a metrópole, na briga colonial.

Todo este segundo lance está preso à âncora simbólica de "Os Olhos", como se sabe, e o trecho citado remete a essa rubrica e também à epígrafe em que se antecipa a dualidade da representação: "Nos olhos estão as luzes e as lágrimas – ditos dos mais velhos".

Órgão da percepção sensível, os olhos também são, universalmente, o órgão de percepção intelectual, valendo aqui como *representamen* do percurso da razão, de um despertar da consciência do universo narrado.

Por outro lado, os olhos parecem ser também da alma, símbolo de uma forma de ver conotada pela emoção, num comprometimento afetivo com a realidade que então se reconheceu.

Neste ponto, o leitor de Pepetela pode, por sua vez, reconhecer o poético do histórico, a estória na história graças ao horizonte de expectativas ambíguas que o texto de *Yaka* permite vislumbrar.

O terceiro lance, balizado pelas datas 1940-1941, coincide, na cronologia histórica, com a instituição efetiva das estruturas de poder que acabariam por resultar no chamado "ultracolonialismo", produto de ascensão do fascismo em Portugal, em 1926, às tentativas de Norton de Matos, nessa altura obstadas, de um lado pelos movimentos liberais na Metrópole, de outro pela resistência angolana em que se inscrevem os sucessos ficcionais do romance.

É uma instância da narração que se sustenta no equilíbrio entre os informantes, enquanto operadores para enraizar a ficção dos Semedos no real das disputas coloniais, e os índices que sugerem atmosferas, caracteres, sentimentos e filosofias dissonantes e entrecruzadas, sublinhando a diferença entre o grupo familiar do colono, agora já de terceira geração, e o seu oponente kuvale, protagonizado por Vilonda, grupos respectivamente vistos numa perspectiva de antipatia e de simpatia, modo de privilegiar-se, assim, o ser Angolano, identificado pela ingenuidade/lealdade, ao contrário do forasteiro, definido pela trapaça/infidelidade que não seriam, portanto, propriedades dos ditos "primitivos", mas paradigmáticas dos ditos "civilizados".

Este lance da estória remata-se com a morte de Tyeda, filho de Vilonda, e de Aquiles, filho de Alexandre Semedo, entre as baixas da batalha pela posse da terra e seus corolários, fechando-se com a entrega do punhal de Vilonda, "o velho Mucubal", a Alexandre Semedo. O punhal será, assim, mais um objeto na série simbólica que significará – como em ritos de passagem – um interveniente na vetorização do destino daquele, a quem ao nível da narração literária receberá, em correspondência, a função de redirecionar os acontecimentos no rumo de seu então plausível epílogo.

De resto, estes valores seriam posteriormente explicitados, em memórias de Alexandre Semedo: "No segredo da adaga kuvale está a mensagem de uma cultura para outra; não forçosamente antagonismo por ser uma arma; mas mensagem de uma diferença nascida no passado dos homens que a fizeram e usaram".

O "manto simbólico da fantasia" sob o qual se agasalha aqui mais um passo da estória deste romance é o de "O Coração".

Implantada no ponto de equidistância entre o início e o fim da narrativa, a simbologia harmoniza-se com o enunciado e sua enunciação, reiterando, por coerência dos níveis, o sentido de "coração" como órgão central do indivíduo. Para além da noção genérica de centro ou sede de sentimentos, o coração, neste caso, comportaria uma extensão semântica, na linha de concepção das civilizações tradicionais que nele localizam a inteligência e a intuição, sem excluírem-se os valores afetivos.

A esta etapa do golpe fatal, redundantemente tematizado ao nível estórico, histórico e simbólico, vai suceder-se aquela que leva a data de 1961 denominada "O Sexo".

Os dados históricos que a estória então convocará são anunciadores de uma reversão, no jogo de forças do conflito colonial. E o transcurso do tempo (história, portanto) é registrado pelos informantes que apontam para a fase de declínio do império de Salazar e para a insurreição angolana a converter-se em guerra de libertação.

A costura ficcional com os fios históricos opera-se com a descendência branca e crioula de Alexandre Semedo, então na casa dos setenta anos, inclusive com netos que geram bisnetos, representada em conjunto, num novo discurso avaliatório cuja função seria a de pôr em confronto expectativas criadas e expectativas frustradas em relação à linhagem Semedo, de cujos parâmetros simbólicos especificamente depois se falará.

Vale registrar que, nesta quarta parte do romance, constata-se um procedimento narrativo, também exercitado em outras quando certa voz, de outra primeira pessoa, substitui a do locutor principal (caracterizada por alternâncias de primeira e terceira pessoa). É uma voz de autoridade, que fica a pairar acima do plano de interlocução da narrativa; um plano de ressonância do episódio em que a memória recupera e sutura, em ritmo veloz, fiapos de lembranças com os quais se entretecem súmulas que resgatam, com os suportes ideológicos manifestos, o transcurso da própria narração da qual tal voz parece ser a consciência unificante protagonizada.

Também é sob a égide dessa voz que se vê, mais claramente projetados, os efeitos enfáticos da simbologia do sexo, aqui sem interesse propriamente como realidade física. Valerá enquanto catalisa, do imaginário dos povos, as evocações do masculino e do feminino, do princípio ativo e do princípio passivo, quando não mesmo a bipolaridade do ser e sua tensão interna.

Do ponto de vista do desenvolvimento do romance, seria o ponto da narrativa mais compatível com a sugestão de união sexual, na medida em que ela pode sugerir a busca de unidade, de apaziguamento da tensão, da realização plena do ser.

E, neste caso, seria a contrassimbologia do corpo em destroços cujas partes estão por reunir, bombardeando, assim, o sentido de desordem ou desarticulação que emana do fluxo atroplelado de consciência das páginas finais.

O último capítulo, "As Pernas", que se propõe com a data de 1975, desenvolve-se a partir de imagens de chuva, articuladas para um clima de euforia, codificando a fecundidade que se está a anunciar.

Qualquer leitor, mesmo desatento, correlacionaria de pronto a simbologia do título do discurso e o discurso do "gênesis", novo ciclo histórico que se abre para o povo angolano, no marco zero da restauração nacional.

Será de dias tensos, de deformação dos diferentes grupos que se compuseram para a libertação da pátria e, então, disputam a gestão do país.

Por um, por outro, ou por nenhum, irão definir-se os Semedos, para a estória apropriar-se dos papéis históricos que cada cidadão teve de desempenhar. Vai cumprir a Joel – que é o filho de Irene, que é filha de Aquiles, que é filho de Alexandre – retomar o bastão político de Óscar que foi o bisavô.

Mas a luta é outra, pela definição da nacionalidade que emerge, nos escombros da guerra social.

Daí, mais um reconhecimento: o reconhecimento de Joel, como o herdeiro marcado, para fundar-se, no galho novo da árvore Semedo, o ramo dissidente da linhagem, último resultado das hipóteses de redenção da culpa coletiva de família que, por fim, Alexandre assumiu.

Justifica-se, portanto, que "As Pernas" tenham servido de símbolo à história e à estória nesta foz onde *Yaka* vai desembocar.

As pernas, como órgãos da marcha, simbolizariam o vínculo social. Elas propiciam as aproximações, favorecem os contatos, eliminam as distâncias, prestando-se ao fazer e desfazer da sociedade, pois.

Elas podem ser o símbolo que, por efeito de retroação, promove a inflexão desse sentido, em cada um dos passos do longo percurso desta narração, com história e estória confundidas, na meta comum de humanizar-se o todo social.

Se não, releia-se Pepetela:

> Os homens atravessam os desertos
> Sós
> Com as pernas (Epílogo do capítulo final).

A saída de Joel e Alexandre, da última cena, instiga a um *da capo*, a um retorno ao princípio, para tentar desatar um nó que ficou por desfazer: o nó de outra série simbólica, paralela às demais que se procurou descodificar. Retome-se o último diálogo entre Alexandre e Joel.

> – Tu realmente foste uma surpresa para mim, Joel. Sabes que quando nasceste te quis pôr um nome que os pais recusaram?
>
> – Sei, avô. Era Ulisses.
>
> – Ulisses, sim. O herói da guerra de Troia, que sofreu mais que ninguém naquele joguete de deuses de um lado, e deuses do outro. O mais hábil e manhoso dos gregos. O que inventou o cavalo de Troia e dez anos andou pelos mares a ser traído pelos deuses, mas a escapar deles também. E dos raros que conseguiu fazer vergar os deuses, voltar à sua terra, recuperar até a esposa. Ulisses, o que conseguiu seu objetivo...
>
> – O meu nome de guerra será Ulisses, avô.

Como se vê, o nome aqui não se retomaria pela simples capacidade de designar.

Em sua transferência, do texto original para o de *Yaka*, este signo, ao invés de esvaziar-se de seu significado primordial, vem dele prenhe, não deixando margem para outra significação, como o trecho indicado explicitou.

Visto que o avô, já convicto das virtualidades do neto, dá-lhe novo batismo, a homonímia passará a equivaler à identidade do herói que o neto julga poder assumir.

Como se não bastassem o Alexandre e o Ulisses com que se encerram os embates, outros "gregos" semearam-se ao longo da descendência Semedo: Aquiles, de quem vêm Alexandre e Dionísio; Eurídice, de quem nasce Heitor; Orestes, que será pai de Sócrates e de Graça a quem Alexandre queria chamar Safo; Demóstenes e Aristóteles, bisnetos da linha mestiça, inaugurada com Ofélia que vem da Joana que poderia ter-se chamado Antígona.

O trecho citado permite deduzir que análogo critério teria presidido às escolhas e que a galeria de grandes padrinhos encerrava o mesmo desígnio, o mesmo empenho votivo no destino, de qualquer forma glorioso, a que a família Semedo lograsse chegar.

Mas o balanço que se faz, no desempenho da descendência Semedo, à exceção de Joel-Ulisses afinal revelado, mostra que, em todos os casos, o nome, conforme se dá na cultura ocidental, não teve senão valor apelativo, produzindo até os efeitos da ironia, com os equívocos motivados pelos contrastes entre o chamar-se e o ser.

Por outro lado, se forem confrontados os nomes das pessoas, personagens dos diferentes reinos angolanos, com seus feitos, estes serão pistas para comprovar a coerência entre significante e significado, na correlação nominal.

Posto isso, abre-se outro flanco para acrescentar um diferencial que distinguiria o que comumente se entende por família e por clã. Reabilitar-se-ia mesmo um pensamento que vem de Lévy-Bruhl (*L'Expérience mystique et les symboles chez les primitifs*, Paris, 1938):

> Quanto a nós, dar um nome a um objeto não modifica em nada, e uma homonímia arbitrariamente estabelecida não poderia produzir nenhum efeito real. Com os primitivos [passe o termo] acontece de modo diferente. Sendo o nome o próprio ser, pertença essencial, a homonímia equivale à identidade.

A sugestão que fica também desta série simbólica de *Yaka* é que à cultura forasteira se pode debitar o uso do nome como máscara, princípio de equívoco, de enganação.

Esse, entre outros, seria mais um sentido a semear na história, pela estória que ao Semedo cumpre relatar, pois que é, afinal, como um contador que ele quer se autoidentificar:

> Parecia mesmo um patriarca, dizia a família. Alguns habituaram mesmo a chamá-lo assim, em vez de pai ou avô. Um aedo, corrigia ele.

Tomando por "modelo" os poetas que na antiga Grécia cantavam suas canções épicas, Alexandre Semedo acaba por propor também uma categoria literária para o relato que então se faz.

E talvez esteja mesmo aí o grande papel que a esta criatura da ficção coube desempenhar: o de protagonizar-se, também como narrador, para que a narrativa se cumprisse, em memória da aventura heroica de regresso de um povo – o povo angolano – cujo exílio a ficção pode metaforicamente criar – com a grandeza trágica das perdas de uma travessia histórica que a arte literária é competente para embelezar e redimensionar.

A esfinge "Yaka" que acompanha o "aedo", na experiência também de escrita da mesma aventura, faz-se, finalmente, oráculo cuja voz apocalíptica será para o anúncio do futuro, sobre um passado que recua até o panteon onde símbolo e mito se confundirão.

> Pelos olhos da estátua Yaka o patriarca vê agora Joel perto da Bibala, deitado no chão à sombra duma árvore, será a mulemba sagrada dos kuvale, o centro do mundo, onde moram todos os espíritos dos antepassados?
>
> Palavras de Pepetela

2

Janus-narrador em *A Gloriosa Família* de Pepetela, ou o Poder Profético da Palavra Narrativa

ANA MAFALDA LEITE*

> *Utopian counterfactual parodies rewrite history from the perspective of groups that have been excluded from the making and writing of history.*
> *The ideological principle which informs their alternate histories is the sympathetic identification with those who have suffered history.*
>
> ELISABETH WESSELING

Quem é o narrador que toma a palavra em *A Gloriosa Família* de Pepetela?

Desde o início somos confrontados com uma sombra, o escravo, que segue o seu senhor, Van Dum, como um duplo, testemunha omnisciente de todos os eventos. Narrador personagem, a sua personalidade nunca se destaca muito ao longo da história. Tem uma breve biografia e alimenta-se das histórias dos outros, bem como de uma outra sombra, que o manipula, o autor. O seu rosto é um duplo de um duplo, escravo e senhor enquanto personagem, pois se alimenta da vida do patrão, escravo e autor, pois se nutre da consciência autoral. Instância ligada umbilicalmente a dois tempos, o tempo da história e o tempo do discurso, este pequeno deus narratológico transcende os limites da sua temporalidade ficcional e olha a História do seu Presente com o saber factual de um Futuro nele contido e actualizado.

* Ana Mafalda Leite é professora de Literaturas Africanas de Língua Portuguesa da Universidade de Lisboa.

Irónico, atento, minucioso, este escravo liberto das fronteiras do tempo, vagueia como um espírito as margens de todos os factos, as recônditas ilhas da imaginação de cada personagem, os esconsos lugares do saber e da informação, qual curioso Mr. Watson nas pistas de um enredo a descobrir. Só que ele já conhece o fim da intriga, e os presumíveis culpados. Ele sabe tudo, atravessa os vários campos do saber, desde a arquitectura, à política, à religião, ao amor. Um filósofo, um pensador, este escravo...

Mas mais do que isso, um cronista, um atento relator da História.

Enquadramento Histórico do Romance

A Gloriosa Família descreve a vida de Baltazar Van Dum, holandês católico residente em Luanda desde 1616; o enredo passa-se entre 1642 e 1648, durante os sete anos de dominação holandesa, como nos revela o subtítulo no frontispício, *O Tempo dos Flamengos*. Van Dum tinha já criado família numerosa nos mais de vinte anos que viveu em Luanda, entre os portugueses, e que antecedem os eventos; mantém-se na cidade quando ela é dominada pelos seus compatriotas calvinistas, tendo a maioria da comunidade portuguesa fugido para o interior, Massangano. O romance conclui-se com a reconquista de Luanda por Salvador Correia de Sá e a consequente derrota dos holandeses.

Van Dum, emblema de uma "gloriosa" família, vai, antes e depois, sobreviver sempre prosperamente, em Luanda, à custa do seu negócio de tráfico de escravos para o Brasil. Nos doze capítulos do romance são representados os conflitos flamengo-portugueses, a diversidade de actuações no domínio militar, religioso e cultural, as políticas comerciais, a teia de corrupção e de influências e jogos de intriga que, durante sete anos, percorrem a geografia luandense, através, fundamentalmente, das estratégias oportunas do protagonista Van Dum e da sua interminável família mestiça.

As Artes Mágicas do Narrador

Quer-se o narrador deste romance assumir como escravo, simultaneamente ignorante e sabedor, simultaneamente dono e servo de si próprio, simultaneamente personagem e testemunha de todas as personagens, dono dos tempos, manipulador de uma consciência crítica da História.

Pessoa, máscara, lugar ficcional onde se sobrepõem muitas pessoas, numerosas máscaras, que se ajustam umas nas outras, tal como os tempos que elas prefiguram, rodando vertiginosamente, em espelho, do século XVII ao século XX.

As razões que terão levado o autor a escolher semelhante narrador parecem óbvias, à primeira reflexão sobre o assunto. Dar a palavra aos que não tiveram voz na História, fazendo do anónimo escravo o protagonista narrativo que, da margem esquecida da historiografia, ressurge, qual fénix liberta, para nos dar o seu ponto de vista crítico dos acontecimentos.

No entanto, a imprevisível adequação entre a personagem e os seus múltiplos saberes deixa, no mínimo, o leitor um pouco perplexo. Por um lado, a razão da sua existência prende-se ao facto de ter nascido "para ser o relator do seu dono", organizando-se a sua vida em função disso mesmo. E mais ainda, considera-se um excelente observador; autoanalisa-se e as observações que, enquanto personagem, vai tecendo ao longo da narrativa, estão longe de ser objectivas, apesar do esforço que faz para tal quando ora se inocenta do seu saber, ora o atribui a outros.

> Não era minha missão nesta vida, a de servir de relator do que acontecia com o meu dono? (*GF*, p. 246).

> E Baltazar era muito pouco observador, o que ele tinha a menos tinha eu a mais, para compensar tudo o que ele tinha e eu nada (*GF*, p. 55).

> Mas já disse que sou muito bom observador, não tenho mais nada para fazer (*GF*, p. 231).

Desisti de levar mais longe o pensamento, felizmente sou escravo, não preciso de matar a cabeça a resolver problemas tão complicados, para isso existem os donos de escravos (*GF*, p. 175).

O Cronista Analfabeto

Parece haver um texto-base narrativo com o qual o narrador--escravo estabelece diálogo: são as fontes históricas que vêm citadas ao longo do livro, nomeadamente, e para começar, no início, o Prólogo, que apresenta um excerto da *História Geral das Guerras Angolanas* de António de Oliveira Cadornega.

A crónica do escravo vive da questionação e transformação destas fontes. Aliás, quase todos os capítulos, excepto um, são encimados de epígrafes cujo conteúdo serve de mote à narração contrapontística que aí se desenvolve, e a globalidade do romance é uma releitura crítica dos factos relatados na *História Geral das Guerras Angolanas.*

Com efeito, Cadornega conta os eventos ocorridos em Massangano, e o historiador-escravo apresenta-nos fundamentalmente os relatos ausentes, a narrativa alternativa daquilo que se passou em Luanda.

A paródia crítica à História é encenada com a presença no romance do próprio António de Oliveira Cadornega, no capítulo VIII, comentando, em Massangano, em casa de Jacinto da Câmara, com Baltazar Van Dum e o seu filho Ambrósio a batalha do Dande.

O cronista, que nos surge enquanto jovem militar, sempre pronto para tomar apontamentos daquilo que irá surgir mais tarde na sua *Crónica Geral das Guerras Angolanas,* é singularmente parodiado pela sua concepção de História e do modo como tenciona fazer o relato histórico. Uma conversa com Ambrósio permite o leitor seguir um curioso diálogo sobre esse assunto:

"E vai apresentar o governador Sottomayor da maneira como fala dele aqui entre amigos? Porque li algumas crónicas e até poemas sobre os reis e heróis de Portugal, que só cantam coisas sublimes e grandiosas, como se não existissem as menos gloriosas" ao que Cadornega responde: "Chega a ser uma questão moral. Se escrevo sobre as grandezas de Portugal, como posso contar as coisas mesquinhas? *Não, essas ficam no tinteiro, pois não interessam para a história.* Será necessário saber interpretar a crónica. Personagem que não aparece revestida de grandes encómios é porque não prestava mesmo para nada e só o pudor do escritor salvaguarda a sua memória. Assim se tem feito, assim deve ser" (*GF*, p. 269).

Podemos encontrar outras passagens do romance onde a posição crítica do narrador perante o conhecimento e o tratamento da História está mais dissimulada, nomeadamente em conversas na bodega do Pinheiro entre várias personagens com pontos de vista diferentes, mas apresentados da maneira que o narrador escravo procura que seja "objectiva e imparcial".

No entanto, um outro elemento surge, no romance, que ganha valor alternativo aos testemunhos do "historiador" encartado, que faz uso da escrita. Assim o afirma o novo cronista, escravo-liberto do jugo ideológico da historiografia tradicional. Alude a outros testemunhos, os da oralidade, que seguem uma memória antiga, a da tradição, nos seus códigos e modo de aprendizagem:

> Assim se perderam todos os documentos da conquista e fundação da cidade e todos os mambos e makas que aconteceram nesses anos todos até à chegada dos mafulos. Depois somos nós que *não temos sentido da História, só porque não sabemos escrever.* Eu, pelo menos, sinto grande responsabilidade *em ver e ouvir tudo para um dia poder contar, correndo as gerações, da mesma maneira que aprendi com outros o que antes sucedeu.* Por isso o meu dono não tinha o direito de tentar me esconder tão magnos acontecimentos que passam na sua cabeça, mesmo se um pouco loucos (*GF*, p. 121).

De referir também a figuração de personagens, à semelhança de Cadornega, como o cientista alemão Georg Marcgraf ou o pintor holandês Barlaeus. É de salientar, em relação ao pintor, o encontro com Baltazar Van Dum na Ilha de Luanda, durante o qual temos oportunidade de saber da pintura da gravura que vem a servir, séculos depois, de capa à primeira edição do romance *A Gloriosa Família*.

Este processo de *mise-en-abîme* da factualidade histórica em ficcionalidade narrativa permite reverter as posições habituais do romance histórico. Ou seja, será o facto já ficção antes de ter sido facto, ou a ficcionalização do facto lhe conferirá o estatuto meio bizarro de invenção?

O Narrador sem Nome e sem História

> Afinal um escravo nunca tem uma estória interessante, é uma mercadoria que é vendida quando deixa de servir (*GF*, p. 234).

O narrador confessa-se, o seu estatuto de escravo não lhe permite ter vida própria. Mas tem um passado, uma origem, é um escravo mestiço, filho de mulher lunda e de um missionário napolitano, outrora oferecido pela rainha Jinga a Baltazar Van Dum, de quem este se serve como guarda-costas.

> Olhar o Kuanza sempre me deu um nó de saudade na garganta e o dia de hoje tem sido particularmente sentido, com o regresso ao berço, o que embacia os olhos e endurece os ouvidos, por isso decidi ali, tenho de ser imparcial e objectivo, o meu passado não interessa, apenas tenho de relatar os factos tal como os viveu o meu dono e a sua gloriosa descendência, para isso fui criado (*GF*, p. 259).

O narrador acompanha, portanto, o protagonista por todo o lado e, levado pela curiosidade, como ele próprio confessa, presenceia todos ou quase todos os factos que narra. Quando não assiste, reproduz com a imaginação, valor maior, o valor da sua única liberdade, que sustenta grande parte dos seus depoimentos:

Tudo o que possa vir a saber do ocorrido dentro do gabinete será graças à imaginação. *Um escravo não tem direitos, não tem nenhuma liberdade. Apenas uma coisa lhe não podem amarrar: a imaginação. Sirvo-me sempre dela para completar relatos que me são sonegados, tapando os vazios.* E assim posso facilmente adivinhar o ar amedrontado do meu dono... (*GF*, p. 14).

Como personagem, além das suas origens, e breve reflexão nostálgica sobre o passado, mostra ter predilecções, no seu gosto pelo maluvo e na sua paixão secreta por Catarina, filha de Van Dum, apesar de ter consciência de que não tem direito a ter sentimentos:

Uma verdadeira ninhada. Faltavam ainda os mais pequenos e os mortos, mas estou farto de nomes e tive de me encostar à parede da casa, à sombra da varanda, para imaginar o meu dono a almoçar uma boa caldeirada feita pela Catarina, uma rainha do tempero, em tudo, afinal, meu encanto secreto, *mas xé, que é isto?, escravo não tem sentimento, aiué, e tenho de estar atento ao meu dono, só dormir quando ele dorme, no resto seguir os seus gestos, suas palavras, suas emoções, seus vazios também, para isso me foram buscar à terra de Jinga Mbandi* (*GF*, p. 23).

Mostra também significativa parcialidade na forma como assiste ao destino dos outros escravos; ao ajudar a escrava Dolores a fugir com o filho Gustavo, ou, nomeadamente, no episódio dedicado à morte de Thor, assassinado por se ter envolvido com uma das filhas do patrão. Aliás, o trecho é um dos únicos momentos do romance em que o nosso narrador confere à descrição dimensão poética, ao reconverter o sangue de Thor na imaculada brancura dos nenúfares.

Mas *a minha condição de escravo não me dá direito de manifestar sentimentos, juízos.* Apenas tenho a liberdade da imaginação e por isso entendo a razão da súbita nostalgia do meu dono, quando devia rir e dar pinotes por não lhe terem cortado a esbranquiçada cabeça (*GF*, p. 18).

O Círculo Mágico da Pemba, ou da Pena?

Porta-voz do senhor Van Dum e porta-voz do autor a respeito das suas dúvidas sobre a História, o escravo narrador é quase um ser sem consistência própria. O facto de não ter nome, nem corpo, apesar de nomear e de descrever todos os personagens da narrativa, confere-lhe uma diluição de identidade, uma espécie de desfiguração de rosto e de presença.

Entidade intemporal, o narrador-escravo assume-se como feiticeiro, actuando de parceria com a acção coadjuvante do transcendente, ao afirmar os seus poderes mágicos através da pemba, giz ritual para os desenhos e escritos que ganham concretude através da força actuante dos espíritos. Assim a sua pena de cronista é substituída pela pemba que a sua memória cultural vai inscrever nos registos do tempo, e actualizar em momento próprio:

> Sempre achei que o meu dono subestimava as minhas capacidades. Bem gostaria nesse momento de poder falar para lhe dizer que até francês aprendi nos tempos dos jogos e cartas. E que bem podiam baixar a voz ao mínimo entendível que eu ouvia sem esforço, bastando ajustar o tamanho das orelhas. Mas se tão pouco valor me atribuía, então também não merecia o meu esforço de lhe fazer compreender o contrário, morresse com a sua ideia. *Uma desforra para tanto desprezo seria contar toda a sua estória, um dia.* Soube então que o faria, apesar de mudo e analfabeto. *Usando poderes desconhecidos, dos que se ocultam no pó branco da pemba ou nos riscos traçados nos ares das encruzilhadas pelos espíritos inquietos.* Fosse de que maneira fosse, tive a certeza de o meu relato chegar a alguém, colocado em impreciso ponto do tempo e do espaço, o qual seria capaz de gravar tudo tal como testemunhei (*GF*, p. 393).

Espírito ou consciência da História, o escravo é um não-ser que cicatriza pelo branco da pemba a tinta negrura dos factos, redimindo a presença dos mudos-inominados-ausentes narradores do outro lado da história e do tempo. Por isso a sua invisível mão, o seu olhar sem pálpebras e a sua boca silenciosa, nos traçam os sinais, nos relatam os segredos, as visões desassombradas daqueles tempos remotos.

O Círculo Mágico do Tempo: A Profecia

O meu dono não tinha *a nossa paciência ou a nossa arte de contar com o tempo,* por isso a espera irritava-o e passava a vida a protestar contra os atrasos. Impaciência de branco (*GF*, p. 92).

[...] eu é que *estou a saltar de um tempo para o outro, pois é a única liberdade que tenho, saltar no tempo com a imaginação* e assim tenho ido nesta caminhada para casa, saltitando da amizade do major para os negócios e o sofrimento que se passou e passa nesta terra, embora este esteja a diminuir um pouco, melhor mesmo é imaginar coisas engraçadas, se for possível imaginá-las boas (*GF*, p. 16).

Os saltos no tempo do narrador acrobata – maleável consciência que se distende pelos séculos que separam a publicação de *A Gloriosa Família* do tempo em que os eventos aí tratados tiveram ocasião – e o tratamento da temporalidade são elementos fulcrais nesta narrativa. Com efeito, tal como o narrador escravo é personagem e consciência autoral, também o tempo que descreve é o seu tempo e o tempo do autor. Refaz-se o círculo da pemba em espiral, o passado reinscreve-se no presente, o presente reproduz a imagem dessa memória.

As profecias são, aliás, práticas de extensão da temporalidade prenunciativa, utilizadas no romance através de uma das filhas de Van Dum, Matilde, que tem visões do futuro. Retenhamos a profecia que, de par com a da "família gloriosa", mais se vai repetindo ao longo da narrativa, a de que os holandeses vão permanecer em território angolano apenas sete anos.

Sei que os flamengos vão ficar aqui sete anos. Desde o dia da chegada ao da partida vão passar exactos sete anos. Vi no dia em que chegaram. Vejo isso constantemente escrito no céu (*GF*, p. 49).

Matilde revela esta visão a um padre jesuíta do Bengo que vem a ser o seu primeiro amante. Sabemos, no entanto, através de Cadornega, no decorrer da narrativa, que ela é atribuída a um padre da Companhia de Jesus, e que o narrador faz crer ser o mesmo que se apaixonou por Matilde.

Mais uma vez nos confrontamos com a paródia à historiografia: antecede a ficção o facto, ou a factualidade, já de si ficcionada, é mera invenção? Qual a verdade da História? As alternativas ambiguizam uma só resposta, e a narrativa que agora se escreveu propõe uma alternativa possível da leitura dos factos. A filha de Van Dum, uma filha da terra, é quem de direito visionou o que o jesuíta previu, e que Cadornega usa como elemento no seu relato historiográfico:

> Soube uns tempos depois, Cadornega falhou no dilema: nem Sottomayor recuperou Luanda nem conseguiu empurrar os portugueses para a perda total. Mas o cronista bem preveniu que não lia o futuro, isso era arte para a bela Matilde, a qual profetizara sete anos de ocupação holandesa sobre a costa de Angola. *Cadornega até conhecia a profecia, aparecendo como da autoria de um jesuíta, afinal seu mais ditoso rival* (*GF*, p. 269).

O narrador-autor vai reforçar esta recriação oracular, transcrevendo na íntegra o texto de Cadornega, que vem integrado no interior da narração, com a referência bibliográfica inclusa:

> "Lembrava-lhe huma Profecia predita por hum religioso da Companhia de Jesus, [...] o qual tinha prognosticado, fundado dizião em uma profecia de Esdras, em que sete annos havia de durar o castigo de Deos em os Reinos de Angola, e que nenhum Morador dos Antigos viria à terra restaurada nem tornarião à Cidade, seus filhos sim." António de Oliveira Cadornega, "HGGA", T. 1, p. 314 (*GF*, p. 269).

O narrador volta a actualizar esta referência quando, mais adiante, põe uma outra personagem a contar a Baltazar Van Dum que viu o padre fazer a profecia no Bengo, e sublinha mais uma vez o oráculo, sobretudo nas páginas finais do último capítulo, quando Ambrósio Van Dum pergunta à irmã "Afinal a profecia é tua ou daquele padre que a anunciou na missa?", ao que Matilde ambígua e propositadamente responde: "Que importância tem isso? [...] Não é coisa de que nos devamos gabar, não achas?" (*GF*, p. 405).

Esta antecipação da profecia – afinal a autora é Matilde e não o jesuíta – faz por seu turno antecipar a ficção ao facto histórico fictivo relatado pelo cronista português. Os protagonistas devem ser da terra, os co-autores da História pertencem ao chão angolano, sugere alternativamente o cronista escravo de *A Gloriosa Família na sua Estória Alternativa da História.*

Coser as pontas do círculo em que a História se relê, se reescreve, reconta ou reencarna é o que faz o narrador omisso, mudo e inominado. Espírito do tempo, cujo entendimento procura fazer com que não se perca o conhecimento e a pedagogia da História. Que se repete no tempo, em círculos concêntricos. Porque nos faz perceber e intuir que o tráfico de escravos é hoje substituído por outros tráficos, não menos fraudulentos, e novos escravos e famílias gloriosas outras cresceram e de novo se reinventaram:

> Ninguém mais percebeu, só eu, mas ninguém tem o meu faro para detectar insignificâncias escondidas na cabeça das pessoas. Às vezes essas coisas escondidas não são tão insignificantes assim, acabam por explicar acontecimentos futuros. *Muitas vezes tão no futuro que as ligações não se fazem, ficam escondidas em repouso, até que alguém cosa as pontas.* Sucede provavelmente com certa frequência não surgir alguém com esse talento de coser pontas e o conhecimento se perde. Não sou muito versado na história dos homens, sei apenas o que o meu dono sabe e contou, ou o que outros lhe contaram e eu ouvi, coisa pouca. Mas o suficiente para entender que muito se perdeu, ao longo dos séculos, na ligação às verdadeiras causas de fenómenos aparentemente inexplicáveis (*GF*, p. 115).

3

Mayombe: Um Romance contra Correntes

RITA CHAVES[*]

Duas versões cercam o nascimento do texto. Segundo o autor, numa recente entrevista a estudiosos de sua obra, em São Paulo, o texto nasceu como um trabalho jornalístico a respeito de um episódio da guerrilha. Há muitos anos atrás, porém, em conversa com duas pesquisadoras brasileiras, ele reconhecia na obra indícios de seu desejo de escrever um roteiro para um filme. Surgindo, pois, como um texto jornalístico ou como um projeto cinematográfico, *Mayombe,* na forma como se materializou aos olhos do leitor, define-se como uma obra fundamental na história da literatura angolana.

Coerente com o momento em que nasce, o romance abriga uma das preocupações essenciais na trajetória de seu autor e de tantos escritores africanos: a construção da nacionalidade, uma das muitas franjas da utopia que parecia mover o mundo naqueles agitados anos 1970. Talvez por fidelidade a uma das aludidas origens do texto, o enredo não se caracteriza pela complexidade. Numa leitura ligeira, a estória pode mesmo parecer banal: trata-se do processo de amadurecimento de um jovem guerrilheiro durante a sua participação num conjunto de ações

* Rita Chaves é professora da disciplina Literaturas Africanas de Língua Portuguesa na Universidade de São Paulo (USP) e professora visitante na Universidade Eduardo Mondlane (UEM), em Moçambique.

armadas. Aventuras como essas o leitor pode encontrar em muitas das narrativas identificadas como literatura engajada, para usar um jargão dos estudos literários. Uma leitura mais acurada, porém, permite penetrar no universo criativo de Pepetela e estimula o gosto de decifrar os artifícios com que ele arma o seu texto. Se o enredo é simples, pontuado por ações edificantes, num jogo de afinidades com o ambiente político a que se associa, o ponto de vista narrativo constrói-se com base num processo de relativização que não poupa os chamados "bons sentimentos" e trabalha o conflito como um elemento positivo, mesmo na condução de um projeto coletivo.

Nesse aspecto, pode-se dizer que a obra afasta-se de duas vertentes dominantes na configuração do repertório literário que vinha povoando a cena cultural nas antigas colônias portuguesas na África: ao distanciar-se do código do absoluto como medida das coisas, o romance distingue-se da chamada produção colonial e da linha frequentemente seguida pela literatura de militância. Valendo-se do senso de originalidade que Ian Watt aponta no gênero, o romance de Pepetela compraz-se na instituição de seu próprio código. Sem descuidar da proposta de refletir sobre os caminhos da luta e a justeza de seus objetivos, o autor vai além, optando, em seu texto, por uma dimensão épica que dispensa a serenidade do narrador distanciado e traz para o seu discurso as sombras da dúvida e as hesitações que vão acompanhando os passos dos guerrilheiros e a transformação dos homens.

Sobre a história de Ogum, o Prometeu africano, anunciada na primeira página, projetam-se outras histórias, favorecendo a composição de um mosaico que não pode deixar de remeter ao universo multifacetado que se espalha pelo território angolano. A tentativa de abraçar a complexidade do universo sobre o qual a narrativa se debruça ultrapassa a dimensão temática do texto, para atingir com vigor a organização estrutural que particulariza essa obra. As dicotomias branco/negro, português/africano, colonizador/colonizado, tão flagrantes na literatura colonial como na literatura anticolonial, são ali retrabalhadas, em função de um projeto que pretende rever algumas contradições e instaurar uma atmosfera reflexiva sobre o fenômeno da luta no momento mesmo em que ela está a decorrer.

O confronto direto com o repertório identificado com a literatura colonial ajuda a compreender o caráter e o alcance do salto que podemos vislumbrar no texto em questão. A subversão realizada no tratamento de alguns dos elementos estruturais permite ao leitor compreender que se trata de uma obra calcada na ruptura como valor primordial. Se é evidente a mudança no ângulo de visão dos personagens, na focalização do espaço estão patentes os sinais da mudança. Nos textos produzidos pelos colonos chama a atenção o destaque dado à natureza africana, com descrições minuciosas, em cujas sequências espelham-se a perplexidade, o pavor, a necessidade de domar a sua aparência atemorizante. Mesmo se recoberta pelo fascínio, a relação entre o homem e a natureza na narrativa colonial revela-se tingida por uma certa dose de hostilidade. A expectativa é sempre de conquista, mediada pela violência que o desconhecimento incita. A diversidade da paisagem é captada pelo olhar que fita sempre o desconhecido e, se por um lado, deparamo-nos com o frequente recurso à hipérbole, por outro, vamos encontrar a prática de redução, fazendo o que é diverso parecer homogêneo. Assim se explica que a paisagem africana seja convertida no "mato", metonímia constantemente utilizada pelos escritores coloniais. Um, entre milhares de exemplos, pode ser encontrado na abertura do conto "Gandana", de Nuno Bermudes:

> Sem fim, sem horizonte e sem caminhos, é o mato. Nele a doçura não existe. A própria polpa dos frutos é ácida e ardente. O sol, uma ferida vermelha que não sara nunca e, de cada vez que reabre na pele cinzenta do céu, os habitantes do mato procuram a frescura negada nas florestas sombrias onde a ribeira corre e a nascente faz ouvir seu murmúrio. [...]
>
> O mato não termina nunca. Toda espécie de árvore e planta enche o mato sem fim, sem horizonte e sem caminhos. A micaia agreste, abrindo para o alto os dedos afiados e hostis, a maçala carregada de frutos cujo

coração é áspero e azedo, o cajueiro bravio e perfumado. Léguas e léguas de desolação e aqui e além o grito colorido de uma flor desafiando a sonolenta monotonia[1].

Um simples levantamento semântico aponta para a reação do narrador diante desse *terrível desconhecido*. A adjetivação traduz a ênfase na expressão do "mundo indecifrável", como vai surgir textualmente alguns parágrafos adiante. Nessa reação, que se multiplica em autores como Eduardo Correia de Matos, Brito Camacho, Rodrigues Jr., Sousa Santos, para citar apenas alguns, manifestam-se os traços da incomunicabilidade dominante na relação entre os representantes do Império e o espaço ocupado, independentemente da vontade individual dos atores. A profundidade da diferença inviabiliza o diálogo fazendo com que o contato se efetive quase sempre mediado pelas linhas do exotismo. De acordo com Bernard Mouralis, a amena consciência do diferente, da existência do Outro, que está na base do discurso exótico, modula o choque e pode ser entendido como "um esforço para introduzir no campo literário, um outro cenário natural, além do que então servia de enquadramento às obras e cujos cânones tinham sido fixados pela tradição" (Mouralis, 1982, p. 74).

Com efeito, o papel do exotismo como algo que integra a primeira leitura que se faz de um universo novo é quase um consenso entre os estudiosos da literatura colonial. O debate se abre quando a discussão envolve os seus limites e o seu significado no discurso sobre o outro. É o próprio Mouralis que alerta para o risco de muitos equívocos se não se leva em conta o caráter de subordinação implícito na sua formulação:

O exotismo constitui, realmente, um processo que tende a subverter o equilíbrio do campo literário, e, nesse aspecto, corresponde a uma tentativa de pôr em causa o dogmatismo e o etnocentrismo literários. Ao mesmo tempo, porém, a alteridade que o exotismo implica tem um

1. Nuno Bermudes, *Gandana e Outros Contos*, Beira, Notícias da Beira, 1959.

carácter muito relativo, porque não é mais do que o pretexto para desenvolvimentos baseados em problemáticas próprias do observador. Falando sobre o outro, falando para o Outro, o discurso exótico só mediocremente pode exprimir a diferença. E, sobretudo, vai revelar-se, ao fim e ao cabo, incapaz de verdadeiramente dar a palavra ao Outro e de o escutar[2].

Articulado às limitações do discurso exótico está o fato de que a colonização vive por ciclos, e eles renovam-se redimensionando suas forças. À fase inaugural, normalmente batizada de "descoberta" ou "invasão", dependendo do ponto de vista de quem vê o fenômeno, segue-se o momento de consolidação do "feito", ou seja, a ocupação da terra, a subjugação de seus homens. Para Alfredo Bosi, o processo não se resume à reiteração dos esquemas originais na esfera da economia e da política, pois "há um *plus* estrutural de domínio, há um acréscimo de forças que se investem no desígnio do conquistador emprestando-lhe às vezes um tônus épico de risco e aventura" (Bosi, 1993, p. 12). Desse *tônus* alimentam-se muitas páginas da literatura colonial, principalmente os textos de viagem que trazem quase sempre o sabor da aventura e dos perigos enfrentados ou até apenas imaginados. No entanto, quando o "encontro" se situa no terreno da dominação frontal, um dos ciclos inerentes ao colonialismo, a tensão contamina o instante e os gestos se atualizam num clima de interdição ao deslumbramento. Na verdade, no contexto colonial, a suavidade que pode se inserir na cena de confronto entre dois mundos se dissolve e a fala do dominador deixa transparecer a natureza da colisão: o choque torna-se matriz de imagens e a construção do espaço e dos personagens será balizada pela explosão de preconceitos que informam o pensamento do sujeito ao escrever sobre um mundo que não é o seu.

Diante de *Mayombe* e *Yaka*, para citar apenas dois de seus romances, o leitor depara-se com uma situação bastante diferente. Sentindo-se, porque o era, já da terra, Pepetela, em seus

2. Bernard Mouralis, *As Contraliteraturas*, Coimbra, Almedina, 1982.

textos, percorre um caminho inverso, fazendo do exercício literário um modo de apropriação do espaço, vale dizer, de recuperação, pela via do simbólico, do território invadido e ocupado por tanto tempo. Atuar contra o colonialismo é também investir na retomada do sentido épico da vida, tal como podemos acompanhar na travessia do *Mayombe*. Todavia, é preciso exorcizar o clima de espetáculo que cerca o confronto e procurar estabelecer estratégias de linguagem condizentes com a perspectiva a impor: a relevância do espaço como elemento estrutural da narrativa exprime essa necessidade de fixar no chão os princípios que vão orientar a virada para uma nova ordem. Assim se pode compreender o especial tratamento concedido à floresta que dá nome ao romance. Vista em sua grandiosidade e na intimidade dos seres que ela abriga, a floresta não se confunde com o "mato" descrito pelas vozes do Império. A relação homem/espaço, mediada pelo ponto de vista da narrativa, funda-se agora numa base de aproximação, perfazendo-se aí o itinerário da identidade:

> O Mayombe tinha aceitado os golpes dos machados, que nele abriram uma clareira. Clareira invisível do alto, dos aviões que esquadrinhavam a mata, tentando localizar nela a presença dos guerrilheiros. As casas tinham sido levantadas nessa clareira e as árvores, alegremente, formaram uma abóbada de ramos e folhas para as encobrir. Os paus serviram para as paredes. [...] Os paus mortos das paredes criaram raízes e agarraram-se à terra e as cabanas tornaram-se fortalezas. E os homens, vestidos de verde, tornaram-se verdes como as folhas e castanhos como os troncos colossais. A folhagem da abóbada não deixava penetrar o Sol e o capim não cresceu em baixo, no terreiro limpo que ligava as casas. Ligava, não: separava com amarelo, pois a ligação era feita pelo verde[3].

A ideia de simbiose é explícita. A terra, corporificada na floresta, funciona como elemento de ligação entre aqueles homens movidos por sentimentos vários e portando tradições di-

3. Lisboa, Edições 70, 1982, p. 79.

versas. Nenhum deles questiona a validade da independência por que lutam, reconhecendo no colonizador a clara condição de invasor a ser expulso. A contradição essencial parece definida, e, coerente com a tática de guerrilha, trata-se de eliminar o inimigo principal. Está ali, no entanto, a certeza dos outros combates a serem travados.

Apostando no diálogo como chave para uma outra forma de integração, o autor rejeita ainda o fechamento em qualquer universo de valores exclusivo e excludente. Fazendo um movimento semelhante, mas em sentido inverso, por exemplo, ao dos escritores franceses que buscaram na incorporação de outros sistemas culturais a renovação de suas ideias[4], Pepetela abre-se claramente ao mundo ocidental na referência aos valores gregos, assumindo Angola como um terreno mestiço, onde se cruzam matrizes culturais muito diversificadas. Ao cruzar Ogum e Prometeu, ao associar Zeus ao seu discurso, o autor efetiva mais um golpe no código colonial baseado fundamentalmente na exclusão como regra de manutenção da divisão hierárquica.

Na opção pela floresta como cenário da narrativa, podemos detectar outro elemento importante no processo de apropriação efetuado pelo romance. Trata-se da incorporação do interior do território, numa atitude de quem compreende que é preciso estender a reflexão iniciada em Luanda, a capital à beira-mar construída. O olhar do escritor espalha-se para dentro do que precisa tornar-se um país. O movimento de ocupação partiu do litoral para o centro, consolidando pelo interior a invasão trazida pelos mares; o movimento de recuperação da terra não pode ignorar a importância de, inclusive no nível do simbólico, envolver o interior. A geografia da angolanidade se amplia: a imagem da "zona libertada" que compõe o léxico das lutas de libertação aí se faz presente, revigorada no imaginário que a literatura ajuda a consolidar.

4. Ver Bernard Mouralis, *op. cit.*

Como uma espécie de metonímia da cidade, a floresta é palco dos conflitos e das crises que se misturam ao projeto da independência do país. Os sonhos, as aspirações, as contradições, os vícios e virtudes dos guerrilheiros ali instalados movimentam o enredo, organizando as falas num texto em que o diálogo se potencializa. Se a incomunicabilidade pode ser vista como uma marca da relação colonial, a ruptura com essa ordem pressupõe a revitalização do diálogo, e, nesse aspecto o autor insiste, pois, nesse romance, que, como vimos, poderia ser um roteiro cinematográfico, tudo leva à conversa. O direito à voz, incompatível com a norma colonialista, torna-se uma busca e, pela palavra, ganha corpo a explicitação da diferença, ou, melhor, das diferenças.

É preciso não esquecer que, no mesmo compasso em que recusa a igualdade, o sistema colonial tem como um dos seus postulados a negação do direito à diferença. Recusa-se a ver a diferença como fator cultural e recusa-se a reconhecer as diferenças que o território ocupado acolhe. Na linguagem uniformizante daquele poder, são todos iguais no seu atraso, na sua incultura, na sua selvageria, ou até na sua humilde docilidade. Contrapondo-se a esse discurso, a narrativa de Pepetela abre-se à explicitação das várias identidades, alertando para o fato de que a massificação pretendida pela colonização não foi capaz de pôr fim à pluralidade de crenças, línguas, tradições, enfim das várias histórias que os povos oprimidos guardam.

A refletir essa pluralidade, encontramos uma multiplicação de narradores que dividem com o narrador titular a tarefa de dar a conhecer as fases e as faces da luta, ou seja, o narrador titular cede espaço a outros que se identificam e, assumindo o discurso, narram em primeira pessoa as suas preocupações e angústias. Em seus monólogos, evidencia-se a convicção da sua ruptura com o projeto colonial; cada um sabe e afirma o seu pertencimento a um universo que não está contemplado no conceito de *província ultramarina*. A experiência da incorporação ao Império por tanto tempo, no entanto, deixou uma complicada herança. O racismo e o tribalismo ali estão para comprovar o peso do legado e para anunciar que muitos males virão amargar o gosto da liberdade ansiada. Reconhecendo-se fora das fronteiras do mundo português, eles vivem já a dúvida do que será esse mundo novo no qual estão empenhando a sua vida. É desse modo que, sem se despir de um certo didatismo que estava na ordem do dia, o texto propõe novas abordagens do fato colonial e das consequências cuja gestão seria um dos legados de todo o processo histórico.

Na sequência de narradores que desfilam pelo texto, vamos tendo acesso ao mundo de problemas que a perspectiva da independência levanta. Pelas vozes de Teoria, Verdade, Mundo Novo, Muatiânvua, entre outros, descortina-se o panorama complicadíssimo de um processo em ebulição: o racismo, o tribalismo, o burocratismo e tantos outros fantasmas surgem como faces variadas da cisão trazida pela invasão colonial. Reconstruir o que sequer tinha existido antes é a tarefa e seria necessário descobrir soluções para os problemas que eles não criaram. O conflito entre a tradição – expressa no texto pelo apego às origens – e a modernidade – traduzida numa concepção cosmopolita do mundo – é focalizado no texto como uma questão de peso na condução da luta. Na alternância de falas como as de Milagre e de Muatiânvua percebe-se o contraponto entre as posições existentes.

Essas vozes parecem montar um coral, nem sempre afinado, como um conjunto que ainda está vivendo os momentos de preparação, ou como um grupo cortado pelas linhas da incompatibilidade. Na compreensão do fenômeno, entra a dinâmica da leitura de um texto que se abre à ambiguidade e renuncia à linearidade do documento. A falta de sintonia que ali se verifica, nos tempos da crença utópica, era frequentemente lida como um dado justificado pelas circunstâncias; com o passar dos anos, o cenário convida-nos hoje a atentar ali para os sinais da desagregação que já ameaçava o projeto, como seria confirmado, pelo próprio Pepetela, em *A Geração da Utopia*, livro editado nos desencantados anos 1990.

Essa atmosfera dialética apoia-se, pode-se constatar, no recurso à multiplanaridade e na multiplicidade de vozes como traços definidores da natureza polifônica desse romance. Cabe, aqui, enfatizar que a divisão do foco narrativo não deve ser vista como um simples artifício; trata-se de um caso em que a forma é engendrada pelo conteúdo e se transforma ela mesma em fator de significação. O fenômeno permite lembrar a leitura que faz M. Bakhtin do romance de Dostoiévski ao declarar: "[...] é precisamente a multiplicidade de consciências equipolentes e seus mundos que aqui se combinam numa unidade de acontecimento, montando a sua imiscibilidade" (Bakhtin, 1981, p. 2). Ou ainda, em outra passagem, ao afirmar que a obra do grande escritor russo "não se constrói como o todo de uma consciência que assumiu, em forma objetificada, outras consciências, mas como o todo da interação entre várias consciências, entre as quais nenhuma se converteu definitivamente em objeto da outra" (pp. 12-13).

Se o recurso é comum, seu uso não se explica da mesma maneira. Para Otto Kauss[5], a escolha da construção ideológica como base estrutural do romance constitui uma resposta da literatura russa ao avanço do capitalismo em sua sociedade, cujo espírito promove o choque entre os planos sociais, culturais e ideológicos, ao quebrar o isolamento desses mundos, fixando, todavia, a separação entre o capital e o trabalho. Estariam, assim, presentes, no texto de Dostoévski os sinais da colisão provocada pelo capitalismo entre esses dois universos que são por ele envolvidos em sua unidade contraditória. No romance de Pepetela, a incorporação de muitas vozes parece-nos a expressão do desejo de partilhar o discurso, tornando-o capaz de espelhar a pluralidade de vozes que devem compor aquela sociedade. A nação angolana que reclamava (reclama ainda) uma definição começava a configurar-se no sentido da "comunidade imaginada" de que nos fala Benedict Anderson,

5. *Apud* M. Bakhtin, *op. cit.*, p. 14.

e tal processo não poderia prescindir da participação dos vários atores que o colonialismo de maneira discricionária juntou para inventar Angola como unidade territorial. Se a invenção desse universo chamado Angola fez-se à revelia de seus habitantes, convertê-lo em nação era um gesto que reclamava uma nova forma de organizá-los. Em outras palavras, vencer o colonialismo pressupunha legitimar a invenção operada pelo Império, contradição que mobilizava a luta de libertação e, ao mesmo tempo, impunha-lhe extraordinárias dificuldades.

O caráter de ruptura que detectamos em *Mayombe*, como já referimos, não se esgota nos cortes traçados em relação à literatura colonial apenas. No cultivo da dúvida e na incorporação da ambiguidade, o romance de Pepetela também se distancia da linha naturalista que marcou parte do repertório africano de língua portuguesa entre os anos 1950 e 1980. A divisão do foco narrativo articula-se à feição multidimensional das personagens para expressar a tensão interna do romance, expondo as contradições que nem mesmo a nobre motivação coletiva poderia diluir. O questionamento das motivações ideológicas dos guerrilheiros assinala o aprofundamento da psicologia de guerra centrada nas origens de classe e circunstâncias pessoais, o que assegura ao texto uma perspectiva totalizadora da guerra. Revelam-se nesse jogo temores, dúvidas, perplexidades que os heróis convencionais não se permitem. Desvendado o seu interior, ficam à mostra seus medos e hesitações, o que os afasta da categoria de herói, reafirmando, contudo, a sua condição de homem.

A figura do guerrilheiro, a quem é dado o direito à palavra, pode ser vista como uma de atualização das imagens do camponês e/ou marinheiro identificado por Walter Benjamin como a fonte do narrador na tradição oral. A ele é concedido o privilégio de expor a sua versão da história em que se insere. A "tradução", entretanto, não se dá de forma automática: o conceito é problematizado, vestindo novos trajes nesse contexto de mudança. A despeito da relevância da oralidade no universo cultural africano, *Mayombe* não deixa de trabalhar os elementos característicos da ruptura entre o romance e a narrativa oral preconizada pelo filósofo alemão: é que a palavra transita entre os diversos narradores não como resultado da experiência acumulada, mas como exercício da dúvida, como espaço de crescimento. Entre os narradores convocados, apenas Muatiânvua, em sua fala emblemática, parece ter atingido um nível especial de compreensão da complexidade do instante em foco. Na sua condição de marinheiro, e a remissão a Walter Benjamin nem precisa ser reiterada, repousa a sua capacidade de, despido de preconceitos, transitar por diferentes códigos culturais. Sintomaticamente, o Comandante Sem Medo, apresentado pela narrativa como aquele que está mais próximo da sabedoria e, portanto, apto a dar conselhos, em nenhum momento assume o fio narrativo. A força de sua presença exprime-se nos diálogos, através dos quais se revela a sua concepção dialética das coisas, a sua incredulidade no absoluto como senso de medida das coisas. Seus olhos percebem a relatividade das coisas, até mesmo do vocabulário, e, como um valor, esse código é assimilado na leitura que faz do mundo e dos homens. Se a própria linguagem, elemento mediador na relação do homem com o mundo é relativa, em que campo da vida o absoluto faria sentido como medida de avaliação ou conceito?

Sem dúvida, em tempos de crise radical e de transformações urgentes, as convicções se abalam, e nem ao herói é dado o privilégio das certezas absolutas. O debate em torno dos valores e contradições da guerra naquele momento não vai ignorar a temática da sacralização do poder, discussão muito cara à moderna literatura ocidental. A derrubada de mitos que funcionam como pilares de uma sociedade estanquizada faz-se pela marca do humor, assinalada principalmente pela presença do Comandante Sem Medo. Situado no topo da pirâmide hierárquica é ele que, a cada passo, aparece a ironizá-la. Na sua lucidez, pressente a falência daqueles mitos que, nessa fase, precisam ser difundidos.

Pela voz de Sem Medo, na qual parecem estar projetadas as grandes preocupações do autor, atualiza-se o conteúdo profético da literatura. O texto literário transforma-se, nessa medida, num espaço não só de registro da crise: seu exercício é ato de reflexão e, nesse compasso, o romance, em seus recursos estruturais, projeta a crise que é uma marca de sua época. Ancorada em seu tempo, a literatura pode saltar sobre ele e oferecer um testemunho que vai além das circunstâncias que cercam o próprio autor. *Mayombe* confirmaria as palavras de Ernst Fischer ao discutir a função da arte:

> [...] toda arte é condicionada pelo seu tempo e representa a humanidade em consonância com as ideias e aspirações, as necessidades e as esperanças de uma situação histórica particular. Mas, ao mesmo tempo, a arte supera essa limitação e, de dentro do momento histórico, cria também um momento de humanidade que promete constância no desenvolvimento[6].

Esse momento de humanidade, em *Mayombe*, pode ser associado a sua capacidade de incorporar dialeticamente os movimentos da história de que o romance é, ao mesmo tempo, um testemunho. Contrapondo-se ao tratamento daqueles pares dilemáticos predominantemente focalizados pela literatura colonial e, num outro prisma, por grande parte do repertório da literatura de resistência dos anos 1960 e 1970, a narrativa põe em cena outras antinomias, reavaliando, com cuidado, entretanto a dicotomia entre os termos. Em lugar de branco/negro, africano/português, invasor/invadido, colonizador/colonizado, no romance, vamos encontrar a discussão entre bens de raiz e valores externos, entre passado e futuro, entre tradição e modernidade. Todavia, alterando-se os paradigmas que devem mover a nova sociedade, fundada na contradição plantada pelo sistema colonial, a obra procura erguer as vantagens de um modelo calcado na troca e na preparação de um novo olhar sobre o outro.

6. Ernst Fischer, *A Necessidade da Arte*, 9. ed., Rio de Janeiro, Guanabara, 1987, p. 17.

Ao final da obra, o narrador titular apresenta-se e ficamos a saber que se trata do Comissário Político. Por suas palavras ficamos a saber ainda o significado da morte do Comandante Sem Medo:

> A morte de Sem Medo constituiu para mim a mudança de pele dos vinte e cinco anos, a metamorfose. Dolorosa, como toda metamorfose. Só me apercebi do que perdera (talvez o meu reflexo dez anos projectado à frente) quando o inevitável se deu. [...]
>
> Eu evoluo e construo uma nova pele. Há os que precisam de escrever para despir a pele que lhes não cabe já. Outros mudam de país. Outros de amante. Outros de nome ou de penteado. Eu perdi o amigo[7].

No crescimento de João, o Comissário Político que vive na aprendizagem da palavra e no penoso acumular da experiência seu processo de formação, o autor projeta o crescimento adequado à sociedade que a guerrilha deveria gerar, desejo que parecia confundir-se com a identidade de sua geração. Elegendo-o como narrador, o autor confere-lhe um papel decisivo na organização dos atos de que se compõe o texto. O percurso que descreve, sintetizado no curto "Epílogo", pode ser lido como a trajetória de um projeto literário apostado no contato com a experiência e na elaboração da palavra. João, afinal, declara-nos apenas uma parte do que conduziu à sua metamorfose: ele perdeu o amigo e escreveu. Nesses dois pontos, efetivou-se a operação de despir a pele que já não lhe cabia. O que ele não diz, o leitor percebe, com a sutil cumplicidade do autor.

Escrito nos duros anos da guerra de libertação nacional e publicado no início dos anos 1980, quando parecia muito viva a esperança nos sucessos da luta tematizada em suas páginas, *Mayombe* pode hoje ser visto como um romance que resistiu aos anos, às circunstâncias em que nasceu e ao fim da atmosfera que povoava o tempo de suas primeiras edições. Passadas duas décadas, a perpetuação da pena imposta à terra angolana

7. Lisboa, Edições 70, 1982, p. 285.

vem dificultando a crença na utopia ali desenhada. Todavia, se o olhar sobre a realidade angolana nos pode revelar a diluição de muitos dos sonhos que mobilizavam os guerrilheiros abrigados pela mata, a narrativa de Pepetela guarda ainda a energia dos textos que sabem misturar empenho e arte e, desse modo, permanecem para muito além dos fatos que foram sua motivação inicial.

Referências Bibliográficas

ANDERSON, Benedict. *Nação e Consciência Nacional.* São Paulo, Ática, 1989.

BAKHTIN, Mikhail. *Problemas da Poética de Dostoiévski.* Rio de Janeiro, Forense Universitária, 1981.

BENJAMIN, Walter. *Obras Escolhidas.* São Paulo, Brasiliense, vol. 1, 1985.

BOSI, Alfredo. *Dialética da Colonização.* São Paulo, Companhia das Letras, 1993.

FISCHER, Ernst. *A Necessidade da Arte.* Rio de Janeiro, Guanabara, 1987.

MOURALIS, Bernard. *As Contraliteraturas.* Coimbra, Almedina, 1982.

PEPETELA. *Mayombe.* Lisboa, Edições 70, 1982.

__________. *Yaka.* São Paulo, Ática, 1984.

WATT, Ian. *A Ascensão do Romance.* São Paulo, Companhia das Letras, 1990.

4

Muana Puó: Enigma e Metamorfose*

FERNANDO J. B. MARTINHO**

Publicada dois anos depois da estória de exemplo *As Aventuras de Ngunga*[1], a narrativa *Muana Puó*[2] corre o risco de não ser devidamente entendida. O receio de que a "mensagem" não tenha chegado de forma clara ao destinatário leva, aliás, Pepetela a fazer acompanhar a edição da sua narrativa destinada a Angola de uma breve nota explicativa que situa o carácter possivelmente hermético de *Muana Puó* em oposição ao "estilo" decididamente didáctico da estória escrita em 1971[3]. Essa mesma nota explicativa elucida-nos sobre a data de composição da narrativa – 1969 – e fala de uma "linguagem simbólica" que o didactismo mais tarde adoptado já não consentia. Será, no entanto, conveniente desde já esclarecer que nem o simbolismo de *Muana Puó* é tão hermético que se furte a uma tentativa de decifração, nem, por outro lado, como já tivemos ocasião de observar[4],

* Artigo publicado originalmente em *África: Literatura, Arte e Cultura,* 4, Lisboa, abr.-jun. 1979.

** Fernando J. B. Martinho é professor de Literatura Portuguesa na Universidade de Lisboa.

1. Lisboa, Edições 70/UEA, 1976.
2. Lisboa, Edições 70, 1978.
3. Vide nota do Autor na contracapa da edição feita pela mesma editora para a UEA.
4. Vide nosso artigo "Uma História Exemplar", *Supl. Letras e Artes, Diário Popular*, 22 dez. 1977.

a estória de 1972 segue tão fielmente a transparência didáctica que elimine o que nela haja de espessura alegórica. De resto, o alegorismo de *Muana Puó* não deixa, em última análise, de perseguir os objectivos didácticos, já que aos destinatários da narrativa, se ela tivesse sido publicada em 1969, não teria passado despercebida a lição por ela veiculada, acerca da luta entre morcegos e corvos e da consequente libertação dos morcegos. Não há, assim, ao contrário do que possa parecer, um hiato entre uma outra obra, embora a componente didáctica, militante se avantaje, no livro de 1972, à componente simbólica, predominante na narrativa anterior. O aparecimento de *Muana Puó* fora da sua ordem natural de publicação não prejudica, porém, o seu entendimento, e ajuda, sem dúvida, a um mais perfeito enquadramento do que poderia parecer excrescência no realismo de *As Aventuras de Ngunga.*

A narrativa *Muana Puó* é constituída por duas partes (I. *O Passado*; II. *O Futuro*) e um epílogo. Cada uma das partes é precedida pela descrição de uma máscara a quioca – "a máscara de Muana Puó, a rapariga" –, fixando-se, no primeiro caso, o observador nos olhos e daí partindo para a boca, e, no segundo caso, seguindo o observador o caminho inverso. O *epílogo*, por sua vez esclarece qual o ponto de vista em cada uma das descrições da máscara e adianta um terceiro tipo de observador que não se fixa em nenhum dos pontos de chegada dos outros dois, percorrendo, antes, incessantemente um caminho que não conhece qualquer termo. Este último, talvez o verdadeiro tipo de observador, na opinião do narrador, estará em condições de entender "a ternura, o mutismo, a severidade, o grito da máscara de Muana Puó" (p. 170). Os outros parece satisfazerem-se com uma paragem, parece terem encontrado uma resposta. Chegaram, e sentem já não haver razões para procurar. O terceiro não para, continua a procura, sabe que o futuro não é oferecido aos homens, fixo, imutável, como resposta definitiva – pelo contrário, pacientemente se constrói, numa procura sempre insatisfeita. Porque não é resposta, aparente, esterilizante, que cria vida, mas a procura, o incessante percorrer do enigma da máscara entre os olhos e a boca, a boca e os olhos.

Na descrição que precede a 1ª parte, "O Passado", a função que é citada para a máscara diz apenas respeito à sua utilização nas danças que acompanham a festa da circuncisão entre os quiocos. Já na que antecede a 2ª parte, "O Futuro", o narrador aponta outra função para a máscara de Muana Puó – a ocultação das lágrimas, do sofrimento. No epílogo, as duas funções, na aparência inconciliáveis – uma tendo a ver com a "doçura da boca" que deslumbra o primeiro tipo de observador, a outra reportando-se à "tristeza dos olhos" que incomoda o segundo tipo de observador – estabelecem dialecticamente um equilíbrio entre a *alegria* e a *tristeza*, o qual alimenta o "enigma", o "mistério" da máscara. O que distingue o observador da terceira espécie dos outros dois é, precisamente, o cunho dialéctico da sua visão, da sua visão *totalizante*, que congraça a alegria e as lágrimas, isoladamente consideradas pelos observadores do primeiro e do segundo tipos.

Na descrição que antecede a segunda parte, o narrador detém-se na testa, antes apenas integrada na ovalidade da máscara, para destacar um significante de significado ambíguo – o sol que, quase imperceptivelmente, brilha "em quatro posições, no meio da testa, [...] tanto pode ser uma cruz deformada como os quatro elementos" (p. 86). Dada a semelhança existente entre o sol e o sinal cruciforme que marca a testa de uma máscara de dançarino da região da Luanda, reproduzida por António de Oliveira no seu livro *Mabamba*, poderemos, talvez, resolver em parte a ambiguidade do signo, aceitando a explicação proposta por aquele autor: o "sinal cruciforme [...] faz lembrar, pelo desenho nas ansas nas extremidades, a cruz ansata usada no velho Egipto, como símbolo da vida, pelos sacerdotes e guerreiros"[5]. Registe-se também a presença de "incisões verticais", sob a

5. "Mahamba – Tentativa de Interpretação Artística e Psicológica de Documentos de Arte dos Negros Africanos", Junta de Investigação do Ultramar, *Ensaios e Documentos*, n. 57, Lisboa, 1959, p. 121.

vista, figurando as lágrimas, em ambas as máscaras, figuração essa "corrente nos ídolos representativos das divindades do bem"[6], como também esclarece António de Oliveira. A máscara obsessivamente reproduzida em cada um dos trinta e cinco breves capítulos da 1ª e 2ª partes do livro de Pepetela, é a máscara usada pelo mascarado *muana puó*, "o bailarino mais vulgar em todas as festas"[7] da sociedade lunda-quioca. L. A. de Sousa, com o objectivo de salientar o papel desempenhado pela mulher na sociedade lunda-quioca, chama a atenção para o facto de esse *muquixe* (mascarado) "representar uma mulher, nas formas como na dança, ainda que o intérprete seja do sexo masculino"[8]. Esta ambivalência do mascarado, que, como intérprete, é homem, e ao nível da representação, é mulher, não deixa de ter os seus reflexos na narrativa de Pepetela, história da difícil conciliação do masculino e do feminino, num dos seus planos alegóricos. O amor é, aqui, a história dos encontros e desencontros do masculino e do feminino, na trágica procura de uma superação da divisão que, irremediavelmente, os atingiu. O mascarado *muana puó* seria, assim, também o símbolo de uma totalidade, de uma unidade, de uma harmonia ideal que o homem e a mulher não conseguem senão fugidiamente encontrar[9]. O mascarado evocaria, de certo modo, o mito do andrógino original – da perfeição inicial, só reencontrável no reino utópico do futuro, mas, mesmo aí, como busca permanente, nunca como resposta definitiva, ao abrigo da transformação histórica. O último parágrafo do livro de Pepetela deve

6. *Idem, ibidem.*
7. Vide Augusto Luís de Sousa, "Sobre a Mulher Lunda-Quioca (Angola)", *Memórias da Junta de Investigação do Ultramar*, n. 60 (2ª série), Lisboa, 1971, p. 147.
8. *Idem, ibidem.*
9. Cf. Mircea Eliade, *Patterns in Comparative Religions,* New American Library, 1956, p. 424: "O homem que se veste de mulher não está a tentar passar por mulher, como à primeira vista poderia parecer, mas por momentos atinge a unidade dos sexos, propiciando assim o seu entendimento total do cosmos".

ler-se tendo em atenção a homologia existente entre *procura* – e consequente mudança, metamorfose – e vida[10]. A visão dialéctica que sustenta a crença do A. no advento de uma sociedade harmoniosa parte da premissa de que qualquer síntese nunca é um dado estático, antes se insere numa dinâmica que a torna sempre passível de aperfeiçoamento e renovação. Assim como a liquidação do colonialismo não significa automaticamente a libertação total do colonizado, também a entrada na sociedade da utopia não significa o fim da luta entre o velho e o novo, o estático e o dinâmico, a satisfação medíocre e a satisfação exigente, a resposta aparente e a procura incessante. Na nota, de 1978, impressa na contracapa da edição de UEA, o A. lembra precisamente que "o presente continua a ser apenas um ponto de encontro – e de luta – entre o passado e o futuro".

Já se fez uma referência à simetria existente entre a primeira e a segunda partes constituídas pelo mesmo número de capítulos – 35. Também se chamou a atenção para as duas descrições da máscara (segundo diferentes ângulos de observação) que precedem cada uma das partes. Foi igualmente mencionado o epílogo, que, por um lado, elucida o leitor sobre os três modos possíveis de observar a máscara e, por outro, lhe dá algumas chaves para a desvelação do seu significado, e, por consequência, para a desvelação do significado da narrativa. Repare-se que o esquema delineado relativamente à observação da máscara se orienta segundo uma perspectiva dialéctica: o primeiro observador fica deslumbrado "pela doçura da boca"; o segundo fica incomodado "pela tristeza dos olhos"; o terceiro "[começa] pelos olhos até à boca e daqui [volta] aos olhos para em seguida [descer] à boca, e não mais se [libertar]". Três são também os planos a considerar necessariamente para qualquer análise minimamente fundamentada que se intente de *Muana Puó*: *a)* a luta entre morcegos e corvos; *b)* a história de amor entre o herói e a

10. "Esta é a verdade da máscara de Muana Puó, sonho irreal que todos procuram. Procura que cria vida."

heroína; *c)* a sociedade utópica do futuro. A dificuldade de uma articulação perfeita entre estes três planos é uma das razões que impedem o primeiro romance de Pepetela de ter um impacto igual ao que *As Aventuras de Ngunga* tiveram junto dos leitores fascinados pela sua simplicidade narrativa.

A luta entre morcegos e corvos é uma alegoria da luta de libertação nacional. Os corvos, com os seus políticos, militares e teólogos, representam o colonialismo. Os morcegos, persistentes, ascendendo da condição animal de servidores dos corvos a homens, senhores do seu destino, figuram o colonizado na violência libertadora que o opõe ao colonizador. Os amorosos, apenas destacados pronominal e enigmaticamente da massa dos morcegos, como ele e ela, vivem o drama do encontro e desencontro que marca toda a tentativa de harmonização do masculino e feminino, ao mesmo tempo que se situam, relativamente à luta movida pelos morcegos contra os corvos, primeiro num plano de alheamento, de evasão, depois em função de uma complementaridade militante, até por fim o desencontro se saldar pela morte dele (uma morte procurada, de certo modo suicídio) e pelo envelhecimento *dela*, iluminado, no entanto, por uma procura que dá à mulher ainda "força para viver" e para "criar vida" (p. 167). Quanto à utopia, só depois da metamorfose por que passa o colonizado – da condição animal de morcego à dignidade e à liberdade de *antropos* – se entra nela, e de uma maneira que se vão esbatendo para darem lugar a uma ambivalência de alto desenvolvimento tecnológico, que toma como modelo as propostas mais imaginativas das novelas de antecipação ou ficção científica.

E a máscara, que lugar ocupa ela dentro da narrativa? Antes de mais, é a permanência do seu enigma que torna possível uma leitura dialéctica da História, e permite, assim, estabelecer uma relação dinâmica entre passado, presente e futuro. É essa permanência que permite ainda ler o presente como "ponto de encontro – e de luta entre o passado e o futuro". No epílogo, diz-se que o enigma de Muana Puó ficará, "um dia, enterrado na areia [no caso de o mundo] se não mudar", o que, no "ponto de encontro [...] entre o passado e o futuro" que é a luta de libertação nacional em 1969, significa da parte do Autor militante uma crença na mudança, na transformação do mundo, na metamorfose dos "morcegos de hoje [nos] homens de amanhã" (p.170), e, portanto, na permanência do enigma de Muana Puó. O mistério da máscara, o percurso que não conhece fim entre a "doçura da boca" e a "tristeza dos olhos", é a garantia da metamorfose permanente do homem, da sua caminhada ascensional para uma utopia que, longe de anular a busca, antes a estimula como fonte inesgotável de renovação. Dizer que a "procura [...] cria vida" equivale a dizer que só a procura, a exigência de verdade total, é atitude criativa, transformadora. O resto é pensar que a aventura do homem termina quando ele chega no cimo da montanha. O resto é pensar que há um real de plenitude que torna o desejo desnecessário. Desejo e "procura que cria vida" situam-se no mesmo plano, mas um desejo e uma procura orientados, com um objectivo, não anárquicos, longe portanto de qualquer impaciência dissipadora.

A unidade dos três planos da narrativa – o colectivo, o individual e o utópico – é realizada pela máscara. Por um lado, a máscara de Muana Puó é um artefacto da cultura dos *morcegos,* sinal da continuidade de uma cultura que o intento de coisificação colonialista não conseguiu destruir. Por outro lado, é ela que suscita o encontro entre os que procuram um sentido para a sua individualidade no meio do projecto colectivo libertador, e lhes lança o desafio da difícil conciliação do que, em cada um, é singularmente irredutível. E finalmente, na sua face enigmática, é uma exigência de "verdade" e de sonho "irreal" a tornar impossível a paragem, o adormecimento no reino da felicidade utópica.

A intenção alegórica investida nesta narrativa (que, como vimos, também não enjeita objectivos didácticos) é extremamente ambiciosa. Pepetela não se limitou a escrever uma alegoria do anticolonialismo, centrando todo o conflito da sua narrativa na luta armada de libertação nacional levada a cabo pelos morcegos até derrotarem, depois de muitos sacrifícios e reveses, os corvos e, assim, alcançarem um estatuto de independência e atingirem a dignidade (pela metamorfose em homens) que os senhores sempre lhes haviam negado. A alegoria poderia ter acabado aí – os morcegos conheciam finalmente a luz ao fim da noite que, nos momentos de desânimo, lhes parecera sem termo, e podiam sem receio comer o "mel" por eles criado. Mas Pepetela leva mais longe o seu projecto, entra no domínio do futuro, da utopia. Os morcegos transformam-se em homens; estes entendem a libertação não como uma simples expulsão dos corvos, mas como uma transformação profunda, revolucionária da sociedade que torne inviável qualquer regresso a outros modos de alienação e exploração. Atingem formas de organização social em que, segundo o modelo marxista, as "máquinas, as fábricas, os cortiços de mel, eram comuns. O produto, agora abundante, já era repartido segundo as necessidades de cada um: os que mais precisavam, tinham a mais; mas só os produtos fundamentais" (p. 115). Em 1969, quando os corvos ainda pareciam dominar a situação, Pepetela visiona não só a tomada do poder pelos morcegos, a penosa ascensão que fazem da montanha interdita (da independência), mas também as mudanças que operam em todo o edifício social de modo a pô-lo ao serviço de todos e não de uns poucos, que reaprendam a violência e a rapacidade dos antigos senhores – os corvos. A sua utopia não se fica, porém, pelo sonho igualitário; parte em busca de um "sonho irreal" em que não só os "armazéns [estejam] abertos, sem guardas, e cada um se [sirva] do necessário" (p. 115), o "urânio [...] B o plutónio, e mais o berílio, [sirvam] para fazer brinquedos: carros miniatura que rodam e voam sozinhos" (p. 116), mas também as próprias leis da natureza sejam subvertidas e os "lagartos [voem] em cores pardas, desafiando os caxinjonjos que [rastejam] ao Sol" (p. 113). Ao modelo do socialismo científico é acrescentada uma dimensão de irrealidade poética[11].

11. Vide também a descrição de Calpe, "a cidade do sonho", na segunda parte.

Calpe, "a cidade do sonho", é também o "mundo dos homens". O que quer dizer: dos homens, com todas as suas dificuldades de inserção, como indivíduos, na máquina perfeita de uma sociedade desalienada. São todos felizes; longe vai o tempo em que os "camponeses [eram] queimados, [como] demónios, utópicos, feiticeiros, judeus, luteranos, comunistas [pelos] sábios da Inquisição" (p. 122). Mas a angústia subsiste; o cansaço, o fastio, o desinteresse são possíveis; a nostalgia do alheamento, do isolamento, volta; a insatisfação destrutiva, sem finalidade, consome muitos; o passado não se despe facilmente. A heroína lembra a um herói ansiado por uns momentos de felicidade que só os dois possam partilhar, que "agora já não interessa o futuro, tudo é presente..." (p. 133). Certo. Mas os edificadores da utopia não devem esquecer o aviso, de exigente lucidez, já aqui referido: "o presente continua a ser apenas um ponto de encontro – e de luta – entre o passado e o presente". E caberia talvez acrescentar: é mesmo possível que nunca deixe de sê-lo. De outro modo, que sentido teria falar de enigma relativamente à máscara de Muana Puó, a rapariga?

5

Na Curva Oblonga do Tempo, Uma Alegórica Parábola...

CARMEN LUCIA TINDÓ RIBEIRO SECCO*

A especulação sobre o tempo é uma ruminação inconclusa, à qual só responde a atividade de narrar.

PAUL RICOEUR**

PEPETELA: UM CONTADOR DA HISTÓRIA E DAS ESTÓRIAS ANGOLANAS

A ficção de Pepetela se caracteriza por um constante e lúcido olhar sobre a história de Angola. Uma história a contrapelo, transfigurada por uma escritura alegórica que investiga os interstícios e não-ditos do que ficou reprimido nos desvãos do imaginário social angolano. Seus textos se tecem por um intenso trabalho com a linguagem, o que impede que haja uma transparência em relação aos fatos históricos.

As estratégias narrativas usadas pelo autor conjugam elementos da modernidade e da tradição, recuperando dessa última os aspectos culturais fundamentais, ao mesmo tempo em que põem em questão as heranças negativas ainda presentes na sociedade angolana. Pepetela é um contador da História e das estórias angolanas, havendo em seus textos uma constante visão crítica tanto acerca do contexto social de seu país, como da própria arte de narrar e escrever.

* Carmen Lucia Tindó Ribeiro Secco é professora de Literaturas Africanas de Língua Portuguesa da Faculdade de Letras da Universidade Federal do Rio de Janeiro (UFRJ).

** Paul Ricoeur, *Temps et Récit*, Paris, Seuil, 1983, vol. I, p. 21.

Desde a primeira obra, *Muana Puó*, sua ficção opta por caminhos alegóricos, denunciando figuradamente os atos autoritários do colonialismo português, representado nesse livro pela metáfora dos corvos. O título refere-se a uma máscara *tchokuê*, usada, na tradição, nos rituais de circuncisão. O texto, metaforicamente, se faz corte, incisão na pele da história de opressões que marcou o imaginário angolano, reprimido por uma colonização silenciadora das religiões e dos cultos africanos. Mitopoeticamente, a narrativa, através da aprendizagem existencial da dor, reflete sobre o ritual da arte, ao mesmo tempo em que encena ritos ancestrais essenciais à recuperação da identidade cultural angolana a ser reconstruída.

Mesmo nas obras escritas durante as lutas pela libertação de Angola, segundo os cânones revolucionários orientadores dos ideais políticos do MPLA, as narrativas de Pepetela não perdem a perspectiva crítica, a visão dialética em relação ao processo histórico angolano.

Em *As Aventuras de Ngunga* e em *Mayombe*, a par do centramento ideológico do momento histórico em que essas obras foram escritas, é tecida uma reflexão a respeito dos problemas enfrentados pelos guerrilheiros. Ngunga, por exemplo, é o singelo herói fundador de uma Angola libertária. Sua viagem representa a travessia de iniciação dos que lutaram pela Independência.

Como os heróis lendários, Ngunga desaparece ao final sem explicações, mas, ao contrário dos velhos mitos, não reforça todos os costumes da tradição; critica, por exemplo, o alembamento, isto é, o hábito dos dotes exigidos nos casamentos tradicionais em diversas etnias angolanas; questiona também a usura de certos *sobas* (chefes tradicionais das aldeias angolanas) e os ressentimentos tribalistas – fomentados, em grande parte, pelo próprio colonialismo – que motivaram, no passado remoto e mais recentemente, tantas guerras em Angola.

O romance *Mayombe* inicia-se com uma sugestiva e metafórica dedicatória: "*Aos guerrilheiros do Mayombe, que ousaram desafiar os deuses, abrindo um caminho na floresta obscura, vou contar a história de Ogum, o Prometeu africano".* Contaminando com a figura africana de Ogum a mitologia ocidental, a voz enunciadora abala os valores culturais impostos pelo colonialismo, buscando, em antigos mitos da África, as raízes identitárias esfaceladas pela conquista. Invocando Ogum, deus da guerra, orixá do ferro e das batalhas, o discurso enunciador conclama os guerrilheiros à luta.

Mayombe denuncia ódios tribais dilaceradores do corpo social angolano, mostrando como estes foram incentivados pelo colonialismo e, em alguns casos, pelos próprios partidos que lutaram pela independência de Angola. Chamando atenção, ainda, para dramas individuais e existenciais que ultrapassam o puramente ideológico, esse romance levanta a questão de a história de Angola não poder ser lida apenas por um maniqueísmo redutor que opõe os "Tugas" (portugueses) aos "Turras" (terroristas angolanos).

A modernidade de *Mayombe* reside no plurifoco narrativo, formado pelo depoimento de nove narradores que tecem um painel multifacetado da guerra colonial angolana. O epílogo do livro, constituído pela voz do Comissário, teoriza acerca da existência e sobre o próprio ato de escrever, concebido este último como recriação da vida e da morte. O escrever torna-se metáfora de uma luta solitária do escritor que corta a pele da linguagem e a veste para melhor refletir sobre as mudanças sociais e existenciais, discutindo a aprendizagem social e humana da guerra, de onde não podem estar excluídos nem o amor, nem a amizade.

Há, na maior parte dos textos de Pepetela, o procedimento frequente de investigar o presente a partir de um jogo especular com o outrora mítico e histórico. No romance *Lueji*, ele se apropria de versões da lenda de Ilunga e Lueji que contam a história da Lunda, recriando-as para refletir criticamente acerca do passado e de suas correlações com questões atuais da sociedade angolana.

A construção romanesca se passa em dois tempos: narra a história da rainha da Lunda, Lueji, que viveu há quatrocentos anos, e a história de Lu, sua descendente, que reside em Luanda e é bailarina do Balé de Angola. A história de Lu transcorre a poucos meses do ano 2000 e reencena a lenda da ancestral. Especularmente, uma narrativa espelha e inverte a outra, repensando, de modo crítico, tanto os tempos atuais, como a tradição. A metáfora do balé perpassa por toda a narrativa que se arma como uma complexa coreografia escritural que efetua uma profunda releitura da História. Dança e ficção se enlaçam, numa reflexão constante entre o outrora e o presente, entre o palco e o real histórico recriado. *Lueji* é um "romance em abismo", em que a história encenada pelo balé atualiza a tradição e alegoriza situações do presente de Angola.

O romance *Lueji*, além de discutir as questões do poder tanto no passado, como na época atual, desenvolve um trabalho metaficcional. Rompendo com a linearidade do enredo, a voz enunciadora cede a palavra a vários narradores, personagens tanto da estória de Lu como de Lueji. Na narrativa do presente, há o escritor que se insere no texto e conversa com o leitor, expondo suas dúvidas e teorizando sobre a escritura romanesca. Há o historiador e o crítico de arte que também discutem, respectivamente, novas concepções da História e da Literatura. O balé, a música, o romance, reinventando as tradições e problematizando o presente, efetuam, pois, um jogo de descolonização, porque trazem a consciência da descaracterização imposta aos africanos pela colonização europeia, ao mesmo tempo em que tecem ficcionalmente a *diferença* angolana, representada pelo bailado autenticamente montado de acordo com as raízes populares dos cultos e crenças locais.

Em seus romances escritos após 1990, Pepetela insiste na clave de reescrever Angola. Só que o faz pelo viés das distopias sociais, alertando para a crise que destruiu o país. Em *A Geração da Utopia*, faz um balanço dos vinte anos de Independência, mostrando como as guerrilhas entre a UNITA e o MPLA dilaceraram ainda mais a nação.

Esse romance se divide em quatro partes que se referem a tempos históricos determinados: a primeira focaliza a geração da utopia, dos jovens angolanos da Casa dos Estudantes do Império que, em Lisboa, nos anos 1960, urdiram as bases para as lutas contra o colonialismo; a segunda relembra os anos de guerra em Angola, na década de 1970; a terceira focaliza Luanda, nos anos 1980, após a Independência; finalmente, a quarta se ocupa de Angola, nos anos 1990, criticando os esquemas e a perda dos valores éticos dos tempos revolucionários. O discurso enunciador alerta para o perigo dos fanatismos e denuncia o vazio comunicacional, a corrupção, a burocracia, os privilégios das elites.

Em *O Desejo de Kianda*, exacerba essas críticas, fazendo o retrato alegórico da Angola atual, devastada pela guerra civil fratricida que se desencadeou após o resultado das eleições presidenciais realizadas em 1992. A ação romanesca se desenvolve no ano de 1994 e o cenário é a cidade de Luanda. O romance principia com o casamento das personagens principais, João Evangelista e Carmina Cara de Cu, e com a queda inexplicável do primeiro prédio. A ruína é a imagem catalisadora do universo romanesco. Os desmoronamentos apontam para a deterioração dos valores éticos, para o vazio dos antigos sonhos e utopias. Os deslizamentos alegorizam a entrada do capitalismo transnacional, alertando, como ensinou o velho Marx, que "tudo que era sólido desmancha no ar".

As núpcias dos protagonistas representam a aliança de ideologias antes inconciliáveis. João Evangelista, o noivo, de origem protestante, encena a figura do acomodado, que aceita passivamente tudo para não se indispor e não perder os privilégios. Carmina, a noiva, ateia, de temperamento forte e combativo, mantém ligações com o governo, mas, embora tenha sido militante do Partido, como muitos companheiros, se beneficia, agora, do poder, esquecida dos princípios que engendraram a luta política do MPLA. João Evangelista é o exemplo do alienado no trabalho e no casamento, fugindo constantemente através do computador diante do qual fica horas a se distrair com um jogo que revive a queda do Império Romano. Aprisionado no imaginário eletrônico, em um país onde falta tudo, até energia elétrica, Evangelista "vive", na tela, a decadência de Roma, sem perceber a que o rodeia e desmantela seu próprio lar e seu próprio país. A modernidade do discurso de Pepetela reside justamente nessa ponta de ironia corrosiva a desvelar as contradições presentes. O jogo do computador funciona, pois, na narrativa, como um duplo irônico e alegórico das guerras que destroem Angola.

O interessante é a solução romanesca encontrada para expressar a revolta e a sensação de avaria que define a realidade angolana do fim dos anos 1990. Em contraponto ao discurso cético do narrador e à desesperança dos diálogos travados pelas personagens, emerge, em itálico, o canto mágico de Kianda, a deusa angolana do mar, alegorizando as identidades perdidas, a impossibilidade atual do retorno às origens. O final do romance, em aberto, com a imagem de Kianda, livre, fugindo para o alto mar, remete, ambiguamente, para o esfacelamento das utopias, mas, entretanto, acena para uma trilha talvez possível: a do universo mítico-literário, espaço de reflexão crítica e denúncia. A fuga de Kianda configura, assim, não só a impossibilidade de os antigos ideais socialistas persistirem, mas se constitui como alegoria de uma esperança latente e desesperada de rebeldia.

No romance *Parábola do Cágado Velho* (1996), conforme analisaremos mais detidamente no item 2 deste artigo, Pepetela continua na linha alegórica e mítica de repensar a história de Angola. Em *A Gloriosa Família: O Tempo dos Flamengos,* essas estratégias também estão presentes. A narrativa desse último romance trata do século XVII em Angola, focalizando, em especial, os sete anos (de 1642 a 1648, inclusive) em que os holandeses (aqueles que conquistaram o Brasil) foram buscar escravos em Luanda. Daí o subtítulo: O *Tempo dos Flamengos*. Ao recriar episódios da *História Geral das Guerras Angolanas*, da autoria de António Oliveira Cadornega, o romance se erige também como homenagem a esse historiador que, em 1680, já incorporava em sua linguagem palavras das línguas africanas como o quimbundo, por exemplo. É em Cadornega que Pepetela encontra referência a Baltazar Van Dum, em quem se inspira para escrever *A Gloriosa Família*. Não é, entretanto, sob a ótica dessa personagem que a narrativa se constrói. Dando ênfase à *história dos vencidos*, Pepetela elege o escravo de Van Dum para narrar, embora este seja mudo e analfabeto. O interessante é que esse narrador assume um ponto de vista múltiplo e subjetivo, apresentando diversas versões interpretativas do presente narrativo (que, em relação ao momento atual, é já passado). A opção por esse plurifoco narracional se manifesta também em outros romances de Pepetela, nos quais a "re-visão" da História procede sempre de forma dialética, buscando dar visibilidade aos conteúdos sombrios e sem glória, silenciados pelos discursos oficiais.

Em *A Montanha da Água Lilás*: *Uma Fábula para Todas as Idades*, é tecida, também de modo alegórico, uma lição: a de que Angola não pode deixar secar a *água lilás*, fonte e metáfora de suas tradições e poesia:

> O Lupi-poeta fez então muitos poemas. Contavam a estória dos lupis e da água lilás. Também da desgraça que se abateu sobre eles e o seu destino.
>
> Foram talvez esses poemas que chegaram ao conhecimento dos avós dos nossos avós, quando eles compreendiam a linguagem dos lupis. E nos contaram à noite, na fogueira, para transmitirmos às gerações vindouras. Aprenderão elas com a estória?[1]

A pergunta fica no ar, o livro termina em aberto. A resposta, entretanto, pode ser depreendida das entrelinhas do texto: soa como um ensinamento fabular para as novas gerações angolanas, que só aprenderão com essa estória se souberem preservar o fluir lilás da liberdade e o respeito pela palavra, pela vida e pelo ser humano.

1. Pepetela, *A Montanha da Água Lilás*, Lisboa, Dom Quixote, 2000, p. 163.

Nos romances *Jaime Bunda: O Agente Secreto* (2001) e *Jaime Bunda e a Morte do Americano* (2003), Pepetela, embora pareça ter abraçado o gênero policial, cria narrativas, na verdade, "antipoliciais". Essas, ao subverterem a clássica estrutura dos romances de aventura e suspense, prosseguem na linha crítica de repensar Angola, reafirmando, assim, o lugar privilegiado que o autor escolheu para sua ficção, tecida sempre num espaço entre a Literatura e a História. Também no romance *Predadores* (2005), o escritor segue esse viés, traçando um retrato mordaz da sociedade angolana dos anos 2000. Essas três obras de Pepetela apresentam uma visão inteiramente distópica, carnavalizada e melancólica da Angola dos tempos neoliberais. Dando prosseguimento ao modo crítico de olhar a história do país, esses romances, como os anteriores, se constituem como narrativas de interrogação sobre a memória, a identidade e o tempo angolanos. Esse tipo de discurso, objeto por excelência da História, é recorrente na ficção do autor que demonstra plena consciência de que qualquer temporalidade só pode ser alvo de aguda reflexão se estiver inscrita como linguagem. Ao invés de discutir a construção do tempo e da memória primeiro na história e, depois, no mito e na literatura, a enunciação ficcional dessas obras cruza as três instâncias, relativizando a veracidade tanto dos relatos históricos, como da inventividade da imaginação literária.

No livro *Parábola do Cágado Velho* que escolhemos para analisar a seguir, as temporalidades histórica, mítica e ficcional são amplamente problematizadas. Entrecruzando fragmentos da história angolana recriados ficcionalmente e aspectos míticos da concepção ancestral do tempo africano, o referido romance deixa em aberto, ao final da leitura, uma reflexão acerca da necessidade de, no presente, haver uma reinvenção do tempo – questão que, atualmente, também inquieta vários filósofos e estudiosos da Filosofia como, por exemplo, Jeanne Marie Gagnebin, autora de vários ensaios sobre a obra de Walter Benjamin:

> [...] hoje, quando não podemos mais acreditar com a mesma certeza tranquila que o Outro de nosso tempo seja a eternidade divina, como conseguir, porém, uma compreensão diferenciada, inventiva da temporalidade – e da história! – humana em suas diversas intensidades?[2]

A Sabedoria do Silêncio e as Ruminações do Tempo e da Memória

"O cágado não ensina a espera. Os homens é que esperam. Escrevo para acordar *Nzambi* e os homens."[3] O romance *Parábola do Cágado Velho* (1996), do escritor Pepetela, ao dar voz aos homens do campo que mais sofreram com as guerras, continua na mesma clave de repensar, a contrapelo, a história de Angola. Ao adotar a parábola como estratégia narrativa, evoca, no plano ficcional, por comparação, realidades históricas vivenciadas, em diferentes tempos, pelas populações do interior. Entrelaçando o *fictum* e o *factum,* constrói uma textualidade cifrada, que também penetra a esfera mítica, à procura das origens fundadoras da cultura e da história angolanas.

A parábola (do grego *parabolé*), movendo-se no mesmo espaço retórico da fábula e da alegoria, se avizinha da primeira por encerrar uma moral e, da segunda, por se constituir como um discurso que faz entender outro. A narrativa de Pepetela, portanto, ao focalizar alegoricamente a estória de amor entre Munakazi e Ulume, bem como a inimizade entre os irmãos Luzolo e Kanda, narra, na verdade, uma história subjacente de ódios ancestrais. A animosidade entre os filhos de Ulume alegoriza, em última instância, a guerra fratricida travada pela UNITA e pelo MPLA, após a Independência.

Oscilando entre a parábola, a fábula e a alegoria, o texto de Pepetela apresenta uma estrutura dramática bem tecida, capaz

2. Jeanne Marie Gagnebin, *Sete Aulas sobre Linguagem, Memória e História*, Rio de Janeiro, Imago, 1997, pp. 78-79.
3. Trecho da palestra proferida pelo escritor Pepetela, na UFF, em 25.6.1997.

de enfatizar os conflitos histórico-sociais vividos por Angola, ao mesmo tempo em que conjuga características próprias a cada uma dessas formas literárias: como a parábola, é protagonizado por seres humanos e veicula uma lição metafórica e hermética, acessível apenas aos iniciados; como a fábula, passa um ensinamento, apresentando uma personagem do reino animal – o cágado velho, símbolo do saber e do tempo angolanos; como a alegoria, opera com uma linguagem sobredeterminada, que aponta para os conteúdos encobertos e silenciados.

Atentando-se, ainda, para o outro significado de parábola – "do grego *parabálio*, figura traçada de um lugar plano dos pontos equidistantes de um ponto fixo e de uma reta fixa de um plano" (Holanda, 1976, p. 1041) –, percebe-se que a narrativa descreve um traçado oblongo, semelhante à forma geométrica de uma parábola, tanto que o texto se abre e se fecha tendo por cenário um mesmo local, a montanha da Munda, onde Ulume sobe para assistir à paragem do tempo e poder observar, desse local fixo, os pontos equidistantes do passado para, assim, efetuar uma profunda reflexão a respeito da história de seu país.

O discurso enunciador do romance funciona como uma espécie de antena parabólica capaz de captar imagens de tempos e espaços diversos e distantes, fazendo com que o outrora e o presente dialoguem, numa releitura crítica, fundadora de uma nova historicidade. A trajetória de Angola é, então, revisitada a partir de cinco planos temporais: o do antigamente, tempo primordial, da oratura, das tribos, dos *sobas*[4]; o do outrora colonial, tempo das guerras de *kuata-kuata*[5], em que se apanhavam escravos; o do passado da Revolução contra o colonizador e da paz aparente que reinou logo após a Independência; o do passado recente com a guerra civil desencadeada entre o MPLA e a

4. Palavra que significa chefes tradicionais das *sanzalas* angolanas.
5. A expressão é traduzida por "agarra-agarra", significando as guerras em que eram apanhados os escravos, nas aldeias.

UNITA; e, finalmente, o do presente dilacerado, após tantas lutas mutiladoras do corpo social angolano.

A enunciação romanesca comanda os entrecruzamentos desses planos temporais. A voz narradora em terceira pessoa, utilizando-se do pretérito imperfeito, traz todas essas memórias inconclusas. Valendo-se, também, em alguns momentos, de interrogações, põe em questão certos costumes da tradição e dos tempos atuais, reavaliando, assim, a história de Angola, segundo uma temporalidade múltipla e dialética. O percurso rememorativo traçado enfatiza que o processo histórico angolano sempre foi pontuado por guerras. Primeiro, as étnicas, entre sobas, inscritas no campo do sagrado, motivadas pela disputa de espaços e alimentos. Depois, as guerras por braços escravos, caracterizada pela exploração dos brancos, pela prepotência dos colonizadores. A seguir, registra a grande revolta que dizimou tantas aldeias, mas que culminou com a Independência e ocasionou um período de paz, embora curto, porque, logo após o 11 de Novembro de 1975, veio a guerra civil, moderna, cuja ação nefasta, fratricida espalhou fome, doenças, miséria e desencanto por toda parte do país.

Parábola do Cágado Velho busca reaquilatar os conflitos da realidade angolana, cujas identidades, em grande parte, se diluíram, tendo em vista a perda da memória cultural por tantas lutas e contradições que deixaram no esquecimento a sabedoria dos mais velhos. Adotando um viés próximo ao da chamada "literatura de fundação", a *Parábola* se assume como um romance de "regresso e procura das origens" (Paz, 1972, p. 125). Mesclando o *mythos* e o *epos*, reinventa o passado, repensando as guerras, a partir de um mergulho nos labirintos do inconsciente social, histórico e cultural de alguns dos povos de Angola.

Essa obra de Pepetela se estrutura como uma "epopeia moderna" das guerras angolanas, ou melhor, como uma anti-epopeia, porque não são a heroicidade e o ufanismo históricos que são cantados, mas os sofrimentos e a resistência dos povos do campo. O romance apresenta uma invocação, entretanto, esta não apela, como ocorre nos cantos épicos tradicionais, aos deuses para auxiliarem o artista em sua criação; clama, ao contrário, para acordar Nzambi[6], no sentido de fazê-lo enxergar as desgraças acontecidas. Não espera a ação messiânica de divindades; questiona, sim, a resignação ensinada pela tradição angolana:

> Até hoje, os homens, parados, atónitos, estão à espera de *Suku-Nzambi*. Aprenderão um dia a viver? Ou aquilo que vão fazendo, gerar filhos e mais filhos, produzir comida para os outros, se matarem por desígnios insondáveis, sempre à espera da palavra salvadora de *Suku-Nzambi*, aquilo mesmo é a vida? (Pepetela, 1996, p. 9).

As constantes indagações da voz narradora instigam a consciência do leitor, transformando a invocação em um clamor aos homens para que, ao invés de esperarem pelos desígnios divinos, despertem e tentem mudar o curso da história.

A narração mitopoética dessa obra de Pepetela faz recordar o outrora e a natureza. Re[*cord*]ar, no sentido etimológico de repor as imagens perdidas no coração do humano, resistindo, desse modo, às contradições cúmplices da ganância, da opressão e do poder que geraram, em Angola, a discórdia entre povos e partidos irmãos. Esta é a grande parábola do romance.

A preocupação com as origens e a discussão do processo de formação da nacionalidade angolana estão presentes em vários romances de Pepetela. A referência mítica aos gêmeos Namutu e Samutu, saídos da Serpente-Mãe, já se encontra no romance *Lueji*, com o qual há uma clara intertextualidade, cuja função principal é reafirmar a proposta de diálogo crítico com os elementos fundadores do processo identitário em Angola. A figura mítica e simbólica do cágado, como sustentáculo da Lunda, também aparece nos dois romances. Em *Parábola do Cágado Velho*, esse animal é portador dos ensinamentos ancestrais, sendo uma alegoria do tempo, do saber e do próprio olhar

6. Deus supremo, nas religiões angolanas.

sobre a história. É a partir dele que Ulume consegue suspender o tempo para refletir sobre a tradição e a modernidade. O cágado lhe ensina "a ruminação dos silêncios" (Pepetela, 1996, p. 38), a capacidade contemplativa capaz de o fazer compreender "o inefável que reside além das fronteiras das palavras" (Bosi, 1983, p. 107).

Ao ver o cágado sair da gruta e beber a água do regato que origina o rio Kwanza, Ulume se desliga da rotina de sua vida na aldeia e ingressa nas fontes míticas do outrora primordial, percebendo que:

> [...] o ser vibrante do silêncio não depende só da voz precedente: esta dá o estímulo, mas não é tudo. O outro momento, aquele que mantém a intersubjetividade, o momento da atenção, ponta extrema e fina do espírito, é que traz à consciência social o sentido vivo do silêncio (Bosi, 1983, p. 107).

A Munda e a gruta habitada pelo cágado funcionam na narrativa como espaços míticos matriciais através dos quais Ulume reencontra "as águas da infância" (Pepetela, 1996, p. 180), as águas da memória, as águas restauradoras do outrora. O cágado é o interlocutor-mudo que apenas tem o poder de despertar-lhe a consciência, por intermédio da apreensão de um silêncio profundo capaz de inquietar sua subjetividade prenhe de angústias bloqueadoras dos desejos.

Uma outra alegoria presente na narrativa, a da granada, assinala grandes desequilíbrios a acontecerem na história de vida do protagonista e na de sua aldeia. Aviso dos antepassados, a explosão traz a Ulume a revelação de um novo amor: por Munakazi, uma jovem quase da idade de seus filhos. Os pés convergentes da moça o atraem de forma arrebatadora. Munakazi representa o novo, a modernidade, o erotismo de que Ulume precisava para rejuvenescer. Entretanto, carrega uma misteriosa melancolia nos olhos, que vem avivar em Ulume o sentimento de perigo já há algum tempo pressentido no ar.

Interessante notar que, ao apresentar Munakazi, o discurso narrador deixa a terceira pessoa e usa a primeira do plural, o nós, acumpliciando-se também com o leitor, a quem instiga à decifração do enigma narrativo.

O romance, cujo fio central narra a história do novo amor de Ulume, se arma pelo encaixe de vários casos e cenas de tempos diversos que, sem obedecerem a uma cronologia factual, vêm e voltam à memória do protagonista, fazendo-o tecer analogias entre o presente e o passado de Angola.

Antes de Munakazi, houve muitos outros tempos. A voz narradora chama atenção para o fato de que "há sempre um tempo antes do tempo" (Pepetela, 1996, p. 22). Suas perguntas vão pontuando o que é importante, o que deve ser repensado pela personagem principal e pelo leitor. Assim, vai efetuando um contraponto às lembranças de Ulume, mostrando que a luta pelo poder sempre existiu, "desde os avós dos avós" (Pepetela, 1996, p. 20). Critica os sobas que usavam a religião e a crença nas divindades para justificarem suas lutas por mais espaços, ao invés de pensarem no povo. Denuncia o *soba-cazumbi*[7] que vendia os negros para as roças de café dos brancos e utilizava como castigo o Bruco, buraco enorme, onde mandava atirar quem lhe desobedecesse (Pepetela, 1996, p. 27). Recorda, depois, o tempo dos impostos e a fundação de Calpe, a cidade dos sonhos também presente nos seus livros *O Cão e os Calus* e *Muana Puó*, sendo que nesse último a simbologia, como na *Parábola*, está relacionada às utopias libertárias que culminaram com a grande revolta que determinou não só a saída dos brancos, mas também, nos anos seguintes, a disseminação de outros ódios e violências. Segue-se, então, a memória de um tempo de convivência entre Ulume e a Muari, a primeira mulher. Tempo da criação dos filhos, do povo renascendo da Munda, da inexistência dos impostos, do trabalho a dois no campo, da produtividade das plantações, embora houvesse ainda um

7. *Cazumbi* significa espírito. *Soba-cazumbi* era o apelido desse chefe.

prenúncio de "perigo no ar", para o qual a voz enunciadora, sempre atenta, alerta: "a paz era definitiva?" (Pepetela, 1996, p. 26). Após esse curto período de trégua, sucedeu o tempo da separação que foi o da divisão de várias comunidades étnicas e da família, o da implantação do capitalismo, o da modernidade. Tempo que levou para a cidade, em um carro, os filhos de Ulume, Luzolo e Kanda, indo cada um lutar em campo diferente, o que, alegoricamente, evidencia a cisão política de Angola.

A explosão da granada marca o ingresso nesses novos tempos de separação e dor. É a ocasião em que Ulume se apaixona por Munakazi e deixa em segundo plano a Muari. O desejo pela jovem representa para Ulume a busca do erotismo vital que se extinguia nele em função das perdas sofridas com as guerras e com a partida dos filhos. Cabe, de novo, chamar atenção para o fato de que o que mais o atraía na moça eram "os pés convergentes, com dedos grandes levantados" (Pepetela, 1996, p. 15). Essa preferência erótica pelo pé é bastante significativa. Entre várias etnias africanas, há muitos mitos a isso relacionados:

> [...] para os dogons, por exemplo, o dedão do pé é símbolo de sexualidade, representando a ideia de força vital. Entre os bambaras, atribui-se à mulher cujo vão entre o dedão do pé e o dedo seguinte é bem grande, uma forte tendência aos apetites sexuais (Chevalier, 1988, pp. 327-328).

Para os bambaras os pés são também um instrumento iniciático de chegada e de partida, de iluminação e de descoberta (Chevalier, 1988, pp. 694-696), significando a chave de um enigma a ser resolvido. Nas crenças dessa etnia, os pés, entretanto, nada podem sem a cabeça, pois são sempre comandados por esta.

Em *Parábola do Cágado Velho*, os pés convergentes de Munakazi admitem, por analogia, várias interpretações: não só conotam a eroticidade que Ulume buscava para atenuar suas angústias, como também se fazem signos representativos de partida e chegada, de cisão e reencontro. A curva oblonga que desenham atrai Ulume e deixa, no leitor, a curiosidade de um enigma a ser desvendado.

Munakazi se casa com Ulume, porém, de modo semelhante aos filhos dele, foge para Calpe, local das utopias revolucionárias. A intertextualidade com os romances *Muana Puó* e *O Cão e os Calus*, obras anteriores de Pepetela em que Calpe também está presente, é evidente. Só que, em *Parábola do Cágado Velho*, essa cidade surge não mais como espaço dos sonhos, mas como lugar de pesadelos, distopias, misérias e desencantos:

> Olhou para o lado da gruta e viu o animal, mas não a sua cabeça, tapada pelo capim. Estaria também o cágado a olhar para o mesmo sítio de onde ele não conseguira tirar os olhos? Nunca o saberia. E, no entanto, naquele momento achou que isso era inevitável. Quem sabe até era o cágado a causa do estranho fenômeno? Não são eles o alicerce do mundo, as bases de todos os tronos, a forma de Mussuma, a capital lunda? *Sabedorias antigas, hoje desprezadas pelos jovens que correm atrás de carros e modas, na busca ansiosa de Calpe e dos prazeres* (Pepetela, 1996, p. 39, grifos nossos).

Ulume sofre com a partida de Munakazi, mas essa nova perda o abala mais profundamente, pois o atinge também em seu machismo. A desorientação que lhe invade o âmago o leva ao desespero existencial. A dor, entretanto, instiga-lhe a consciência e ele, buscando o reequilíbrio, passa a efetuar reflexões importantes que são de ordem social e histórica. Confronta, então, os tempos antigos aos contemporâneos, percebendo certas semelhanças entre o terror exercido pelos sobas, no outrora, e o medo pelo clima tenso provocado pelas guerrilhas, nos tempos da pós-independência. Relacionando os ressentimentos entre os filhos, Luzolo e Kanda, e os partidos políticos do país, o MPLA e a UNITA, Ulume descobre que, em última instância, essa animosidade assinala o descompasso reinante entre as palavras antigas e as atuais:

Os antigos diziam as palavras eram tudo, eram força. Pode ser, no passado. Quando se usavam as palavras exactamente para se dizer o que se pensava e não como arma para confundir os outros. Para criar uma ponte entre Luzolo e Kanda não bastavam palavras, tinham mesmo de ser barrotes, troncos fortes e largos como os da mulemba ou mafumeira. E bem amarrados por cordas de mateba ou lianas. Aquela raiva toda ia alguma vez passar? Além dos troncos e das lianas, era preciso tempo, muito tempo. Mas havia uma pergunta que há muito lhe perfurava a cabeça e resolveu fazê-la a Kanda:

– Tu sempre foste esperto, por isso podes me explicar. Quem ganhou com esta guerra? Tu talvez tenhas ganho, pelo menos parece pelo aspecto. O teu irmão não tem nada. Quem ganhou, eu não sei. Quem perdeu, isso eu sei, fomos nós todos (Pepetela, 1996, p. 162, grifos nossos).

Essa lucidez em relação às perdas que, no contexto das guerras angolanas, afetaram mais os camponeses e os já oprimidos, ilumina a compreensão histórica de Ulume, anunciando-lhe um tempo de novos reencontros. Luzolo regressa, Munakazi também, mas o peso das tradições machistas e o orgulho do amor-próprio ferido o impedem de aceitá-la, embora se apiede dela pelos sofrimentos terríveis por que, em Calpe, a moça passara. Sente, então, a necessidade de retorno à Munda. Nesse momento, a curva da narrativa converge, oblonga, em forma de parábola, para o mesmo ponto fixo com que o romance se iniciara – "o da paragem do tempo":

Ulume deixou o animal beber e foi à entrada da gruta depositar fubá de milho. Depois foi ele próprio beber a água da sua infância. E uma alegria muito calma começou a preencher todos os seus vazios, com a pureza da água, com a mensagem do cágado, com o mundo voltado ao normal (Pepetela, 1996, p. 180).

Ulume reencontra a paz e, finalmente, decifra o enigma do cágado velho, cuja lição, alegoricamente construída, é a seguinte: só as tradições, a água da infância, ou seja, as águas míticas da memória, podem significar mais para os seres humanos que o tempo agressivo da história contemporânea, preocupada, principalmente, com questões de poder e progressos materiais.

Em *Parábola do Cágado Velho*, o fundamental é a crítica feita não só ao caos existente no presente de Angola, aos estragos advindos da guerra civil, mas também às contradições do antigamente, sem, entretanto, desacreditar do trabalho da memória, uma das formas ainda possíveis de resistir e de recuperar os vários rastros identitários formadores do tecido multicultural de que se constitui o imaginário social angolano. Descrevendo uma curva oblonga por várias épocas históricas, a narrativa penetra as dimensões míticas da memória, sugerindo, como estratégia para uma compreensão mais profunda dos vazios e lacunas da História, as *ruminações do tempo e do silêncio. Ruminações inconclusas*, que, não obstante, *trazem à consciência social o sentido vivo do silêncio* e *alimentam a própria atividade de narrar.*

Referências Bibliográficas

ANDERSON, Benedict. *Nação e Consciência Nacional.* São Paulo, Ática, 1989.

BENJAMIN, Walter. *Magia e Técnica, Arte e Política.* São Paulo, Brasiliense, 1984.

BHABHA, Homi. *Nation and Narration.* London, Routledge, 1990.

BOSI, Alfredo. *O Ser e o Tempo da Poesia.* São Paulo, Cultrix, 1983.

CHEVALIER, Jean & GHEERBRANT, Alain. *Dicionário de Símbolos.* Rio de Janeiro, José Olympio, 1988.

HOLANDA, Aurélio Buarque de. *Novo Dicionário da Língua Portuguesa.* 1. ed., 3ª impressão, Rio de Janeiro, Nova Fronteira, 1976.

HOLLANDA, Heloísa Buarque de. *Pós-modernismo e Política.* 2. ed., Rio de Janeiro, Rocco, 1992.

MOURALIS, Bernard. *As Contraliteraturas.* Coimbra, Almedina, 1982.

PAZ, Octavio. *Signos em Rotação.* São Paulo, Perspectiva, 1972.

PEPETELA. *Parábola do Cágado Velho.* Lisboa, Dom Quixote, 1996.

REDINHA, José. *Distribuição Étnica de Angola.* Luanda, Instituto de Investigação Científica de Angola, 1971.

REIS, Carlos e LOPES, Ana Cristina. *Dicionário de Narratologia.* Coimbra, Almedina, 1987.

SAID, Edward. *Cultura e Imperialismo.* São Paulo, Companhia das Letras, 1995.

STEINER, George. *Linguagem e Silêncio.* São Paulo, Companhia das Letras, 1988.

6

Notas sobre a Utopia, em Pepetela

BENJAMIN ABDALA JUNIOR*

Nesta semana de maio de 2001, a Universidade de São Paulo está discutindo o significado da Comuna de Paris, ocorrida há 130 anos. São 130 anos de um gesto libertário que veio a se atualizar em outros países, outras situações e em outros campos da atividade humana. Foram esses gestos que embalaram, mais próximos de nós, os sonhos dos cravos de Abril, em Portugal, e as revoluções africanas que encerraram séculos de colonialismo português. Na literatura, foi dominante nessa época toda uma tendência literária onde a condição de artista do escritor dialogava com a inserção ativa de sua cidadania. Aí estava Pepetela, um autor que veio a refletir em sua obra sobre os movimentos de ascensão e de queda dos sonhos libertários. Massacrada pela força da repressão externa, a Comuna de Paris ressurgiu na Rússia revolucionária de 1917. Após a ascensão, a queda foi motivada internamente pela brutalidade da tecnoburocracia que massacrou os sonhos neorromânticos de 1917. Esse modelo veio a se reproduzir depois, inclusive nos países africanos, como em Angola.

É diante dessa estrutura de ascensão e queda que nos parece possível situar a obra de Pepetela – uma das leituras

* Benjamin Abdala Junior é professor titular de Literaturas Africanas de Língua Portuguesa da Universidade de São Paulo (USP).

possíveis que temos feito em vários momentos. Essa estrutura tem-nos servido de modelo interpretativo para a análise do sentido político do mito de Ícaro, que nos parece fundamental para o estudo da trajetória artística de Pepetela. O mito é assim situado em sua historicidade. Não é retomado como articulações estabelecidas dentro de uma perspectiva positivista, a sua sucessão temporal de caráter retilinear, nem do eterno retorno cíclico, sem história. Preferimos situá-lo num entrecruzamento onde seu aparente retorno deve-se à reconfiguração da estrutura mencionada, de ascensão e queda, que não deixa, também ela, de se abrir, reciclando-se na atração de futuro.

Não se trata de visualizar na volta da estrutura o modelo cíclico ou retilinear da representação do tempo, mas de reconfigurá-la conforme o movimento dialético da espiral, que retoma, interfere e projeta essa forma. A forma artística, embalada por gestos criativos similares, retoma então o modelo e impulsiona-o, não permitindo assim que ele se petrifique.

Um mito – já afirmamos noutra ocasião – mais do que lenda, é portador de uma linha de vida, uma figuração onde fulgura o futuro. Não pode ser tomado, pois, como uma fábula fossilizada. "Na efabulação mítica, então, a vida não é um particípio, mas um gerúndio, um *faciendum* e não um *factum*" (Ortega y Gasset). O homem, na verdade, quer viver a história tornando-a sua história. Pretende dramatizar essa história, para fazer dela seu destino.

Por ser o mito uma expressão da vontade renovada de uma nova história, ele não apenas registra grandes histórias arquetípicas do passado, mas, sobretudo, materializa nossos impulsos em forma de narrativa. O mito é manifestação, assim, de um *continuum* que envolve historicidade e psiquismo humano. Todo mito, além de manifestar essa vontade de história, é também expressão de um drama humano condensado. E é por isso que todo mito pode facilmente servir de símbolo de situações dramáticas que constituem paradigmas culturais.

Quando analisamos a obra de Pepetela, procuramos vê-la nos gestos de seus atores, sejam eles personagens, narradores e as marcas implícitas do próprio autor. Seus heróis são paradigmas que não se circunscrevem apenas a Angola. Apresentam na verdade modelos de conduta extensíveis à condição humana – um paradigma do homem em geral em sua história e no seu impulso de transformação. O combate do herói – os seus gestos – é tanto uma luta histórica como psicológica, reafirmamos. Uma tensão que se efetiva por dentro e por fora do indivíduo, quer o tomemos enquanto personagem ou como sujeitos da enunciação desse discurso de ficção. Tal luta não se situa, pois, apenas como combate contra perigos exteriores, como costuma ser anunciado nas efabulações clássicas. É também uma luta explícita contra um outro "eu" desses sujeitos, que procura deter ou retardar a necessidade de conhecimento novo.

Voltemo-nos ao mito de Ícaro – narrativa de um paradigma cultural que tem embalado nossos sonhos, uma forma de representação de nossos impulsos, onde a busca da criatividade artística conflui para a aspiração, estruturalmente similar, de liberdade. Uma estrutura capaz de propiciar um diálogo com outras formas de sonho libertário. Desde a efabulação fundadora clássica, Ícaro, filho de Dédalo – um genial engenheiro – veio a se tornar historicamente um símbolo do desejo humano de voar. Manifesta essa *persona* uma vontade análoga àquela que motivaria Leonardo da Vinci, que criou o princípio dos aviões na Renascença italiana, ou séculos mais tarde à de Santos Dumont que deu a volta na torre Eiffel com o seu 14 Bis. Gagárin, mais próximo de nós, foi o primeiro homem a ingressar no espaço exterior e Armstrong o primeiro a chegar à Lua.

Pois bem, voltando-nos à Grécia clássica, diz o mito que Dédalo e seu filho Ícaro estavam presos no Labirinto que ele próprio construíra para o rei Minos, de Creta. Para se libertarem, olhando para o espaço de liberdade possível – o céu –, entendemos, Dédalo imaginou dois pares de asas – para ele e para seu filho. Traduziu sua imaginação em projeto, construindo um artefato que afinal os libertou do Labirinto. Pela elevação, para o céu, Dédalo, juntamente com o filho, afastou-se, assim, da armadilha que ele próprio construíra, de acordo com a efabulação. Uma prisão histórica e psicológica, entendemos, por referência à estrutura dessa forma de representação dos impulsos humanos. Por certo, pelo alto, essas personagens poderiam conhecer também a configuração do Labirinto. A ascensão – isto é, a imaginação – pode propiciar a compreensão do enigma, desvendando-o em suas linhas estruturais, isto é, decifrando e relativizando o que era considerado indecifrável.

Ao movimento de ascensão da personagem mitológica sucede-se o da queda. Antes da partida, Dédalo aconselhou seu filho a voar numa altitude média. Um ideal clássico de equilíbrio, para que ele, em voo baixo, não se aproximasse do oceano, reino de Netuno, correndo o risco de tocar as asas nas águas; ou, em sentido contrário, em voo alto, não se aproximasse da morada dos deuses celestes, correndo o risco de se queimar pela ação dos raios do Sol. Como se sabe, as asas eram de cera e foram construídas por Dédalo, com engenho e arte, fixando na cera penas de pássaros que caíam dentro do Labirinto. Deslumbrado com a liberdade do voo, isto é, conforme estamos lendo, com a sede de conhecimento que vinha da ascensão, o jovem Ícaro aproximou-se do Sol, dando sequência então a seu destino trágico conhecido de todos nós: derreteram-se suas asas, sem que o pai se apercebesse, vindo a ocorrer em consequência sua queda e morte nas águas do oceano. Cada uma das asas, continua a narração mítica, formou uma ilha, originando o arquipélago das Icáricas. Se observarmos hoje o mapa da Grécia, podemos verificar que essas ilhas já estão fora dos domínios coercitivos do mar de Creta...

É assim que podemos ler a obra de Pepetela em sua trajetória artística, quer focalizemos as atitudes das personagens, quer o desenvolvimento do conjunto de sua obra. Em suas primeiras produções, embalado por um sonho equivalente ao de Ícaro, Pepetela constrói imagens literárias, que podem ser situadas como materialização de um sonho prospectivo, certamente latente na própria realidade. Como imagem dessa realidade humana em forma de amanhã, podemos situar a construção de *Mayombe*, romance escrito por Pepetela em plena guerrilha nos inícios da década de 1970, já por nós abordado noutros textos. Valendo-se de sua ascensão, o narrador constrói seu romance valendo-se de uma perspectiva aérea. Assim, constrói a imagem da selva (Mayombe), vendo-a de cima como um formidável conjunto de árvores – umas mais fortes, outras nem tanto – árvores que se encontram no entrecruzamento dos galhos. Assim, compacta, a floresta (imagem de Angola) pode resistir e persistir – uma reunião simbólica de indivíduos e etnias diferentes do país. Estava latente nessa imagem a ideia de um estado-nação que contemplasse dialogicamente a diversidade dos povos angolanos e também a ideia de que o próprio processo de luta pela independência pudesse aplainar as diferenças entre eles, menos através do perverso deslocamento das populações acarretado pela guerra e mais pelo desenvolvimento de uma práxis entre os revolucionários que relevasse a humanidade latente nos indivíduos. É o caminho ficcional iniciado com *As Aventuras de Ngunga* e que se torna mais crítico e problemático em *Mayombe.*

Essa imagem central da floresta Mayombe aponta igualmente a configuração da narrativa: cada capítulo traz-nos mais de um narrador assumindo o procedimento narrativo. Também aí o conjunto do romance faz-se através de vozes particularizadoras que confluem para o conjunto. Poder-se-ia dizer que a energia que provinha da diferença de universos-ilhas presentes em cada personagem ou em cada capítulo alimentava o conjunto de uma totalidade dialógica sonhada pelo escritor. Essa imagem da floresta é evidentemente recurso estrutural do romance: cada capítulo tem – como os troncos de árvores diferentes, mais ou menos desenvolvidos – narradores diferentes, costurados desde a posição elevada do narrador.

Como no voo de Ícaro, de cima ele tem condições de entender as configurações dos labirintos sociais e políticos, historicamente construídos pelos próprios pais. Pepetela acredita na possibilidade de realização dessa utopia libertária, que não é abstrata. Não se configura num modelo ideal sem projeto. É um processo que, uma vez instaurado, mesmo se não for atingido (por certo, pode-se dizer *a priori* que não o seria em sua plenitude) ele traz mudanças só possíveis pela ação do sonho de uma realidade futura, que não deixa de fulgurar no presente, pois nele está latente.

A "ilha" Mayombe situa-se como núcleo simbólico do conjunto do país e é aí que se situa a integridade psicológica do autor, suas aspirações libertárias. A visão do narrador contempla igualmente as particularidades dos atores históricos de sua terra, pois que das copas das árvores desce até os troncos-indivíduos, justamente para colocá-los como atores históricos problemáticos, diante de situações políticas igualmente problemáticas, próprias do que se convenciou chamar de socialismo real. Os caminhos, como nos *furos* amazônicos de *Quarup*, não são nítidos e são veredas, ao contrário dos discursos monológicos da ideologia oficial. A ideologia, por sua vez, por procurar justificar o passado, reproduz burocraticamente suas formas rituais. Um olhar que é inverso da perspectiva do narrador; este, em seu movimento de ascensão, aspira à compreensão do conjunto labiríntico, que enreda a todos – a ele e outras *personas* de seu romance.

Historicamente, como é conhecido, Pepetela situa-se numa geração de estudantes que se articulou em Lisboa, em torno da Casa dos Estudantes do Império e de sua utopia social, configurada politicamente nos movimentos de libertação nacional. O registro dessas aspirações está no romance *A Geração da Utopia,* escrito no momento em que se prenunciava a queda do assim chamado socialismo real, que burocrativamente colocou o socialismo em articulações labirínticas. A trajetória do herói desse romance vai contra esses labirintos e é motivada por gestos similares aos da personagem central de *Mayombe*.

Seu destino vai ser outro, entretanto: ele sobreviverá, mas continuará um *herói de tragédia*, como explicita o narrador de *Mayombe*, ao situar seu herói como Ogum, o Prometeu africano. Na queda desses heróis, a paixão do voo será exaltada. Se o herói de *Mayombe* se consubstancia em outros atores, em razão de seu não-lugar, – pois, segundo um dos narradores do romance, ele "[...] Terá nascido demasiado cedo ou demasiado tarde? Em todo caso, fora de seu tempo, como qualquer herói de tragédia" –, o herói de *A Geração da Utopia* terá outro destino.

Após a queda do voo, este último herói vai para o sul do país, para viver com integridade sua ilha pessoal. Se as asas de seu voo simbólico não foram suficientes para atingir uma radicalidade utópica, encolhe-se então, circunscrevendo-se, na aparência, a sua ilha. Psicologicamente, os problemas são aí correlatos e seus gestos continuam similares (confluência de níveis de identidade – da individual à nacional). Os voos interiores – é essa a expectativa criada pelo romance – precedem os pessoais. Estes, na verdade, metaforizam aspirações mais amplas, que chegam ao centro político do país. Pepetela por embalar-se na corrente "quente" da utopia não aceita arremedos. Sonha com um futuro autêntico, que não encontrava na práxis dos atores políticos da Angola liberta.

E o seu herói, após a queda de seu voo libertário, preserva sua integridade numa espécie de "ilha", um espaço aparentemente à margem do sistema, mas que paira por sobre a cabeça como identidade individual. Mantém essa identidade e em sua função vai penetrar num cavernoso labirinto marítimo, de caráter simbólico, para eliminar o seu "minotauro" abissal – um polvo gigante (imagem de um Estado opressivo, com seus tentáculos), fantasmagoria que o perseguia desde a infância. A elevação dada pela experiência do voo permite que ele conheça o rito do animal, que acaba assim destruído.

A partir desse momento catártico, o herói se revitaliza – fato que lhe permite amar com plenitude uma antiga companheira dos tempos da Casa dos Estudantes do Império (premiação similar à das ilhas das orquídeas e dos Amores). É curioso observar que o labirinto foi penetrado e resolvido seu enigma pela elevação da personagem, circunstância que lhe propiciou conhecimento próprio, não necessitando, como Teseu, de uma

Ariadne, que na efabulação clássica era filha de rei. No labirinto maior de seu país, pode, então, vislumbrar alguma luz em novos atores sociais jovens, que parecem ter gestos próprios, diferentes mas equivalentes aos de sua geração. A energia – o princípio de juventude – sensibilizando, assim, novos atores. Nova ascensão, pois, numa situação histórica que o narrador ainda observa.

Talvez pudéssemos situar Pepetela analogamente a seu cão de *O Cão e os Caluandas*. Toda a ação desse cão se faz contra a tecnoburocracia instalada no poder. Com muita ironia o escritor vai antecipando as formas rituais de um socialismo epidérmico, que vive de falas vazias e não dá conta dos problemas de seu país. O cão solidário não as aceita e as desmascara em situações bem-humoradas. Termina já velho, sem dentes, mas com uma força capaz de destruir uma simbólica buganvília (o estado burocratizado) cujos galhos, em crescimento avassalador, estão destruindo a casa angolana. São aqueles abraços amorosos que sufocam. No epílogo, resta então ao cão refugiar-se numa ilha, por certo a ilha do mussulo, e de lá continuar a olhar para horizontes mais largos, sonhando com encantadoras sereias. É dessa forma, na descida numa ilha – a da escrita literária – que o ator social (cidadão e escritor) preserva o sentido de seus gestos, certamente ganhando força para novas ascensões, seja através dele próprio ou da veiculação para outros atores da práxis social que embalou sua geração.

7

O Desejo de Kianda: Crônica e Fabulação

MARIA THEREZA ABELHA ALVES*

O dom de despertar no passado as centelhas da esperança é privilégio exclusivo do historiador convencido de que também os mortos não estarão em segurança se o inimigo vencer.

WALTER BENJAMIN[1]

O romance de Pepetela, *O Desejo de Kianda*[2], oferece ao leitor um painel da atual realidade angolana, através de duas metáforas: uma de conjunção e outra de disjunção. De caos trata esta, como a visão do *Angelus Novus*, de Klee, sobre o tempo que foi: "catástrofe única, que acumula incansavelmente ruína sobre ruína"[3]. De alianças trata aquela. No primeiro parágrafo do livro, a um só tempo, unem-se as duas metáforas e inaugura-se uma absurda relação de causalidade com a qual se ironizam as explicações que, fora do contexto angolano, têm sido elaboradas sobre o país:

> João Evangelista casou no dia em que caiu o primeiro prédio. No largo do Kinaxixi. Mais tarde procuraram encontrar uma relação de causa e efeito entre os dois notáveis acontecimentos. [...] A existir relação, parece claro ser o casamento a causa e nunca suicídio do prédio. O problema é que as coisas nunca são tão límpidas como gostaríamos (p. 7).

* Maria Thereza Abelha Alves é Professora Titular de Literatura Portuguesa nas Faculdades Jorge Amado.

1. Walter Benjamin, "Sobre o Conceito de História", em *Obras Escolhidas*, I. *Magia e Técnica, Arte e Política*, 3. ed., São Paulo, Brasiliense, 1987, p. 224.
2. Pepetela, *O Desejo de Kianda*, Lisboa, Dom Quixote, 1995.
3. Walter Benjamin, *op. cit.*, p. 226.

A narrativa se constrói no sentido de tornar "límpida" esta causalidade deficiente que coloca a disjunção como resultado da conjunção. Para tanto, o narrador adota dois registros do contar que se imbricam sem se confundirem, impressos que são em tipos diferentes no corpo da narrativa. Em um deles assume o papel do cronista que, diante de um quadro de referências, elabora o material proveniente de muitos *shifters* de escuta, de muitos "mujimbos", para tornar significativo o cotidiano, "historiador" que é em busca das "centelhas de esperança". No outro, assume a voz do tradicional contador de estórias que cria o mundo através da fabulação lendária com que animiza os quatro elementos naturais. A perplexidade diante do real, que é captada pela crônica, encontra sua explicação no surreal que a fabulação edifica. Na matéria lendária, Kianda, o espírito das águas, libera seu canto que fora soterrado pelo colonialismo, com o intuito de restaurar a antiga geografia do Kinaxixi. Kianda redesenha o mapa que o Império Português alterou, devolvendo à Praça seu antigo estatuto de lagoa, devolvendo à ilha de Luanda, que em península fora transformada, sua insular configuração. Na matéria referencial, entre o pó dos escombros dos prédios que caem, pinta-se um país destruído, minado internamente, a desabar em consequência tanto dos esquemas de corrupção quanto da perda de valores da classe dirigente. Caótica é a paisagem de ruínas que se ilustra. Apocalíptica é a crônica. Embora estudiosos nacionais e estrangeiros tentem teorizar sobre os acontecimentos que se verificam em Luanda, não se encontram explicações científicas para a sucessiva queda dos prédios do Kinaxixi, queda que, estranhamente, não causa ferimentos às pessoas, nem danos materiais aos utensílios domésticos, apenas provoca destruição aos edifícios. Não se encontram, também, justificativas convincentes para o aparecimento de uma água escura, cada vez mais volumosa, junto aos escombros formados. Tão misterioso fato será o objeto do cronista. Interessante inversão é esta: a crônica cujo sentido primeiro é o de vincular tempo e realidade, domínio, portanto, da história, apresenta, como ponto de partida, um elemento mágico, pertinente à lenda. Evidencia-se, assim, não só o caráter ficcional do relato, como também a opção de uma escrita em construir-se enquanto verdade teorética sem olvidar o tradicional contributo do mito; antes, pelo contrário, utilizando-o como geratriz que qualifica e anima, utilizando-o como perspectiva para a leitura do mundo, utilizando-o, em suma, por reverência à angolanidade, enfim, opção política de um narrador que sabe que "a verdade não é desnudamento, que aniquila o segredo, mas revelação que lhe faz justiça"[4]. É, pois, no prisma da magia, do mistério, do segredo, que a realidade é refratada, desvelando as negativas cores com que o presente a pintou. Surgem, então, fatos concretos da recente história de Angola: as últimas eleições, a guerra civil, a abertura à economia de mercado, o surgimento de novos partidos políticos, a corrupção do poder, a pauperização da massa, o enriquecimento ilícito de uma elite emergente. Muitas alianças se encobrem sob tais fatos. Afinal, como apregoa o narrador, "as coisas nunca são tão límpidas como gostaríamos" (p. 7). Na descrição dos acontecimentos, as alianças afloram, explicando a decadência do quadro referencial, sua desqualificação. Ilumina-se, então, um Estado movido pelos interesses das classes dominantes e que a favor delas aciona seus aparelhos, quer ideológicos – igreja, imprensa, cultura, partidos políticos – quer repressivos, seus "ninjas" (p. 117), combinando-os na ciranda do poder. O sistema das diferentes igrejas aliado está ao político. É de lembrar que, em *A Geração da Utopia*[5], Pepetela já abordara esta aliança, fazendo Vitor, antigo combatente das lutas pela libertação e atual membro do poder, associar-se a Malongo, um neoburguês, e a Elias, um pastor oportunista, na construção da Igreja da Esperança e Alegria do Dominus cuja ideologia era menos a transcendência que o capitalismo

4. Walter Benjamin, *Origem do Drama Barroco Alemão*, São Paulo, Brasiliense, 1984, p. 53.
5. Pepetela, *A Geração da Utopia*, Lisboa, Dom Quixote, 1993.

selvagem. Em *O Desejo de Kianda*, esta aliança se ratifica, ou evidenciando a equivalência do pensamento do pastor que fazia "um discurso inflamado [por] cima de um monte de destroços" (p. 39) com o do "orador dum partido recém-criado" (p. 44) que o substitui na tribuna de ruínas, ou salientando que "em tempos tão difíceis, qualquer padre tem de defender o posto e o sustento" (p. 45), tem, pois, que se sujeitar ao jogo de patrocínios e influências, ou iluminando, para exemplo do presente, a lição que tal aliança deixou no passado. Se antes fora respaldo ao imperialismo, como o comprova a difusão da crença de que a Virgem Maria comandara o exército português contra o rei do Kongo na batalha de Ambuíla (p. 11), certamente é, agora, respaldo, igualmente nefasto, a um novo imperialismo. Do mesmo modo, o sistema das diferentes fontes de informação (imprensa, rádio, televisão) aliado está ao poder, o que se patenteia seja através da referência aos "enlatados" televisivos que veiculam, ideologicamente, o novo colonialismo e sua violência (p. 12), seja através da constatação de que internacionalizadas estão as notícias, o que evidencia tanto a manipulação do saber, quando se expõe que a BBC e a Voz da América talvez "soubessem mais do que passava em Luanda que ela própria" (p. 51), quanto as novas formas de domínio, quando se percebe que os documentários europeus focalizam, com extrema parcialidade, os fatos sucedidos em Angola, seja através da denúncia de que a imprensa só publica o conveniente, seja através do confronto que é feito entre as coincidentes versões de testemunhas anônimas e a versão oficial fornecida pela mídia. A aliança dos meios de comunicação com o poder dissemina não o fato como tal mas, em seu nome, uma forma inconfessada de dominação política. Semelhante é a aliança do poder com o sistema cultural. A vincar a identidade ideológica que os une, desce pelos ares, juntamente com o primeiro prédio que cai, uma cama enorme "com um casal nu, apanhado em pleno acto de amor. Nada de assinalável, se não se tractasse de dois homens, figuras públicas de destaque, um da política e outro das artes" (p. 10). O relacionamento homossexual é convocado para explicitar o caráter narcísico de uma arte que se espelha na ideologia dominante. Todos estes "Aparelhos Ideológicos de Estado" concorrem para um mesmo fim: a reprodução das relações capitalistas de exploração, como definiu Althusser[6]. Todas estas alianças apontam para uma ética duvidosa que insinua que a construção do Estado se faz passando pelas vinculações e não as rejeitando, que a construção da independência econômica e política se firma pela dependência, por meio da arte de submeter princípios a lucros.

Metonímia de todas essas alianças é o casamento de João Evangelista com Carmina Cara de Cu. Era ele proveniente de uma linhagem de religiosos, foi educado na Missão de Huambo onde seu avô Rosário Evangelista pregava, transferiu-se para Luanda a fim de frequentar a Universidade, o que não chegou a fazer. Era ela uma jovem que "não tinha boa fama junto das pessoas mais velhas" (p. 8) porque invertia as características tradicionais da sociedade angolana. CCC, como era conhecida, mandava na mãe e nos irmãos, ao se casar presenteia o marido com um computador, num alembamento às avessas, recusa ter filhos, e, como era "decidida em artes de mando" (p. 9), lança-se à política, fazendo parte da bancada majoritária do Parlamento. O noivado e o casamento de ambos expõem o jogo do poder e as alianças políticas marcadas pela corrupção, pelos favoritismos e arranjos que criam para a noiva "uma missão de serviço fictício a Roma, paga evidentemente pelo Estado, para comprar o enxoval" (p. 13), que permitem a ela "traficar" e legalizar "as chaves dum apartamento em óptimo estado" (p. 9), que conseguem para o noivo um emprego "numa empresa estatal que dava condições excepcionais aos trabalhadores" (p. 9), entre elas o absenteísmo remunerado. O presente dado por Carmina ao marido, bem como as vantagens que o casamento garante a ele servem para subjugá-lo, anestesiando-lhe a consciência. Se,

6. Louis Althusser, *Ideologia e Aparelhos Ideológicos de Estado*, Lisboa, Presença, 1974, p. 63.

no início da união, Evangelista observa que as atitudes da mulher são pouco ortodoxas para quem se diz socialista e, no viés irônico de suas perguntas, ousa incriminá-la, à medida que vai usufruindo dos esquemas de CCC, vai perdendo a capacidade de questionar, vai perdendo o dinamismo, vai-se tornando "falho de vontade, quase abúlico, comodista, sem gosto pela aventura ou mesmo pela novidade. Quer dizer, um banana, um destinado a falhado. Competente no sexo, isso sim, mas nesta terra não era grande feito" (p. 23), assim, num momento de autocrítica, ele próprio se define como possuidor daquelas mesmas qualidades negativas que o colonizador conferiu aos colonizados quando criou o mito do "nativo indolente e fornicador".

Paralelamente à inércia do marido, Carmina, valendo-se de seus conhecimentos, do lobbysmo na intermediação de favores, da troca de influências e da política de privilégios, mais ativa se torna e muito mais rica. Aproveitando a onda de consumismo gerada pela economia de mercado, torna-se proprietária de uma firma, muito útil na época da guerra pela importação de armas, a que confere o nome de "Ultramar Import-Export". O neoimperialismo econômico inscrito está em tal denominação, quer através do sugestivo binômio em inglês, quer pelo ranço do antigo imperialismo que persiste no vocábulo "ultramar". Com as comissões recebidas na venda dos importados, o patrimônio do casal cresce a ponto de remeter divisas para "Sugaland, o novo paraíso fiscal" (p. 58). Carmina não abandona a política para se tornar empresária, acumula os dois cargos e, despudoradamente, reconhece que tão antiética aliança é a base de sustentação do modelo neoliberal, argumentando com o marido que "as duas coisas [política e empresariado] casam perfeitamente, uma actividade ajuda a outra" (p. 22). Comprovando que o inconsciente é o corpo, CCC, quando se sente ameaçada e temerosa de perder os privilégios, emagrece e, pelo contrário, quando se sente segura, engorda. A narrativa a surpreende ligada à comida, ou na hora do almoço, ou na hora do jantar, ou nas frequentes idas aos recém-inaugurados restaurantes onde comunica ao marido, entre um bom prato e um *whisky* envelhecido, seus novos planos de enriquecimento. Através da metáfora da comida, faz-se uma denúncia de que a mesa é o local onde se consomem e se digerem esquemas de corrupção e é, também, por isso mesmo, o símbolo de que poucos vivem do que a muitos falta.

O casal representa a nova burguesia e a elite política que "tenderam a substituir a força colonial por uma nova força de tipo classista, em última análise exploradora, que reproduzia as velhas estruturas coloniais em novos termos"[7]. Assim Carmina, como os antigos colonizadores, reproduz a dialética imperialista que opõe *nós* e *eles*, modifica o nome da empregada doméstica como era prática das senhoras coloniais e, ao julgar que a elite política de que fazia parte poderia ser derrotada na Guerra Civil, pensa em "arranjar um lugar num avião para bazar" (p. 50), assim como os portugueses fizeram vinte anos antes. CCC, Carmina Cara de Cu, como o Comitê Central do partido governista. Nas iniciais lê-se o uso retórico da metonímia: a militante do partido e o próprio partido se identificam. O narrador, com amarga ironia, sublinha esta relação metonímica numa frase em que ecoa a mais conhecida das injúrias da língua portuguesa: "Carmina era sem dúvida uma filha do seu partido" (p. 73). Em CCC, lê-se, ainda, a falácia dos programas políticos escamoteada pela sigla. Assim, os esquemas em que Carmina se envolve desvelam a corrupção governamental, ora aludindo às compras desnecessárias efetuadas pelo poder (o computador que oferece ao marido como prenda de casamento faz parte de uma dessas compras), ora sublinhando o descaso das autoridades para com o povo, ora aludindo aos interesses particulares que se escondem sob o plano de venda das estatais, ora atrelando a queda moral do funcionalismo à política de baixos salários, ora ressaltando o desleixo com a educação e com a saúde.

7. Edward W. Said, *Cultura e Imperialismo*, São Paulo, Companhia das Letras, 1995, p. 282.

Anestesiado em seus evangélicos brios pelas benesses que a aliança com CCC lhe proporciona, João encontra, no computador, o meio eficaz de contornar o irredutível conflito entre *ethos* e *bios*. Benjamin se perguntava "Será que o gosto pelo mundo de imagens não se alimenta de uma sombria resistência contra o saber?"[8] e é justamente para não saber, ou para esquecer que sabe que João Evangelista "Se lançou ao jogo em desespero, esquecendo a vida" (p. 100), fazendo-se prisioneiro voluntário das consoladoras imagens do "jogo dos impérios" ou do jogo da "Criação das Civilizações" que vê no monitor. A atitude de João é fruto de um momento de autocrítica que o faz usar o computador como um fetiche. Mobilizado pelo jogo, aliena-se da realidade. A função ideológica da técnica nele se cumpre. Habermas[9], considerando a tese de Marcuse segundo a qual técnica e ciência, no mundo contemporâneo, legitimam a dominação, aponta para a uniformização das normas de comportamento geradas por uma cultura enrijecida pelo *know-how* tecnológico. Semelhante padronização comportamental se apresenta, no romance, quando se relacionam os eletrodomésticos que junto com os prédios caem: "todos os vizinhos compravam o mesmo tipo de geleira [...] e as televisões? Não têm nada lá dentro que as distinga umas das outras" (p. 36), portanto, todos fazem uso das mesmas máquinas. É o endeusamento da máquina e da tecnologia que transforma o computador em fetiche, ferindo uma das condições básicas da existência, isto é, o exercício da linguagem, pelo desejo de superar, cada vez mais, o poder de manipulação técnica. Onde a comunicação é deformada, substituída pela *game-anestesia*, as legitimações que velam a ideologia não podem ser contestadas. O presente dado por Carmina a João não foi inocente, como não são inocentes os títulos dos disquetes que dizem de impérios e civilizações.

8. Walter Benjamin, *Obras Escolhidas*, II. *Rua de Mão Única*, São Paulo, Brasiliense, 1987, p. 265.
9. Jürgen Habermas, "Técnica e Ciência enquanto 'Ideologia'", em *Os Pensadores*, XLVIII, São Paulo, Abril Cultural, 1975, pp. 303-333.

Ilustrando não só o papel deletério da tecnologia, bem como o caráter metafórico que ela assume no romance, é feita a alusão "à ultima aquisição do oficial de artilharia Joaquim Domingos, conhecido pelos seus subordinados pela alcunha nem original nem abonatória de Peido Mestre" (p. 20). O oficial adaptou um barco da Marinha de Guerra, já que "em Angola a paz se instalara para toda a eternidade, segundo dogma oficial" (p. 20), para as lides pesqueiras com as mais modernas tecnologias de ponta. Apesar de contar com lança-arpões dirigidos a *laser*, Peido Mestre apenas destrói os cardumes, transformando-os em "rastos sanguinolentos" (p. 21). Joaquim Domingos é a grande obsessão de Carmina, seu tutelar-modelo, não poderia, pois, ser mais explícito o sentido do aparato tecnológico da pescaria e o sentido da destruição dos peixes. Marcuse tinha razão.

Enquanto Carmina se enriquece, João conquista impérios virtuais e os prédios do Kinaxixi desabam. Esclarecida se torna a relação de causa e efeito que abre o romance. De fato, a conjunção leva à disjunção. A queda dos prédios é sempre motivo de conversa e "mujimbos", cena de linguagem portanto, o que lhe desvenda o caráter metafórico: a ruína do Kinaxixi (ou de Luanda, ou de Angola) é fruto das alianças, versão veiculada pelo cronista através de um discurso muitas vezes irônico, algumas vezes judicativo. Já o discurso do fabulista é tecido com poéticas imagens. Os edifícios caem e não provocam barulho, "apenas uma ligeira musiquinha de tilintares, como quando o vento bate em cortinas feitas de finas placas de vidro" (p. 10). Essa melodia, praticamente inaudível, une o "síndroma de Luanda" (p. 82), que é exposto na crônica, à lenda de Kianda, que a fabulação resgata.

Os sete primeiros fragmentos da lenda podem ser lidos como uma nova criação. Evoluem eles em três direções: diz respeito a primeira à natureza do canto de Kianda que, de "suave, doloroso" (p. 14), passa a "menos triste e mais vitorioso" (p. 110); diz respeito a segunda à recepção do canto que, de início, "ninguém ouvia" (p. 15) e, posteriormente, é ouvido pela menina Cassandra que o passa ao velho Kalumbo; diz respeito a terceira à compreensão do canto que não se dá no começo, porém vai sendo conseguida pouco a pouco até que Cassandra compreende todo o lamento de Kianda e descobre seu desejo. Kianda se

> [...] queixava de ter vivido durante séculos em perfeita felicidade na sua lagoa, até que os homens resolveram aterrar a lagoa e puseram cimento e terra e alcatrão por cima, construíram o largo e os edifícios todos à volta. Kianda se sentia abafar, com todo aquele peso em cima, não conseguia nadar, e finalmente se revoltou. E cantou, cantou, até que os prédios caíssem todos, um a um, devagarinho, era esse o desejo de Kianda (p. 109).

De onde Kianda canta? Qual espaço é o seu? Quais suas águas? Junto de um edifício inacabado, no largo do Kinaxixi, edifício que vai sendo ocupado pelos desabrigados do "síndroma de Luanda", formou-se uma poça que "parecia de cano de esgoto" (p. 14), suas águas "verdes e putrefactas" (p. 14) foram-se tornando mais volumosas e retomando o seu primordial estado feminino e fecundante. Nela nascem girinos, rãs e peixes, dela brota o cântico de Kianda, a um só tempo destruidor e construtor. À medida que o canto de Kianda se torna mais forte, mais água brota da terra, refazendo a antiga lagoa que havia no local e de cuja existência João Evangelista toma conhecimento através da lenda da mafumeira que chorou sangue que os escritores, "Luandino Vieira e Arnaldo Santos, grandes sabedores das coisas de Luanda" (pp. 46-47), lhe contam.

O cântico, que a princípio era inaudível "estava lá, desde há muito tempo, quem sabe se mesmo desde o princípio dos tempos" (p. 35). Ouviu-o a menina que tinha nome de pitonisa e que anunciou, como sua homônima, um advento; ouviu-o o velho Kalumbo, cego como os oráculos e, como eles, sabedor das coisas passadas e das vindouras; acreditaram nele, ou na força da lenda como "verdade" da nação, os dois escritores de Luanda. A menina e o velho, porque afastados dos esquemas do poder, são capazes de ouvir o canto. A ele não se fazem surdos os artistas autênticos, por não serem repetidores do poder. O velho está aberto à tradição porque a recita, a criança porque ainda não perdeu a magia, os artistas porque encontram nela a tinta com que escrevem o mundo. São estes marginais ao sistema que estão capacitados a buscar no passado as centelhas de esperança e os índices de transformação que ficaram soterrados. É precisamente o elemento marginal que potenciará, na crônica, vozes novas a reproduzirem o canto-desejo que na fabulação se expressa, pois as zonas lacunares, onde o poder não chega, são os espaços privilegiados do exercício da cidadania e que, na maioria dos casos, contradizem as leis absurdas. É de notar que a primeira frase que Cassandra consegue decifrar é a mesma que ouvira proferida pelos meninos de rua e pelas kínguilas: "Que caiam um a um devagarinho" (p. 82), cujo sentido literal remete à queda dos prédios mas cujo sentido alegórico remete ao que eles representam como símbolos que são do imperialismo passado e presente.

A crônica surpreende duas cidades paralelas em Luanda: uma protegida pelos espaços fechados, tais como casa, restaurante, carro, e outra desprotegida na rua. Esta é a Luanda dos desabrigados, dos despossuídos, dos despidos que, traduzindo o cântico de Kianda, no tempo da morte das utopias, reinventam a revolta para aniquilarem o absurdo, reinventam a revolta para com ela restaurarem a crença no futuro. Honório, em cujo nome *honor* se inscreve como metonímia do exército de nus, reconhece: "Passa a haver uma luta de classes nesta sociedade, entre os vestidos e os nus. Quiseram matar o Marx antes do tempo, ele está a caminho para a desforra" (p. 112). É interessante ponderar que esta fala de Honório, de alguma forma, corresponde a um dos jogos vencidos por João Evangelista na conquista dos impérios, entre os chefes abatidos por João estão Marx e Lênin. Há um provérbio que se repete no romance: "Quando a corrente do rio é forte, o caranguejo só baixa a cabeça" (p. 59), ele não se esconde, ele não foge, ele permanece à espera para, finalmente, levantar a cabeça. Honório ilustra o provérbio quando se explica a João: "Queremos dinamizar um movimento de revolta que obrigue o Estado a ignorar as ordens do FMI, que estão a empobrecer cada vez mais os cidadãos para benefício dos estrangeiros e de alguns corruptos" (p. 114). Todos aqueles que lançaram "o nu como traje nacional" (p. 110) também são outros tantos caranguejos, englobados no discurso em primeira pessoa do plural de Honório. Os dois últimos fragmentos da lenda prometem a libertação e ensejam uma nova utopia: "o prédio em construção se desfazia também em notas de música. Mais velho Kalumbo voava, cego, feito pássaro" (p. 118), enquanto "Cassandra sentiu o apelo que vinha das águas da lagoa" (p. 118) e "Kianda ganhava o alto mar finalmente livre" (p. 119).

Benjamin considera como um dos fundamentais deveres do escritor consciente a restauração da esperança aniquilada ou arruinada[10] pelos discursos ideológicos que organizam o espaço através do autoritarismo, do monologismo e do domínio. Pepetela é um escritor consciente que sabe que os mortos da "geração da utopia" que fizeram a independência do país não estarão em segurança se o capitalismo selvagem, novo imperialismo, novo inimigo, vencer. Por isso em *O Desejo de Kianda* busca a "verdade" do ficcional na confluência do referencial, do sonho e do desejo. Ainda que caótica para o presente, através das imagens de apocalíptica ruína (*Apocalipse* de um outro João Evangelista), a apreensão do mundo é utópica para o futuro, porque é projeção imaginária do possível. Fazendo os "caranguejos" levantarem a cabeça e fazendo Kianda nadar num já agora "*mare nostrum*" (p. 33), Pepetela rouba às antigas lendas os conteúdos de sonho que lá ficaram soterrados e com eles ilumina sua hipótese de futuro. Precioso livro é este "por quanto o que nele está se mescla com o que poderia ter havido; o que nele há se combina com o desejo de que estivesse; e que por isso passa a haver e a estar"[11].

10. Flávio René Kothe, *Para Ler Benjamin*, Rio de Janeiro, Francisco Alves, 1976, p. 100.
11. Luiz Costa Lima, *Sociedade e Discurso Ficcional*, Rio de Janeiro, Guanabara, 1986, p. 195.

8

Pepetela: A Releitura da História entre Gestos de Reconstrução*

INOCÊNCIA MATA**

> *O historiador não é apenas o mediador entre o passado e o presente; tem igualmente a tarefa especial de reunir dois modos de compreensão do mundo que costumeiramente estariam invariavelmente separados.*
>
> HAYDEN WHITE

Afirmar que em 1997 Pepetela ganhou o Prémio Camões, o maior galardão literário de Língua Portuguesa, é uma grosseira banalidade; mas talvez seja uma ideia afirmar que, ao fazê-lo, o júri distinguia não apenas um dos mais interessantes escritores de língua portuguesa, mas também o seu país, Angola, o quarto espaço deste idioma, depois do Brasil, de Moçambique e de Portugal.

É que Pepetela é um dos grandes construtores desse espaço.

Nascido em 1941 em Benguela, sul litorâneo de Angola, aí fez os estudos secundários, após os quais veio para Portugal; em Lisboa, onde publica o seu primeiro conto que se conhece[1] e se

* Palestra proferida na 3ª Edição da Festa da Língua Portuguesa – Encontro de Escritores distinguidos com Prémio Camões – Câmara Municipal de Sintra – 7/9 de maio de 2001.

** Inocência Mata é Professora de Literaturas Africanas de Língua Portuguesa na Universidade de Lisboa.

1. Artur C. Pestana,"Velho João", *Mensagem,* ano XIV, nº 2, Lisboa, Casa dos Estudantes do Império. Artur Pestana, ou Carlos Pestana, publicou ainda alguns poucos contos: "As Cinco Vidas de Teresa", em Garibaldino de Andrade e Leonel Cosme (org.), *Novos Contos d'África,* Sá da Bandeira, Col. Imbondeiro, 1962; "A Revelação", em João Alves das Neves, *Poetas e Contistas Africanos,* Porto Alegre, 1963; "O'Lembi – Histórias de Vovó", "Cachipa – Velho Moleque", "Azar de Gato" e "Recordações de Vovó", todos publicados

confraterniza no mítico círculo da Casa dos Estudantes do Império e frequenta o Instituto Superior Técnico e a Faculdade de Letras de Lisboa; de Paris – para onde vai fugindo ao serviço militar e, consequentemente, da guerra que começa já a pressentir-se –, parte para Argel, já dentro das fileiras do MPLA (Movimento Popular de Libertação de Angola, que conduzirá o país à independência em 11 de novembro de 1975). O 25 de Abril apanha-o nas matas angolanas como guerrilheiro, experiência que convocara para escrever, ainda em 1971, *Mayombe*, que só viria a ser publicado em 1980, ano da publicação de *A Revolta da Casa dos Ídolos*, peça de teatro que é a efabulação do período referente às primeiras relações entre portugueses e kongueses (do Reino do Kongo). Antes, em 1972, publicara já *As Aventuras de Ngunga*, história do pioneiro Ngunga, menino órfão de treze anos que se torna homem nas matas, afinal uma singela novela de intenção pedagógica escrita para servir de manual de alfabetização e escolarização nas zonas libertadas (e que era ser suposto ser traduzida para a língua mbunda) e, em 1978, *Muana Puó*, uma viagem de dois jovens em busca de Calpe, a cidade perdida – e sonhada (note-se que *Muana Puó* fora escrita – ou pelo menos, acabou de o ser – em 1969, durante a luta de libertação). Seguem-se em 1984 *O Cão e os Calus*, sátira social incómoda sobre as imperfeições do "sistema socialista" cujas "especificidades angolanas" o tornavam uma contradição entre conceitos (a propalada liberdade e justiça para todos são substituídas por clientelismo, pequena corrupção e nepotismo) e *Yaka*, saga de uma família de colonos que, mais do que radicar-se, se nativiza no espaço angolano – tornando-se até "portugueses de segunda";

no suplemento "Artes e Letras" de *A Província de Angola*, Luanda, respectivamente em 27 de dezembro de 1972, 14 de fevereiro de 1973, 11 de abril de 1973 e 19 de dezembro de 1973; e, finalmente, o conto "Zeca Baçula", em "Convergência", nº 23 de *Ecos do Norte*, Malange, 28 de abril de 1974. Pepetela publicou também alguns poucos poemas no suplemento "Artes e Letras" de *A Província de Angola:* "Serra mais Alta", 21 de fevereiro de 1973; "No Teu Falar", 16 de maio de 1973; "Um Poema", 6 de junho de 1973; "Os Deuses dos Meus Avós" e "Transformação do Tempo", de outubro de 1973.

em 1989 publica o romance histórico *Lueji: O Nascimento de um Império* (da Lunda) e em 1992 um manifesto de puro desencanto quanto às esperanças que a independência despertara, *A Geração da Utopia*; desesperança que continua em *O Desejo de Kianda* (1995), um romance em cima do acontecimento sobre a abertura multipartidária e as engenharias ideológicas de antigos autointitulados marxistas, agora seduzidos pelas maravilhas do neoliberalismo que abraçam com a mesma ortodoxia anterior.

Com os acordos Lusaca, renascem as esperanças de paz e o romancista publica aquele que considera o seu "feitiço falhado", *Parábola do Cágado Velho* (1996): um exercício de reflexão sobre a intolerância e a cultura de exclusão como um dos males que minam a terra angolana e gangrenam o espírito dos homens; no ano seguinte, libertando-se da punção que advinha da "intensificação do *factor acontecimento vital na vida do país*"[2], regressa ao passado, ao século XVII, e publica *A Gloriosa Família: O Tempo dos Flamengos*, romance que traça a génese da família Van Dum (deveria dizer da família Van Dúnem?), tomando-a como metonímia de uma Angola feita do cruzamento de gentes e negociação de interesses e tendo como pano de fundo o contexto das confrontações entre holandeses e portugueses, por um lado, e africanos, por outro, num cenário que traz mais uma vez da sombra o papel participativo destes no processo histórico. O contexto discursivo destas ficções historiográficas aponta para possibilidades de outras leituras do passado – que designo como releituras –, de suas reinterpretações para o moldar às exigências da compreensão do presente – um presente cuja complexidade o tem tornado colectivamente trágico. É ainda no contexto dessa ritualística do olhar sobre o passado para o integrar numa estrutura de interpretação do presente e sob a punção de uma disposição explicativa do mundo que em 2000 o romancista surpreende os seus leitores – a

2. Inocência Mata, "A Periferia da Periferia", *Discursos,* 9, Lisboa, Universidade Aberta, 1995, p. 32.

mim, pelo menos – com "uma fábula para todas as idades", o romance intitulado *A Montanha da Água Lilás*, trazendo-nos uma aparentemente anódina narrativa contaminada pela retórica do conto popular, estória contada por um velho, o avô Bento, uma estória *transespacial* e intemporal, sobre indivíduos (lupis, jacalupis e lupões) que não souberam gerir a sua riqueza e acabaram sendo vítimas dela: surpreende *A Montanha da Água Lilás*, digo eu, porque baralha o horizonte de expectativas do leitor habituado a uma escrita de autorreflexividade que o autor sempre fez; quer dizer que normalmente os romances de Pepetela se realizam na "autoconsciência teórica sobre a história e a ficção como criações humanas"[3]. E é disso também que quero falar: de uma escrita que se questiona, que pensa a sua funcionalidade e a sua eficácia para além da ficcionalidade, de uma escrita que finta o "doce" e explode no "útil", uma escrita que, como polariza Stephen Greenblatt, confronta dolorosamente "prazer" e "interesse"[4]. Prazer estético e interesse pedagógico e ideológico. Aliás, Pepetela nem refuta a dimensão ideológica – e pedagógica, acrescento eu – da sua escrita:

> Um país que tem estado em guerras cruéis constantes e não se fraccionou (nem parece ter tendência para isso) é porque tem algum cimento muito forte a ligá-lo. A questão é: de onde veio esse cimento?
>
> Há evidentemente outros factores, até de ordem política, mas sem dúvida que a História tem peso nesse processo. E neste caso pode dizer-se que é ideológico considerar-se o passado como fonte de conhecimento do presente[5].

Pepetela não enjeita, pois, essa vertente ideológica da sua obra, no sentido em que Fredric Jameson entende esse investi-

3. Linda Hutcheon, *A Poética do Pós-modernismo: História – Teoria – Ficção*, Rio de Janeiro, Imago, 1991, pp. 21-22.
4. Stephen Greenblatt, "Towards a Poetics of Culture", em Aram Veeser (ed.), *The New Historicism*, New York/London, Routledge, 1989, pp. 1-14.
5. Entrevista a Pepetela, conduzida pela autora, *Camões – Revista de Letras e Culturas Lusófonas*, em setembro de 1999.

mento ideológico como "uma função instrumental de um dado objecto cultural" com um "poder simultaneamente utópico e de afirmação simbólica de uma forma de classe específica e histórica"[6]. Mesmo porque hoje é ideia consensual, tanto na meta-história como na ciência narratológica, que a narrativa não apenas é um instrumento de ideologia mas o próprio paradigma de ideologização dos discursos em geral[7]. Numa sociedade em que, devido à incipiência da academia, a instituição literária constitui um outro polo do saber, com estatuto que se conjuga com o poder na validação de instituições que regulam o "vínculo social"[8], a relação história/ficção, sendo uma constante nas literaturas que emergem de situações conflituais em processo de autonomização (política, cultural, social), é, na literatura angolana, singular. Essa singularidade advém do facto de que pela literatura se vai escrevendo também a história do país – e *Mayombe* é, mais uma vez, um "registo" do que foi a guerrilha na frente do Cabinda. Cumpre-se deste modo o preceito teórico de Hayden White de que um acontecimento histórico é aquele que é susceptível de, pelo menos, duas narrações da sua ocorrência[9] – no caso conhecemos a narração literária e ficamos à espera que, pela pesquisa de fontes orais, se realize a modalidade científica da narrativa histórica deste passado recente de Angola. As duas narrações de que fala White, podendo referir também duas perspectivas, pelo menos, duas visões sobre o mesmo acontecimento, referem duas modalidades discursivas, duas formas de relatar, dois modos de textualizar, duas realizações discursivas – a histórica e a ficcional. A lógica da relação entre os dois discursos é, assim, de complementaridade devida

6. Fredric Jameson, *O Inconsciente Político: A Narrativa como Ato Socialmente Simbólico*, São Paulo, Ática, 1992 [1981], p. 301.
7. Hayden White, *The Content of the Form – Narrative Discourse and Historical Representation*, Baltimore/London, The Johns Hopkins University Press, 1992, p. 33.
8. É interessante notar como os romances são objecto de discussão entre historiadores e antropólogos.
9. Hayden White, *op. cit.*, p. 20.

ao facto de ambos os discursos perseguirem os mesmos objectivos: "oferecer uma imagem verbal da 'realidade'"[10]. Com efeito, perseguindo o raciocínio segundo o qual os eventos ocorrem mas os factos são constituídos na descrição linguística[11], pode inferir-se que a história, sendo discurso que *busca* a legitimação do seu estatuto de verídico, não se divorcia do seu referente nem impugna a dicotomia verdadeiro/falso que se incrusta na representação factual – e nisso reside a sua *operatividade*. Porém, como *discurso* que busca representar um passado com pretensão a real, recorre a estratégias textuais que absolutiza a sua condição de "instrumento de mediação" – e nisso reside a sua *performatividade*.

Estas duas modalidades discursivas sobre acontecimentos "reais" não são, com efeito, antagónicas ou sequer desvinculadas. Na literatura angolana, sob a punção da ideologia nacionalista, a história foi recurso para, através dos mitos de que qualquer história nacional vive, se constituir como veículo de afirmação cultural e reivindicação política. E por isso, isto é, por imperativos exteriores ao texto, o acontecer histórico era transformado em "material épico" para a celebração de uma nação imaginada, a ser inventada. Hoje, em período pós-colonial, em que os imperativos pátrios são outros – e não já a sua afirmação – a literatura angolana parece inverter a perspectiva *evenemencial* daquela "grande narrativa" da nação que a "história nacionalista" fixou. Esta foi uma busca "natural", a busca num "tempo anterior à história" do tempo do futuro que sucede a um presente insuportável – um presente paradoxalmente anterior (colonial) e actual (pós-colonial). Como toda a narrativa de nação, o "grande relato" da nação angolana, impulsionado

10. Hayden White, *Trópicos do Discurso: Ensaios sobre a Crítica da Cultura*, São Paulo, Edusp, 1994, p. 138.
11. "Events happen, facts are constituted by linguistic description." Hayden White, "Figuring the Nature and Times Deceased: Literary Theory and Historical Writing", em Ralph Cohen, *The Future of Literary Theory*, New York, London, Routledge, 1989, p. 35.

pela ideologia nacionalista, exaltava o passado como "memorial de grandeza" mas com a previsão do futuro – portanto, uma história das origens aberta ao futuro – para o que seria interessante, desde já, compulsar o final de *As Aventuras de Ngunga* ou mesmo de *Mayombe*:

> Vê bem, camarada. [...]
>
> Se Ngunga está em todos nós, que esperamos então para o fazer crescer?
>
> Como as árvores, como o massango e o milho, ele crescerá dentro de nós se o regarmos. Não com água do rio, mas com acções. Não com água do rio, mas com a que Uassamba em sonhos oferecia a Ngunga: a ternura (*As Aventuras de Ngunga*, 1976, p. 128).

O mesmo "tom" de abertura ao futuro assume João, o Comissário, após a morte de Sem Medo, ele que "naturalmente" o substitui[12]. Não admira que num tal contexto a escrita literária de representação histórica se aproximasse da narrativa histórica científica por ambas serem teleológicas pois a finalidade e a função estavam envolvidas pela edificação moral e pelo dever patriótico. Os primeiros relatos da historiografia nacional, de que o mais célebre parece ser a *História de Angola*[13], foram envolvidos numa apologética patriótica e de edificação moral, de que o mais recente exemplo me parece ser o último discurso do presidente José Eduardo dos Santos na abertura da conferência internacional sobre direito, democracia e cidadania que

12. Mas compulsemos ambos os finais com o de *A Geração da Utopia:* apesar da possibilidade de *reinicialização* que o final sugere, a sessão carnavalizante do culto da Igreja da Esperança e Alegria do Dominus, com a participação, cumplicidade e patrocínio de Malongo (empresário) e Vítor (político), metonímias dos novos mandantes do país, é metáfora de um novo ciclo em que os dois poderes estão de mãos dadas no aproveitamento do vazio que a realidade criou no espírito do povo. E essa aliança, Aníbal, o Sábio, considera-a catastrófica, já em 1992.
13. É interessante notar que a autoria desta *História de Angola* é anónima pois, tratando-se de um trabalho de equipa, os nomes dos autores não vêm indicados – o que reforça ainda mais o alcance mítico deste "grande relato" da nação angolana.

em maio decorreu em Luanda[14]. Na sua elocução, José Eduardo dos Santos faz o relato do processo doloroso da nação angolana, remontando ao século XIX, à conferência de Berlim, rastreando o passado recente feito de guerras como as de "resistência", de "libertação", de "agressão e ocupação de parte do território nacional" pelo regime do *apartheid* da África do Sul, de guerra civil e da instrumentalização desse processo por certa comunidade internacional, num jogo a que a politologia designou como "guerra fria". Tal narração da *nação* marcada forçosamente pela componente heroica reforça o que assinala François Furet como exaltação da grandeza ou do sentimento nacionais que, segundo o historiador francês, "continua a ser uma das grandes justificações da história narrativa, depois de ter sido, sem dúvida, o seu impulso fundamental: todos os povos precisam de uma narrativa das origens e de um memorial da grandeza que possam ser ao mesmo tempo garantias do seu futuro"[15]. Só que, tal como hoje os profissionais já não se compadecem com os mitos da história, também o não fazem os escritores – e, para mais, um escritor com vocação para historiador, como Pepetela (lembre-se, a propósito, que ele é um dos autores da *História de Angola*). Assim, se num primeiro momento a *nação* se constituiu como memorial de feitos heroicos (*A Vida Verdadeira de Domingos Xavier*, *Nós, os do Makulusu*, ou a estória "O Fato Completo de Lucas Matesso", de *Vidas Novas*, obras de Luandino Vieira) e significou homogeneização e liberdade (*As Aventuras de Ngunga*), agenciados pela elite nacionalista, num momento de extensão em que se impunha esgarçar as suas fronteiras e desvinculá-la da perspectiva que a tomava como corpo substantiva e normativamente definido e caracterizado, ela passaria a demandar descentralização e plena cidadania. E descentralização significa

14. Conferência sobre "Direito, Democracia, Cidadania", organizada em Luanda pela Faculdade de Direito da Universidade Agostinho Neto, de 2 a 4 de maio de 2001.

15. François Furet, *A Oficina da História*, trad. Adriano Duarte Rodrigues, Lisboa, Gradiva, s.d. [1977], p. 83.

novas visões sobre o "nacional" que, por sua vez, pressupõem confronto de posições sobre o "nacional", diversidade de perspectivas ideológicas dispersas, configurações identitárias diferentes e disseminadas no tempo e no espaço. É nesse equilíbrio entre a expressão e a sua substância que reside a instância centrifugadora de aspirações que tem vindo a dominar a escrita de Pepetela. E, nesse sentido, pode considerar-se essa obra como *reescrita* do "canónico" discurso literário da *nação*, visando a construção de uma cultura da diferença: diferença de condições e existência culturais, linguísticas, ideológicas...

Em que consiste essa *reescrita* ou essa *contradiscursividade*? Em contínuas implosões na escrita da *nação* e no questionamento das verdades absolutas, consequência do desencantamento larvar destes vinte e cinco anos, do processo de desencanto – mas também um denominador comum desta nossa condição finissecular, finimilenar.

É nesse sentido que a obra de Pepetela antecipa discussões com que a sociedade se confrontará ou que o discurso oficial (político ou científico) quer rasurar ou omitir: foi assim com *Mayombe*, com os diversos tipos de diferença que insidiosamente se intrometiam nas questões essenciais dos guerrilheiros; foi assim com *O Desejo de Kianda* – e hoje já ninguém se abstém de falar de que não é possível construir a democracia com democratas arrivistas e reciclados como CCC; foi assim com *Parábola do Cágado Velho* – e a consciência cívica contra a guerra hoje já não distingue, como os habitantes da aldeia da Munda, o exército dos "nossos" e dos "outros":

> – Mas então o Kanda é dos nossos e o Luzolo do inimigo?
> – Penso que sim. Pelo menos o Kanda é dos meus nossos, não sei quais são os nossos dos outros (*Parábola do Cágado Velho*, 1996, p. 100).

Do mesmo modo que em *A Revolta da Casa dos Ídolos* membros da família real não são inocentes no processo de escravização generalizada que se seguiu, até da família real, também em *A Gloriosa Família* a rainha Jinga faz alianças com estrangeiros para derrubar estrangeiros, sendo retratada como uma personagem cuja "ciência política" é de foro maquiavélico, diferentemente da rainha celebrada em *Nzinga Mbandi* como heroína da resistência contra a penetração europeia no seu território. Confrontem-se, a exemplo, as duas apresentações da rainha do Ndongo:

> Tinham-lhe dado o nome de Ana de Sousa, havia os que lhe chamavam Jinga [...] mas o nome dela verdadeiro é esse mesmo que vem na capa: Nzinga Mbandi.
>
> Não devia ser mulher para se dar lá a essa fitas de puxar a cara, amarrar a testa, alçar os peitos, pôr o rabo a pino, e coisas outras dessas. Factos há que nos levam a pensar que ela cresceu bela, carinha bonita, alegre simpática, sendo o seu defeito: virar bicha-fera-ferida, caso que lhe violassem um direito, tanto é que uma formidável história ela nos deixou, uma história que mete respeito, o motivo que me traz a conversar aqui com vocês. Mas comecemos pelos tempos dos eus passados (*Nzinga Mbandi*, 1979, p. 17).

> [...] foi muito ousada a maneira como Baltazar Van Dum aproveitou a sua ascendência flamenga para enganar a rainha [Jinga Mbandi], que de facto detesta que a tratem assim, pois ela diz é rei, porque só rei manda, e ela não tem nenhum marido que mande nela, ela é que manda nos muitos homens que tem no seu harém e que chama de minhas esposas. É Rei Jinga Mbandi e acabou. Rainha ou rei, no entanto, foi enganada e bem enganada pelo meu dono (*A Gloriosa Família*, 1997, p. 23).

Por outro lado, a significação que se pode retirar desta última urdidura romanesca e do lugar actancial tanto da rainha Jinga Mbandi como do Mani Luanda é que os africanos são, não raro, cúmplices da sua trágica história – uma ilação que se pode também retirar da mensagem de *A Montanha da Água Lilás*. Pode pensar-se, por outro lado, que, buscando a alteridade da "verdade", ou versões delas, se busca também a desconstrução do monolitismo, pelo apagamento do único sentido da história. E outra estratégia para essa relativização do olhar consegue o romancista através de um dispositivo textual feito de pulverização de vozes e perspectivas – e cito os romances *Mayombe*, *O Cão e os Calus*, e *A Gloriosa Família*: nestes romances os próprios narradores se "confessam" impotentes para expressar com imparcialidade e globalmente a realidade ao permitirem que outras vozes narrantes se apropriem da narração, enquanto em *A Gloriosa Família* a consciência histórica do narrador – um escravo mudo e analfabeto que se "serve" do "pó branco da pemba ou nos riscos traçados nos ares da encruzilhadas pelos espíritos inquietos"[16] para registar a história – dizia, a sua consciência histórica é tão intensa e dolorosa que ele se questiona constantemente quanto ao seu lugar na história, o exercício e a ética da sua "posição" de registador da história:

> Tudo o que possa vir a saber do ocorrido dentro do gabinete será graças à imaginação. Sobre este caso e sobre muitos outros. Um escravo não tem direitos, não tem nenhuma liberdade. Apenas uma coisa lhe não podem amarrar: a imaginação. Sirvo-me sempre dela para completar relatos que me são sonegados, tapando os vazios (*A Gloriosa Família*, 1997, p. 14).

À afirmação de Pepetela, disseminada nas falas de Aníbal, personagem de *A Geração da Utopia*, e antecipadas mais de uma década antes nas de Sem Medo (*Mayombe*), de que os propósitos da revolução foram traídos – ideia que o escritor reitera na entrevista à radio "Voz de América"[17] e que foi reproduzida no jornal *Angolense*[18] – indicam que da transformação assinalada pelos desamores do presente resulta a proposta de uma outra utopia. Todavia, a consciência histórica individual tem imposto as suas condições a qualquer nova utopia. E sendo a consciência histórica – "uma consciência determinada pelos acontecimentos a curto prazo; é a conjuntura que condiciona as suas reacções

16. Pepetela, *A Gloriosa Família: O Tempo dos Flamengos*, Publicações Dom Quixote, 1997, pp. 393-394.
17. A entrevista foi para o ar no dia 15 de janeiro e começou a circular na Internet no dia 16.
18. *Angolense*, Luanda, 27 de janeiro a 3 de fevereiro de 2001.

de optimismo ou de pessimismo em relação ao futuro" (Furet, s.d., p. 92) –, é essa consciência histórica que leva a que a obra romanesca de Pepetela funcione com uma lógica antiépica que acaba por referenciar os ideais agónicos da revolução e do espírito nacionalista animado pela imaginação utópica, ideais construídos sobre uma mística do heroico e do épico. São por isso significativos a urdidura da trama e o dispositivo textual da lógica antiépica da novelística de Pepetela. Um desses dispositivos é o lugar da guerra como dinamizadora de ciclicidade histórica e não de harmonização de diferenças. Só para ilustrar o que quero dizer, é interessante notar que a paz que Lueji conseguiu para o seu império não adveio da guerra que não chegou a travar com o irmão, que se retira para o Cassai, mas da capacidade de ambos em porem em cima da mesa as suas razões, diferenças e mágoas, num episódio que me parece dos mais expressivos da cumplicidade entre os dois irmãos e significativos do romance: "Contigo aprendi muito e sobretudo que algumas tradições há que preservar, senão um homem se perde nas suas dúvidas e se consome em pequenas lutas sem significado" (*Lueji*, 1989, p. 408).

Numa altura em que a sociedade angolana discute a "eficácia" da guerra e a sua funcionalidade como fautora de paz, a obra de Pepetela revela-se campo bastante para uma discussão especulativa sobre ela, cumprindo o preceito da sua pensatividade, ou seja, da sua meta-historicidade e funcionando para além da sua ficcionalidade.

A Guerra como Fautora da Dinâmica Temporal

É, pois, dizia, a consciência histórica – ou, como também equaciona Saramago, a consciência intensíssima, quase dolorosa, do presente[19] – que leva Pepetela a olhar na direcção do passado.

19. José Saramago, "História e Ficção", *JL – Jornal de Letras, Artes e Ideias*, 6 de março de 1990.

E uma constante desse passado é a guerra. Por isso, um aspecto característico da estética romanesca de Pepetela é a guerra como marcador da temporalidade. Esse tipo de marcação da dinâmica temporal tão frequente nos romances de Pepetela é determinada pela "matéria temporal": narrar a *nação* angolana pressupõe a textualização de um passado de guerras e falar da guerra como força motriz das transacções cíclicas, com particular destaque em *Parábola do Cágado Velho* e em *A Gloriosa Família*. É também a guerra que marca o ritmo da periodicidade, com a desestruturação social, a sua reordenação implicando reajustamentos de mentalidades e instituições, significadores importantes de mudança dos ciclos históricos.

O primeiro romance que inaugura esse significador como marca da construção nacional é o romance *As Aventuras de Ngunga*. Em romances posteriores – *Mayombe*, *Lueji*, *A Geração da Utopia*, *Parábola do Cágado Velho* – a presença da guerra é uma "forma de passagem" a nível diegético e discursivo que aponta para novos ciclos históricos ou configurações culturais e ideológicas a nível da construção (da ideia) de *nação*. Em *Parábola do Cágado Velho* logo no início quando Ulume rememora o passado através de uma temporalidade pontuada por guerras, vai-se percebendo também como a ideia de Angola se foi modificando ao longo dos tempos e a "comunidade nacional" foi emergindo: com efeito, ao primeiro estádio da guerra tribal e feudal, pela consolidação de um poder hierárquico, segue-se a guerra imperial cujo objectivo era a expansão territorial e a dominação das populações conquistadas; segue-se o período colonial cujo propósito era a exploração dos recursos naturais até à exaustão recorrendo à mão de obra das gentes da terra. Na pirâmide social, porém, a designação dos ciclos é secundária para quem, como Ulume, sofre os seus directos efeitos: "Ganhava um ou outro [exército de sobas], o certo é que muita gente morria. Durante o tempo da guerra, não se podia cultivar. Os celeiros ficavam vazios, a fome vinha" (*Parábola do Cágado Velho*, 1996, p. 19).

Mas é interessante notar que, não obstante uma explicitação dos malefícios da guerra, ela funcionava como significante escatológico (fome, mortes, fuga, destruição), com consequência regeneradora num quadro mais amplo: o alargamento territorial e a unificação que logo se degenera face às "verdades adquiridas", tempo em que se vive "o fascínio por outros mundos".

Mesmo em *Lueji: O Nascimento dum Império*, a guerra, e a ameaça dela, cumpre uma tripla função cosmogónica: ela visa alargar o império de Lueji e travar as pretensões usurpativas de seu irmão Tchinguri que se sentira injustiçado com a subida ao trono da irmã mas também é estratégia de consolidação do poder perante os Tubungo que sempre a olharam com desconfiança[20].

Esse significante cosmogónico que a guerra encerra de forma tão constante na obra de Pepetela acentua-se quando a guerra é de libertação, contra o regime colonial – regime estrangeiro, exógeno e sem quaisquer identificações com as populações: aqui não se trata apenas de unificação ou consolidação territorial, uma etapa necessária para a constituição da comunidade imaginada mas, sendo de libertação, uma etapa fundamental para a fundação nacional que, aliás, e consequentemente, em *Lueji* já se insinua. Quer se trate de uma construção realista como em *As Aventuras de Ngunga*, satírica como em *O Desejo de Kianda*, de celebração histórica como em *Mayombe* e em *Lueji*, de documentação histórica como em *Yaka* e em *A Gloriosa Família*, de significação alegórica como em *Parábola do Cágado Velho*, a novelística pepeteliana introduz sempre a guerra como predicador episódico ou cíclico de movimentos históricos – movimentos esses que não se fecham na sua irrevogabilidade. Renovam-se constantemente, numa operação que regenera a violência e gera outras guerras, numa lógica espiralar de violência cujo fim só pode ser trágico, exemplo que *Yaka*

20. Interessante neste contexto é a conversa entre Lueji e o irmão Chinyama sobre a ideia de Tchinguri sobre o exército e o povo – "ideias perigosas para os Tubungo", como considerou a própria Lueji. *Lueji*, Luanda, UEA, 1989, pp. 162-165.

dá pela tragicidade dos destinos dos filhos de Vilonda e Alexandre Semedo. Por isso é que esse significante não é cosmogónico em *A Gloriosa Família*: uma sucessão de guerras de que o fim foi uma paz precária que nem Matilde, a "feiticeira", mais funcionando com uma "cassandra", não conseguiu prever. Foi essa "inutilidade" da função bélica, essa sua função absolutamente escatológica, que os dois filhos de Kondi, Tchinguri e Lueji, previram, evitando ambos, por isso, uma confrontação.

É sob o signo do desencanto, da distopia, que Pepetela escreve. Ou pelo menos, é esse signo que contamina as minhas leituras de Pepetela – e as suas entrevistas parecem iluminar a minha leitura. Embora saibamos que a historicidade do discurso, ou a historicidade da realidade discursiva, que tem a ver com as circunstâncias do contexto, resulta da transfiguração do real desse contexto, essa contingência – o desencanto pós-colonial – é um real incontornável. E, no entanto, a estratégia de Pepetela para o neutralizar – ou para o reverter – não é a reverberação da história, de que resultaria uma utopia negativa. Antes de chegar à desagregação da comunidade e à sua dispersão e submissão aos outros animais, muitas alternativas tiveram os habitantes da montanha da água lilás; não souberam aproveitá-las e sucumbiram. A proposta de alternativas está nas entrelinhas dos textos que intentam chegar à percepção histórica, instaurando outro tempo, o da *heterotopia*, um antídoto da utopia, termo que Boaventura de Sousa Santos define como a busca de uma "Pasárgada 2". Esta resulta da "deslocação radical dentro de um mesmo lugar, o nosso", tempo de "relativização do conhecimento, [de] distância lúdica em relação a outras formas de pensar e agir, enfim, outras formas de vida"[21]. A insidiosa, lenta e persistente *deslegitimação* do regime instituído gera uma "escrita de compensação" mas não labora para que a autópsia do sistema possa resultar na sua justificação (como

21. Boaventura de Sousa Santos, *Pela Mão de Alice,* Porto, Edições Afrontamento, 1994, p. 280.

também acontece), enquanto as imperfeições são criticadas. Não se pense, portanto, nesse fenómeno como efeito de uma crise ou declínio da utopia ou, ainda menos, de um desmoronar generalizado de sentido da história ou, apenas, da existência com um significado mais amplo, a expandir-se para a transcendência da história de que já Georg Lukács e mais tarde Michel Vanoosthuyse[22] já falavam e que Avrom Fleishman considera como a força motriz do pensamento que relaciona os três eixos da temporalidade (passado – presente – futuro) que fundam a consciência histórica[23].

Nem isso: longe de ser uma escrita de crise, ou pior ainda do declínio da utopia, à desmitificação da utopia (da nação e do homem novo) segue-se a sua revitalização (da utopia) e a dos caminhos épicos atrás trilhados. Disso resulta a construção de um outro tipo de utopia, que ora consiste numa deslocação do centro para a margem, da sombra para a luz, do monólogo para o diálogo, do mesmo para o diferente: o meio rural, as responsabilidades e crimes, as diferenças de toda a ordem são exumados e tecidos como componentes da *nação*. Poderá parecer que a *nação* assim narrada (a)pareça em crise; mas a inscrição da *nação* no contexto de crise, repensá-la como corpo dilacerado por várias fracturas pressupõe a adopção de um referencial histórico para a reconstituição do tecido narrativo da *nação* com uma dupla eficácia: a implosão da narrativa de um *nação* rasa e monocolor e a crítica da privatização dos factos que tanto a ideologia colonial como a nacionalista empreenderam da história do país.

Como uma narrativa histórica, a ficção de Pepetela não é apenas a mediadora entre o passado e o presente; incumbiu-se também – e retomando agora a epígrafe deste texto – da tarefa especial de reunir dois modos de compreensão do mundo que

22. Michel Vanoosthuyse, *Le Roman Historique – Mann, Brecht, Döblin,* Paris, PUF, 1996, pp. 16 e ss.
23. Avrom Fleishman, *The English Historical Novel: Walter Scott to Virginia Wolf,* Baltimore, The Johns Hopkins University Press, 1971, p. 15.

costumeiramente estariam invariavelmente separados[24]. Porque entendeu, o autor desta escrita, que o passado funciona como a "pré-história" do presente[25], como prefiguração do presente e que, afinal, contrariamente ao que diz o autor em *A Geração da Utopia*, nem os ciclos são eternos porque não pode haver ponto final em histórias por contar – como esta nossa guerra... Por isso, tal como os destinos de Sara, Aníbal, Malongo, Vítor, Elias poderiam ser *reinicializados* (porque a estória não tem ponto final), também o dos angolanos poderá sê-lo. Basta que saibam, diferentemente dos habitantes da montanha lilás, escolher a alternativa que contemple negociações de sentidos, respeito pelas diferenças e diálogo entre diversidades.

24. Hayden White, *Trópicos do Discurso: Ensaios sobre a Crítica da Cultura*, São Paulo, Edusp, 1994, p. 40.
25. Ver Barbara Foley, *Telling the Truth – Theory and Practice of Documentary Fiction*, Ithaca/London, Cornell University Press, 1986, p. 162.

9

Pepetela e a Sedução da Montagem Cinematográfica: Breves Recortes

LAURA CAVALCANTE PADILHA*

> *O cinema é a forma de arte correspondente aos perigos existenciais mais intensos com os quais se confronta o homem contemporâneo. Ele corresponde a metamorfoses profundas do aparelho perceptivo, como as que experimenta o passante, numa escala individual [...] e como as experimenta, numa escala histórica, todo aquele que combate a ordem social vigente.*
>
> WALTER BENJAMIN

A linguagem cinematográfica exerce forte sedução sobre o imaginário criador de Pepetela. Seu leitor atento é levado a perceber, muitas vezes, que a montagem – específico fílmico por excelência – parece dar o sentido da forma como as sequências narrativas se desenvolvem através das cenas ficcionalizadas. O olho do receptor, convidado a interagir com o do narrador e, sob sua capa, com o do próprio escritor, vai, pela abertura da janela das páginas, descobrindo uma série de fotografias postas em movimento pela ação da escritura. Há uma tentativa clara do produtor de ir montando suas sequências e cenas em planos, ou seja, como indica Ismail Xavier, em segmentos contínuos de imagens. Citando o ensaísta brasileiro:

> [...] um filme é constituído de sequências – unidades menores dentro dele, marcadas por sua função dramática e/ou pela sua posição na narrativa. Cada sequência seria constituída de cenas – cada uma das

* Laura Cavalcante Padilha é professora adjunta aposentada de Literaturas Portuguesa e Africanas na Universidade Federal Fluminense (UFF).

> partes dotadas de unidade espaço-temporal. [...] O plano corresponde a cada tomada de cena, ou seja, à extensão de filme compreendida entre dois cortes, o que significa dizer que o plano é um segmento contínuo da imagem (1984, p. 19).

Sem querer fechar qualquer viés interpretativo, pode-se pensar que alguns dos romances de Pepetela atualizam essa reflexão crítica de Xavier. Eles se organizam por sequências, constituídas por cenas, razão pela qual, ao invés de capítulos formalmente ordenados, se vão compor de segmentos que poderiam significar uma tentativa de entrelaçamento dos discursos literário e cinematográfico. Veja-se, por exemplo, a "formatação" de *Yaka*, cujas sequências se sucedem, continuamente, da "Nota Prévia" ao "Epílogo".

As partes propriamente ditas da diegese de *Yaka* formam o corpo da estátua, duplo do corpo da nação. As imagens se apresentam em planos de detalhes ou *close-ups,* dominando a tela/página do livro e sempre dentro da lógica da composição: "'A Boca (1890/1904)'; 'Os Olhos (1917)'; 'O Coração (1940/41)'; 'O Sexo (1961)'; 'As Pernas (1975)'". No final, em processo recolhitivo, ouve-se a voz da estátua e o seu corpo, embora não descrito, se indicia como finalmente composto, o que não significa ter vencido a possibilidade de futura fragmentação. Pressente-se uma tela a escurecer, ao mesmo tempo em que se estabelece uma certa desconfiança sobre a "ordem social vigente", de acordo com o exposto por Benjamin, citado na epígrafe que abre este texto. Citando o final do romance: "Posso então me desequilibrar do soco e ficar em cacos pelo chão, a boca para um lado, os olhos pelo mar, o coração embaixo da terra, o sexo para o Norte e as pernas para o Sul? Ou será melhor aguardar ainda?" (1984, p. 302).

Outras vezes, como em *O Cão e os Calus*, a montagem se dá por paralelismo. Neste caso, as ações do cão e as relativas ao crescimento da buganvília se sequenciam em espaços distintos, isto é, em Luanda e na quinta dela próxima, sendo narradas de modo contíguo e por vozes diferentes, ainda usando expressões de Ismail Xavier (1984, p. 21). A forma "física" de representar essa sequenciação se dá pela ordenação intervalar – "A Buganvília 1", "A Buganvília 2" ... "A Buganvília 10". Tais fragmentos funcionam como pequenos fotogramas.

Os relatos sobre o cão e suas peripécias luandenses são extensos, enquanto a fala do diário é breve, sendo grafada em tipo diferente e se expressando em tom lírico. Esta segunda voz narrante vai construindo o enfrentamento entre o cão Lucapa (provavelmente o mesmo cão vadio, de comportamento picaresco e que percorre as ruas de Luanda) e a buganvília de incontrolável crescimento. A disputa do bem e do mal é inevitável neste caso, como nos filmes, onde o herói e seu inimigo, depois de múltiplas perseguições resgatadas pela montagem paralela, chegam ao confronto final. Então, seguindo a regra, um dos dois – e às vezes mesmo ambos – tem de morrer:

> O cão pastor-alemão continuava o seu embate contra a planta. Tinha perdido a cor do pelo, pois as feridas dos espinhos faziam jorrar sangue por todos os lados. Vários ramos tinham caído sobre ele e, para chegar ao tronco, ficava enredado nos tentáculos aguçados da buganvília. E o sangue saía do corpo, da boca, das patas, da garganta. Deixara de ser um cão: era uma ideia envolta em sangue (1988, p. 184).

O embate cão × planta é cinematograficamente composto em plano médio, com a câmera representada pelo olho do narrador a surpreender o movimento da luta, pelo que vai além da simples "fotografia" da cena. Reforçam o quadro a rapidez com que as imagens se sucedem, o realismo da descrição e o fechamento do *zoom* no corpo do cão. Este passa a dominar a "tela", até chegar, por fim, à sua decomposição, com o borrão expresso pela forma de descrevê-lo como uma "ideia envolta em sangue".

Há, neste e em outros procedimentos narrativos, a busca consciente, por parte do escritor, de obter o efeito de identificação de seu leitor e/ou de seu espectador com o que ouve e vê projetado frente a seus olhos. Para obter tal efeito, ele leva seu(s) narrador(es) a espetacularizar(em) a cena, tentando trazer o receptor para dentro dela e conseguir, com isso, sua participação afetiva. Diz Eduardo Geada sobre o processo: "o cinema é um espetáculo no qual o espectador não tem qualquer possibilidade de intervenção direta. Não obstante, é em função do olhar do espectador e da sua capacidade de participação afetiva que o espetáculo se organiza" (1987, p. 9).

Talvez esse procedimento de envolver catarticamente o leitor, como se dá com o espectador do filme, seja um dos traços recorrentes da ficção de Pepetela, que busca, via de regra, o melhor enquadramento e constrói os planos com eficácia e excelente manejo da câmera. A encenação da morte de Sem Medo, em *Mayombe,* se torna paradigmática desse cuidado com a tomada da cena e montagem da sequência. No caso, constrói-se um fantástico primeiro plano da "amoreira gigante" que se individualiza no branco da página, metonímia da tela. Este é o momento simbólico em que a floresta do Mayombe – plano geral do romance – e o homem, personagem do contado, se identificam. O movimento identificatório se dá pelo destaque do tronco, no jogo mimético da individualização: "A amoreira gigante à sua frente. O tronco destaca-se do sincretismo da mata [...] Só o tronco se destaca, se individualiza. Tal é o Mayombe, os gigantes só o são em parte, ao nível do tronco, o resto confunde-se na massa. Tal o homem" (1982, p. 266).

A seguir, a exemplo daquela "ideia envolta em sangue", que é como termina a tomada da cena da luta do cão, a imagem vai perdendo a nitidez, embora o tronco, surpreendido em "plano americano", com a câmera dele se aproximando cada vez mais, continue na tela/página do livro, a indicar sua força e resistência. A incidência da luz, nessa tomada, é de fundamental importância: "As impressões visuais são menos nítidas e a mancha verde predominante faz esbater progressivamente a claridade do tronco da amoreira gigante. As manchas verdes são cada vez mais sobrepostas, mas, num sobressalto, o tronco da amoreira ainda se afirma, debatendo-se. Tal é a vida" (*idem*).

A montagem se torna, assim, o elemento específico pelo qual as imagens se vão combinando e ritmando, como analisa Ismail Xavier (1984, p. 13). O objetivo e função fundamentais do processo, já agora retomando Sergei Eisenstein, é o de exercer "o papel que toda obra de arte se impõe, a necessidade da exposição coerente e orgânica do tema, do material, da trama, da ação, do movimento interno da sequência cinematográfica e de sua ação dramática como um todo" (1990, p. 40).

Um outro romance em que tal coerência se materializa, com o diálogo entre a linguagem literária e a cinematográfica ganhando força e contornos inesperados, é, sem sombra de dúvida, *Lueji*. Para construir a estória em dois tempos – "quatro séculos atrás" e "quatro séculos depois" – e em torno de duas mulheres – Lueji, a mítica rainha da Lunda, e Lu, a moderna bailarina –, o produtor se vai valer do que Eisenstein chama de montagem polifônica, organizada em torno do tema pelo qual se ligam mulher e resistência, sempre na busca da criação de uma nação imaginada. Tal nação não elide o outro, mas o incorpora pelo afeto e pela compreensão. É assim quando a rainha escolhe Ilunga, um luba, para marido, trazendo a diferença para dentro da Mussumba – cf. esta fala de Ilunga: "Só espero que amanhã Lueji me autorize a ficar aqui na Lunda, terra de tantos rios e elefantes [...] As terras da Luba são lindas e boas as suas gentes. Mas todas as terras são como a Luba e as gentes também" (1989, p. 264). E é assim quando Lu escreve o roteiro do balé, misturando o próprio e o alheio, para, desse modo, resgatar o mito da origem, jamais pensado como qualquer espécie de essência – cf. o momento em que ela "se pôs a escrever no caderno de apontamentos frases que esculpia e riscava", quando então mistura "*fouetés, glissades* e *espargattas* em ritmos de kissanje, um órgão electrónico no escuro antes do relâmpago que ilumina o lukano" (*idem*, p. 199).

A construção cinematográfica do romance encontra, em vários momentos, a sua metáfora, quando se deixa clara a mistura das linguagens, não só nos cortes, nos vários tipos de planos, no movimento intenso do olho-câmera do narrador etc., mas na sua plena explicitação, como se dá nesta passagem da obra, quando o narrador conta, resgatando uma experiência do passado: "Era de noite, estava em casa. [...] À medida que surgiam as imagens ia escrevendo. Era uma fabulosa sequência de imagens, mais para o cinema. [...] Silêncio total. De repente, ao levantar o ângulo da câmera, ou do meu olhar se preferirem, se via o marido [...]" (*idem*, pp. 96-97).

Explicita-se aqui o processo de entrelace entre as duas linguagens, ou dos dois "instrumentos" – câmera/olhar – que põem a ficção em movimento, na página ou na tela. A chave do processo é dada pela expressão "fabulosa sequência de imagens" que identifica ambos os procedimentos artísticos e pela palavra *cinema* que se ilumina, saindo do latente para o manifesto do texto.

O romance *Lueji,* aliás, é um exercício de atualização desse diálogo semiótico que o narrador naquele ponto esclarece. Tudo nele é absolutamente cinematográfico, com cortes incríveis pelos quais se dá a mudança de planos, sempre a partir de uma ideia que os costura cineticamente. Passado e futuro não se colocam em blocos estanques ou distintos, mas se imbricam, sucedendo-se nas páginas, sem qualquer "aviso prévio" ao leitor. Como o próprio texto diz, no romance, "os séculos atrás" e os "depois" se casam, "parindo o presente" (*idem*, p. 199).

Há uma cena paradigmática dessa montagem polifônica do romance. Por ser extensa demais, remete-se o leitor às páginas 210 a 212. Em tal cena, Lu e Mabiala discutem a questão da criação e do imbricamento artístico entre música e poesia. Diz Lu: "música e poema são geniais, até porque não se podem separar. Não há colagem, há arte" (*idem*, pp. 210-211). A seguir, ela decide contar o que tem na cabeça sobre o roteiro ou a história de Lueji, a partir da leitura de fontes históricas e/ou antropológicas – Vansina, Henrique de Carvalho, Redinha etc. Tudo isso chega ao receptor da obra pela voz do narrador que nos mostra o trabalho arqueológico da bailarina, de desenterrar "fatos enterrados no esquecimento do tempo",

> [...] mas que ela fazia renascer para que o mito tivesse corpo e não apenas um esqueleto, deixando assim de ser mito para se tornar realidade presente que a amparasse [...] e descrevia passos e cenas de bailado à luz do Sol ou da Lua, em chanas e em florestas, soletrava solos e danças de roda [...] enquanto Mabiala fazia nascer a música dançando entre os dois [...] (*idem*, p. 212).

O texto dentro do texto, isto é, o roteiro no romance, vai-se desdobrando, reescrevendo-se frente aos olhos do leitor deslumbrado, até que Lu "emudece completamente" (*ibidem*). Nesse momento, o outro plano temporal emerge, na clave da ambiguidade, pois o narrador nos diz ser ainda a bailarina quem está contando "como via o Conselho dos Tubungo convocado por Lueji de emergência para anunciar a decisão da mudança da capital, onde primeiro aconteceu o espanto, a descrença, não pode ser, um espírito maligno tomou conta da soberana [...]" (*ibidem*).

O estilo indireto livre traz as outras vozes que por sua vez soterram a da roteirista, emudecida. A ideia da descrença e do espanto que marcavam a postura de Lu, antes de começar a falar, une os planos, no jogo da montagem polifônica. O narrador principal vai aos poucos reassumindo seu papel e trazendo de volta o discurso direto dos personagens, com o antes de Lueji vencendo o depois de Lu. Não por acaso este é o plano onde se constrói a nova aldeia, ou seja, onde a Lunda ganha a nova vida que a caracterizará fora da estória e dentro da história que o mito é capaz de corporificar:

> Depois de escolherem o terreno onde se ia edificar a nova Mussumba, que, pela tradição, devia ter a forma dum cágado com as patas de

> fora, Lueji se aprestou a seguir o ritual para indicar os principais pontos. Montou para as costas dum kimangata, no sítio escolhido para sua onganda, e se virou para o Nascente (*idem*, p. 217).

Sabe-se que a metalinguagem exerce um poderoso fascínio sobre o cinema. Sobre isso diz Ana Lúcia Andrade, que ela, a metalinguagem, "coloca em cena o mistério profundo do cinema na sua essência ôntica" (1999, p. 12). O mesmo se pode dizer da literatura, pois nela como naquele "muitas vezes o código é explicitado revelando a utilização da metalinguagem como estratégia eficiente na elaboração de sua narrativa" (*idem*, p. 37). *Lueji* segue muito de perto esse pressuposto, pois, a cada passo, há um desvelamento dos véus sob os quais se esconde o processo da própria realização ficcional, para além da efabulação. Há uma desmontagem a que se segue a reduplicação abissal do espelhamento textual e, mais que tudo, o imbricamento dos diversos gêneros artísticos. É como se se quisesse ir fundo no desvestimento da fantasia, por assim dizer, como mostra a leitura de duas páginas consecutivas de onde se extraem as passagens abaixo que se somam a outras já aqui resgatadas:

> Lu ouvia o que estava gravado e lhe apetecia mudar a estória pois os contornos se precisavam, estranhas falas sussurradas pelo tempo a indicar a verdade desconhecida que muitos procuravam mas nunca encontravam, pois a perseguiam fora deles e não como ela, dentro dela [...].
>
> – Vamos falar sério. O bailado não precede a música, nem esta o bailado. É dialéctico. Estória, música, bailado, nascem uns dos outros e, evoluindo, se modificam uns aos outros. Assim é que deve ser (*idem*, pp. 258-259).

Tudo se compõe diante dos olhos do leitor e de modo escancarado, no espaço artístico do romance: a escrita literária, como se viu; o roteiro do balé; a coreografia; a música etc. A pulsão metalinguística domina o processo e a reduplicação se faz a marca principal do texto, a partir mesmo da primeira metáfora nele erigida, a do *lago*, cujo "espelho" persegue toda a narrativa: "Lueji voltou ao lago da sua infância. Era elíptico, grande, só os bons nadadores o podiam atravessar no sentido do comprimento [...] era rodeado de plantas com caniços compridos e de folhas grandes [...] as rosas de porcelana" (*idem*, p. 9).

Por esse "espelho", assim proposto como metáfora do próprio fazer-se do romance, a narrativa visita seu código, revisitando outros que o suplementam: o do balé; o da música; o da pintura e o do próprio cinema. Como explicita ainda Ana Lúcia Andrade, tais "estratégias [são] utilizadas de forma a atingir o espectador" – no caso reduplicado pelo leitor – "envolvendo-o e estimulando-o a recorrer ao seu inventário imagético" (1999, p. 178).

Não é só pela montagem, entretanto, ou mesmo pelo jogo metalinguístico, que Pepetela tenta acionar o "inventário imagético" ou a cultura cinematográfica de seu leitor. O desenvolvimento temático de algumas de suas produções vai buscar, no arquivo da cinematografia, alguns motivos, referências e/ou cenas para que sua linguagem artística as reatualize. Cabe ao leitor decifrar o que se esconde no bloco mágico de sua criação, levantando pistas e/ou traços inscritos na "cera" de seu imaginário.

Percebe-se que algumas vezes o traço soterrado pertence já a um gesto pelo qual um texto literário na origem foi transformado em fílmico, percorrendo o caminho inverso. Mas a forma de resgate da cena e/ou motivo, justamente pela montagem das imagens, estabelece ilações mais fortes com o filme, por assim dizer. Lembram-se dois exemplos de romances onde o procedimento se revela: *A Geração da Utopia* e *A Gloriosa Família*.

Em *A Geração,* no corte de "A Chana" (1972), um quase texto dentro do texto, o "homem" – Aníbal ou Sábio – que protagoniza a grande cena e é mostrado como "um ponto minúsculo na chana" (1992, p. 121), se faz um bom exemplo do processo de decalque. Ele, pela obsessão de seu caminhar, por sua força e por sua inquebrantável deliberação de não se curvar frente aos desafios, parece uma reatualização da figura de Jordan, o Inglês, criada por Ernest Hemingway (1940) e imortalizada no filme de Sam Watson (1943). Como heróis que são,

Aníbal e Jordan lutam por uma causa que lhes parece justa, atualizando a pergunta posta pelo romance: "Até onde vai a resistência de um homem?" (1992, p. 143). Reforça o sentido de tal resistência a beleza da(s) cena(s) em que ela mais se mostra, quando se pode igualmente mensurar a incrível e inarredável solidão de ambos.

De outra parte, o polvo fantasmático de "enormes" proporções, na lembrança do mesmo Aníbal, tem um certo parentesco com o não menos enorme peixe de *O Velho e o Mar* (1952), também de Hemingway e levado à tela por Fred Zinemann e John Sturges. A luta do velho pescador Santiago é, no entanto, de certo modo amenizada com relação a Aníbal, já que o polvo se revela, uma vez vencido, "um polvinho, não o monstro marinho contra o qual combatera" (p. 249). E o personagem conclui sua avaliação, dizendo para si mesmo: "Foi a morte que te fez mirrar, ou foram estes trinta ou quarenta anos que levei para te matar? Hoje não és um monstro, mas sim o cadáver dum polvinho, certamente o maior destas águas. Não deixas de ser um polvinho. Tantos anos, tantos anos..." (*ibidem*).

O sentido da luta e o seu fim, a vitória e a decepção unem o "velho" e o "sábio", no mesmo e poderoso desencanto...

Quanto à *Gloriosa Família*, Matilde, a filha rebelde, livre e decidida de Baltazar Van Dum, estabelece uma rede de paralelismo com Scarlett O'Hara, cuja figura carismática parece reatualizar. Como se sabe, Scarlett é uma criação de Margaret Mitchell (1936), levada à tela por Victor Fleming, em 1939, em uma realização tornada antologicamente inesquecível. Basta que se lembre, para o estabelecimento do quadro comparativo, além da composição de Matilde, a cena do baile de casamento, uma clara reescrita da festa em que Scarlett é mostrada cercada por jovens oficiais sulistas entre os quais reina soberana, exercendo sua forte e poderosa sedução. No texto de Pepetela, Matilde, na referida cena, se encontra "no meio de uma roda de oficiais mafulos" que a "comiam com os olhos" (1997, p. 103). A montagem das duas tomadas se faz de forma absolutamente semelhante, mudados, é óbvio, os referentes espaciotemporais, assim como os simbólico-culturais, o que dá mais graça ao romance do autor: "Matilde recusou o vinho que lhe queriam servir mas aceitou um segundo refresco de múcua. Já um outro oficial lhe oferecia quitaba, que vinha cortada aos pedacinhos em cima de folha de bananeira [...]. E outro trouxe uma cadeira para ela sentar" (p. 105).

Dos imponentes salões da mítica Tara, para o terreiro da casa de Baltazar; dos oficiais sulistas para os mafulos; da bela e altiva Scarlett para a também bela e instigante Matilde, tudo ligado pela mesma sedução tecida pela linguagem e pela representação. A memória do leitor é levada a girar seus parafusos simbólicos e a paródia latente não consegue desfazer o antigo e o novo fascínio nela gravados ou grafados.

Não por acaso o romance se fecha como o filme, com a câmera a buscar obsessivamente a mulher que a fascinou. Ambas as protagonistas realizam um mesmo gesto de autoconfiança e de confiança no futuro, ao "apagar-se" da tela e da página, voltando estas duas ao seu branco original. Reiteram, na última cena, sua força inquebrantável, manifesta não só por suas ações, mas por seus juramentos e profecias. O amanhã é delas cúmplice e não as assusta:

> – E é verdade o que diz a sua irmã Gertrudes muito em segredo lá em Massangano? Que a Matilde jura que os Van Dum serão uma família gloriosa?
>
> – Tem dúvidas, senhor Câmara?
>
> E Matilde atirou ao velho flamengo o seu sorriso bonito e mais malandro. Se este não sentiu um fogo percorrer o baixo ventre é porque as velhas brasas estavam definitivamente extintas. Não as minhas (p. 406).

A metáfora das "brasas" se pode estender para o processo de sedução – sempre uma espécie de fogo – que o cinema exerce sobre o imaginário de Pepetela, em especial o gosto pela montagem. Há um texto que parece ser a síntese de tal processo, razão por que foi deliberadamente deixado para o final deste gesto de leitura. Trata-se de *Muana Puó*, para alguns de seus exegetas, um texto literário de difícil catalogação genérica: não é novela; não é romance; desliza entre prosa e poesia; beira o dramático etc. Sobre uma coisa não paira dúvida: o seu peso alegórico e o efeito de surpresa que causa no leitor, desde o próprio projeto gráfico do livro. Tal leitor, necessariamente, embora o aviso de que o "arranjo gráfico" é "de Edições 70", não tem como ler a obra sem incorporar as imagens da máscara nela reproduzidas. Ela aparece de forma estilizada sobre o amarelo da capa; na reprodução que abre o livro e no desenho do alto de cada página em que se registram os fragmentos narrativos, com exceção daquelas onde estão os segmentos numerados com algarismos romanos.

Os referidos segmentos se apresentam em caixa alta, em negrito, sendo abertos por epígrafes e grafados em itálico "*I O PASSADO*"; "*II O FUTURO*" e "*III EPÍLOGO*" (1978, pp. 11, 85 e 169). As epígrafes repetem sempre as duas frases iniciais – "Era uma máscara tchokuê. /Máscara de Muana Puó, a rapariga" (*idem, ibidem*), mudando-se o primeiro segmento da última frase, em claro processo de ampliação fotográfica: "Com ela se dança, na festa da circuncisão" (p. 11); "Esconde as lágrimas, na festa da circuncisão" (p. 85) e "Com ela se dança e esconde as lágrimas, na festa da circuncisão" (p. 169).

A proposta de decodificação é assim posta na roda da contação, ao mesmo tempo em que a descrição da máscara, nas tomadas iniciais dos ditos segmentos, vai ganhando cada vez mais nítidos contornos e igualmente se ampliando, com a câmera em volteios a surpreender-lhe os traços; os cortes ou cicatrizes; as linhas ovais; a expressão; seu sentido, enfim. Depois dos "exercícios" I e II – Passado e Futuro – o "Epílogo" se fecha, com o mesmo gesto, isto é, o gosto pela ampliação, já agora nos incluindo, como observadores que somos, e apelando para nosso próprio gesto de e/ou gosto pela decifração. A voz que se deixa ouvir categoriza tais observadores em três tipos – os dois primeiros, mais apressados, que "estudam a máscara", começando "nos olhos" ou "pela boca" (p. 169) – ou os "verdadeiros" que

> [...] começam pelos olhos até à boca e daqui voltam aos olhos para em seguida descerem à boca, e não mais se libertarem.
>
> Estes últimos compreenderão a ternura, o mutismo, a severidade, o grito, da máscara de Muana Puó.
>
> Por isso ela é enigmática (pp. 169-170).

Como o texto onde ela se inscreve/reescreve, ele próprio um quase filme resgatado em letra, daí o enigma de seu gênero literário e a não-rigidez de suas fronteiras. Tudo isso pede "observadores verdadeiros", identificados com o "grito" textual. Assim, ao insistir no primado do olhar; ao apelar para os fotogramas que se sequenciam no papel; ao optar pelo registro dos recortes, dos planos, das cenas, do jogo das imagens, enfim, que criam o "espetáculo", o realizador Pepetela parece saber, voltando a uma citação, já aqui recuperada, de Eduardo Geada, que "é em função do olhar do espectador e da sua capacidade de participação afetiva que o espetáculo se organiza" (1987, p. 9). Não por acaso, e por isso mesmo, a primeira palavra instauradora da narrativa é *fitar*. Por ela se põe em movimento a ação de "ver", ao mesmo tempo em que o significante *olho* faz sua festa:

> Fitou a máscara. Foi atraído pela tristeza dos olhos. Fixou-se na parte esquerda. Reconheceu-se nela.
>
> Ela foi fatalmente subjugada pelo olho direito. Nele se reconheceu (p. 13).

O processo de identificação/reconhecimento salta da diegese e atinge o leitor que é convidado também a exercitar o seu próprio olhar, participando afetivamente do espetáculo a seus olhos desdobrado nos pequenos fragmentos ou fotogramas que a partir daí se sucederão. Tudo é movimento, com a "câmera" ou o "olho do narrador" se comportando de forma intimista e optando o "engenheiro" de som por elidir os diálogos, bastante raros, como no cinema novo. Citando ao acaso um desses fotogramas (I, 18):

> Ela e ele corriam pelos espaços livres do alto da montanha, onde o capim é raro.
>
> Pararam.
>
> Olharam-se, desejando-se mudos.
>
> E gotejaram suavemente, até tombarem sobre o capim. Como se fosse a primeira vez (p. 49).

Talvez se pudesse "catalogar" *Muana Puó* – sobretudo quando se sabe que aos amantes não nomeados, em seu sonho de Calpe, se vêm juntar, na clave da mais pura alegoria, figuras de morcegos e de corvos – como um exercício do que se convenciona chamar, nas vanguardas, de "cinema poético". Tal forma de representação pula da tela para a página, contaminando a narrativa literária e fazendo com que ela igualmente pule do convencional para o experimentalismo. Pode-se estender, pois, para *Muana Puó,* e para já começar a concluir, o que Ismail Xavier afirma, ao analisar o referido "cinema poético":

> O cinema é instrumento de um novo lirismo e sua linguagem é poética justamente porque ele faz parte da natureza. O processo de obtenção da imagem corresponde a um processo natural – é o olho e o "cérebro" da câmera que nos fornecem a nova e mais perfeita imagem da coisa. O nosso papel, como espectadores, é elevar nossa sensibilidade de modo a superar a "leitura convencional" da imagem e conseguir ver, para além do organismo natural e a expressão do "estado de alma" que se afirmam na prodigiosa relação câmera-objeto (1984, p. 86).

A extensa citação dá o mote para o fecho desta leitura, daí a impossibilidade de qualquer espécie de corte. Vê-se, no fascínio exercido pelo cinema no imaginário de Pepetela, ou em sua sedução, o "instrumento", no caso principalmente de *Muana Puó* e/ou de *Lueji*, de "um novo lirismo" que se faz presença na natureza do próprio texto. Daí por que sejam "o olho e o 'cérebro'" do narrador os elementos "que nos fornecem a nova e mais perfeita imagem da coisa". De outra parte, tal procedimento leva o leitor de sua obra, aceitando aqui o jogo instigante de *Muana Puó*, a deixar de lado a "leitura convencional" das imagens ficcionais montadas pelo escritor. Assim, este mesmo leitor passa a participar mais ativamente da festa linguajeira, colocando em seu próprio rosto a máscara ritual desses novos tempos literários. Tal máscara o obriga, de outra parte, a participar da dança do rito ficcional, ele próprio, do ponto de vista de sua organização interna, uma outra e simbólica "festa da circuncisão".

Referências Bibliográficas

ANDRADE, Ana Lúcia. *O Filme dentro do Filme*: A *Metalinguagem no Cinema*. Belo Horizonte, Editora UFMG, 1999.

BENJAMIN, Walter. "A Obra de Arte na Era de sua Reprodutibilidade Técnica". *Magia e Técnica, Arte e Política: Ensaios sobre Literatura e História da Cultura.* 7 ed. São Paulo, Brasiliense, 1994, pp. 165-196 (*Obras Escolhidas;* vol. 1)

EISENSTEIN, Sergei M. *O Sentido do Filme.* Rio de Janeiro, Jorge Zahar, 1990.

GEADA, Eduardo. *O Cinema Espectáculo*. Lisboa, Edições 70, 1987.

PEPETELA (PESTANA, Artur). *Muana Puó.* Lisboa, Edições 70, 1978.

______. *Mayombe*. São Paulo, Ática, 1982.

______. *Yaka*: *Romance*. São Paulo, Ática, 1984.

______. *O Cão e os Calus.* 1. ed. Rio Tinto, Edições Asa para a União de Escritores Angolanos, 1988.

______. *Lueji: O Nascimento de um Império.* Porto, Edições Asa para a União dos Escritores Angolanos, 1989.

______. *A Geração da Utopia: Romance.* Lisboa, Publicações Dom Quixote, 1992.

______. *A Gloriosa Família: O Tempo dos Flamengos.* Lisboa, Dom Quixote, 1997.

XAVIER, Ismail. *O Discurso Cinematográfico: A Opacidade e a Transparência.* 2. ed. rev. Rio de Janeiro, Paz e Terra, 1984 (Cinema, vol. 4).

IO

O Homero Angolano

LOURENÇO DO ROSÁRIO*

Aos homens visionários está reservada a capacidade de antecipar realidades a partir da conjugação de factores do seu tempo, bem como das ilações tiradas da aprendizagem que a vida lhes vai conferindo.

Como professor de literatura sempre me interessou abordar Pepetela e acompanhar o seu percurso romanesco. Grande parte dos textos completos que adoptei nos cursos de licenciatura e mestrado, por mim ministrados contaram com a presença de romances deste autor angolano.

Mais do que comprometido com o seu ideal, Pepetela é um obcecado por uma determinada cosmogonia. Isso mesmo, se do caos se faz o cosmos, Pepetela tem as coordenadas para o seu próprio cosmos. Um a um, os seus romances são todos eles ao fim e ao cabo ensaios fictivos de uma grande obsessão do escritor, académico, político e cidadão profundamente empenhado e comprometido com as grandes causas do espaço em que teve a sorte (azar) ou acaso de nascer. Até hoje (2001) o conjunto das obras de Pepetela transportam-me irreparavelmente e sempre a visualizar uma outra obra de Samuel Beckett que me marcou profundamente através da convivência simultânea do pessimismo com o optimismo sem se neutralizarem,

* Lourenço do Rosário é Professor e Reitor da Universidade Politécnica (Moçambique).

essa obra é *Esperando Godot*. Deste modo, para mim, a obra de Pepetela é como que um grande desdobramento dessa peça metafórica configurando a história da sociedade angolana, onde o pessimismo e o optimismo se interpenetram constantemente nos factos, nos actos e no carácter das pessoas.

Autor intimamente ligado a história do seu país, Pepetela lega-nos, nos seus romances, a visão fictiva dos acontecimentos e fenómenos marcantes daquela sociedade, momento a momento, época a época, incidência a incidência. Abordar qualquer obra ou aspecto de qualquer obra é revisitar fragmentos da história da sociedade angolana desde os primordios pré-coloniais ao período colonial até os momentos mais actuais.

Quer isto dizer que a obra de Pepetela fictiva embora jamais se distancia da história da sociedade que lhe diz respeito. Através da sua escrita nós conseguimos apreender as principais vicissitudes por que passou e passa a formação da identidade angolana. Tal como diz a teoria marxista sobre o valor dos estudos literários, a obra de Pepetela é uma fonte sólida das pulsões centrípetas e centrífugas dos factores que concorrem para a formação da sociedade angolana. Se em Homero encontramos a síntese mitológica das origens da civilização grega, Pepetela assume-se também como sujeito através de quem apercebemo-nos de toda a complexidade concentrada no território em que as sua gente se quer ver angolana.

Em *As Aventuras de Ngunga* e *Mayombe* tínhamos um autor épico cantando a gesta dos heróis fundadores, mas é a partir de *Yaka* sobretudo que o autor se lança definitivamente na grande arquitectura de estruturação dos feno e genótipos da sociedade angolana em construção. Investido de todo o poder mágico e profético que só aos eleitos, aos génios e aos poetas é concedido, Pepetela não só sintetiza como também antecipa fenómenos sociais, políticos, económicos, culturais, mitológicos e até simbólicos que as gentes que habita o território de Angola viveram e vêm vivendo antes e depois da chegada dos primeiros navegantes europeus.

***

A obra *Yaka* é o ponto de viragem e concentração de toda a sua estrategia literária. A galeria de personagens escolhidas e o tipo de caracterização que lhes é concedida, faz desta obra o primeiro ensaio na área do romance histórico, no qual as personagens tipo aqui criadas permanecerão cofigurando e desdobrando-se em outros romances posteriores com outros nomes, outras famílias, outros contextos, outros actos e factos mas mantendo a natureza e as características próprias de quem faz parte de uma sociedade em devir e construção contraditória constante.

***

A história pessoal da família Semedo polarizada pelo tíbio Alexandre Semedo, patriarca do clã, que ao longo de 85 anos sintetiza a história da sociedade angolana dos finais do século XIX até à altura da independência, permite ao autor lançar um a um todo o projecto de personagens que depois irão aprofundar as suas características, como tipos pepetelianos, em outros romances posteriores. A aceitação táctica da incorporação da mitologia grega na formação identitária da Civilização Ocidental que através do colonialismo arribou a terras angolanas, constituindo-se em factor importante na formação por sua vez da identidade do povo angolano, é um dos estandartes mais fortes e recorrentes na obra de Pepetela. Contudo, desde o início que essa aceitação não é linear, pelo contrário o autor utiliza-a numa perspectiva problemática.

O autor de *Yaka* traça com muito rigor e prova que está consciente do real valor acerca da contribuição dos vários povos e culturas em presença para a formação do futuro homem angolano, mas nunca se compromete com qualquer linha, absorvendo pelo contrário as várias hipóteses de solução, mantendo embora a única constante possível: a de aceitação da complexidade do processo e dos caracteres.

Alexandre Semedo, 85 anos de vida, representa tudo e todos e é, do meu ponto de vista, o símbolo do projecto romanesco de Pepetela. Ele congrega em si o conjunto das características de todas as restantes personagens de *Yaka* quer através do que faz ou não faz, do que pensa e diz ou não diz, do que vê e opina ou não opina. Por outro lado, todas as outras personagens constantes no mesmo romance, desde os filhos, Aquiles, Orestes, Eurídice, passando pelos netos com nomes gregos e aquelas outras que foram entrando sem nomes gregos, nomeadamente filho e neto fora do casamento, genro e nora, não são mais do que ampliações ou derivações da matriz representada pelo controverso Alexandre Semedo. Por outro lado todo o diálogo unilateral que tenta manter com a máscara *Yaka* de que obtém apenas o silêncio e finalmente uma provável resposta só às portas da morte representa no fundo a grande dificuldade que os vários protagonistas em presença enfrentam para entender a linguagem do outro.

Joel, o neto de Alexandre Semedo, o único a que Alexandre Semedo não quis pôr um nome grego e de quem sempre desconfiou, é simbolicamente a personagem a quem o velho Semedo vai legar o seu destino telúrico. Num diálogo de passagem de testemunho, e porque este jovem será o único que opta por ficar em Angola na hora da debandada do clã, e morte do velho Alexandre Semedo, adopta o nome de Ulisses, essa figura mítica grega que depois de Troia demanda Ítaca mas que deambulou perdido por longo tempo por mares e perigos vários, simbolizará todos aqueles que como o autor de alguma forma acreditam na formação identitária angolana.

Pepetela, ao escolher esta figura para concluir o seu romance, mais não faz do que colocar um grande ponto de interrogação ao qual tentará acompanhar nas suas obras posteriores: Será que o Ulisses angolano terá a ventura de chegar a Ítaca?

II

As Aventuras de Ngunga: Nas Trilhas da Libertação

MARIA DO CARMO SEPÚLVEDA CAMPOS*

Hay hombres que luchan un día
y son buenos.
Hay otros que luchan un año
y son mejores.
Hay quienes luchan muchos años
y son mui buenos.
Pero hay los que luchan toda la vida:
esos son los imprescindibles.

BERTOLT BRECHT

Com *As Aventuras de Ngunga* somos conduzidos por Pepetela ao interior de Angola, penetrando, assim, nos bastidores da luta armada: local de muitas experiências no percurso da construção da identidade nacional. O sonho que há tanto tempo vinha sendo tecido com os fios da resistência, com a força paciente dos que aprenderam a silenciar e com a coragem dos que fizeram da conquista da liberdade seu maior desafio só poderia concretizar-se quando trincheiras rasgassem o solo de Angola para defender seus filhos enfim dispostos a pegar em armas na luta pelos seus direitos. É o momento em que a vida sem a independência perde completamente o sentido. Então é chegada a hora de tudo arriscar e, para tanto, contar com os *imprescindibles,* homens capazes de se entregar à construção do sonho com todas as armas disponíveis, tanto as que são prolongamento do seu corpo – voz, letra, gestos e ideias – quanto as que são conseguidas na clandestinidade ou arrancadas das mãos que tentam exterminá-los.

* Maria do Carmo Sepúlveda Campos é doutora em Letras Vernáculas pela Universidade Federal Fluminense (UFF).

A cena literária angolana traduz muito bem o sonho de liberdade dos guerrilheiros-escritores e assim, num momento histórico dramático para o povo angolano, nasce *As Aventuras de Ngunga*. Entre as muitas personagens, símbolos de resistência, que compõem a galeria dos que vieram à luz para divulgar entre os angolanos a convicção de que a luta pela libertação exigia homens incorruptíveis e dispostos a tudo fazer pela reconquista da terra, destacamos o jovem Ngunga em sua trajetória de aprendizagem de como tornar-se um guerrilheiro-modelo, através da conquista da integridade, do autoconhecimento e da consciência política. Pepetela, por conhecer na prática o interior da engrenagem política que se organizava a favor da independência, detecta com lucidez as peças que emperram seu funcionamento e denuncia, através de sua ficção, o prejuízo causado por posturas equivocadas, apontando comportamentos que poderiam contribuir para o aperfeiçoamento das estratégias de luta.

Acreditamos que Ngunga, em função do contexto em que é gestado, espelha todas as virtudes essenciais ao modelo de identidade angolana com que o escritor em questão deseja ver formadas as novas gerações de sua terra que deverão sustentar as conquistas já alcançadas e dar continuidade ao aprofundamento das lutas pelas quais se garantirá o futuro da nação que naquele momento está sendo construída. Avaliando o significado cronológico da obra de Pepetela, atentamos para o fato de que, na origem da narrativa de que nos ocupamos, está o romantismo revolucionário que levou o escritor a apostar (até mesmo sua vida) na construção da utopia de que, com a libertação, todos os problemas da colônia seriam solucionados (posição que mais tarde será questionada em outras obras)[1].

Com efeito, a narrativa de Pepetela traduz as necessidades, as angústias, os dramas existenciais e desejos do homem africano que buscava encontrar sua verdadeira face mesmo que

1. *O Cão e os Caluandas* (1985), *Lueji* (1989), *A Geração da Utopia* (1992).

fosse preciso descobri-la no confronto com a morte. No espelho ficcional refletiam-se os conflitos políticos e sociais, as referências à sexualidade, à realidade trágica e cruel das relações humanas que permitiam a adesão do leitor à estória narrada. Com Ngunga, cumpre-se a conquista da independência do homem que investe no resgate da autoestima, dispondo-se a lutar contra todos os perigos e obstáculos da viagem, arriscando a cada momento sua vida, aventurando-se pelo desconhecido em busca do autoconhecimento que lhe permitiria atuar pela dignificação do seu povo. Nesse sentido, o autor coloca a personagem face a elementos, fatos, situações e experiências que a fazem refletir, dialogar, elaborar ela própria suas respostas através de questionamentos que põem em xeque a credibilidade de adultos que na condição de líderes deveriam apresentar-se como modelo de seriedade, coragem e verdade.

Ao lado da intenção pedagógica, característica da tradição oral que transparece na narrativa, sublinhamos ainda que o autor atribui à literatura uma função ética que busca interferir no mito da perfeição do universo tradicional africano. Ao assumir uma posição crítica diante da fragilidade das estruturas sociais africanas, Pepetela desmascara comportamentos a serem revistos e alterados para que se cumpra o verdadeiro objetivo do ideal revolucionário. Tal objetivo, rompendo com visões maniqueístas apenas sustentáveis em universos limitados e excludentes, ganha uma dimensão que ultrapassa experiências locais.

As Aventuras de Ngunga reúne exemplarmente os temas da viagem, da guerrilha e da tradição. A viagem – metáfora do processo de iniciação por que deve passar o africano para atingir a maturidade – constitui, na narrativa de Pepetela, o viés que aglutina a guerrilha (aprendizagem de vida essencial no momento em que o texto é gerado) e a tradição ("concepção africana do mundo"[2] que, sem os ranços e vícios que a corromperam,

2. Honorat Aguessy, "Visões e Percepções Tradicionais", em *Introdução à Cultura Africana*, Lisboa, Edições 70, 1980, p. 112.

deve ser incorporada pelas novas gerações que representarão a identidade da nação em processo de construção).

Vejamos, então, as experiências desvendadas por Pepetela nessa aventura que se desenrola nos bastidores da luta pela libertação de Angola.

Os passos da personagem, a princípio inseguros, vão traçando as rotas, abrindo trilhas que são construídas a cada movimento do desbravador. Cada marca deixada no chão é única e cada passo define em que direção seguirá o novo caminho. Um guerrilheiro não aprende na escola oficial os segredos de sua batalha, nem o manuseio das armas que, para livrá-lo da morte, deverão ser detonadas contra outro ser humano. Só construindo sua caminhada terá oportunidade de penetrar no verdadeiro universo da guerrilha e desvendar seus mistérios: conhecer a fragilidade de seus líderes, o risco e o fascínio do poder, o caráter pernicioso da mentira e a máscara bolorenta da falsa moral para, de posse de uma visão crítica, refazer, a cada passo, o rumo e a feição de sua própria trilha. Em sua leitura do mundo, Ngunga aprende a decifrar a realidade. Identificando as armadilhas que aprisionam o seu povo e o veneno que enfraquece seus irmãos, capacita-se para enfrentar suas próprias ameaças.

Pela revolução uniram-se, nesse movimento de intensas lutas e de profundas tensões, intelectuais e analfabetos, crianças e adultos, negros e brancos – africanos ou estrangeiros – que comungavam o mesmo ideal de liberdade, tudo apostando na utopia de que com as suas vidas estavam a construir a soberania de uma nação. Disso decorre o tom épico e didático emprestado por Pepetela à sua narrativa que, em capítulos curtos, tecidos com uma linguagem semelhante a dos *griots*, conta a estória de um pioneiro que se aventura pelas trilhas da sua terra para iniciar-se na arte de ser guerrilheiro. O texto afirma-se como um grito de convocação, como um apelo de adesão às forças revolucionárias e, por isso, apresenta uma personagem-símbolo do que o homem africano pode fazer pela sua terra. À medida que as páginas vão sendo viradas, as lições vão-se apresentando aos leitores que, pelos olhos de Ngunga, penetram no interior de Angola para conhecer seus costumes, seus segredos, suas mazelas e sua grandeza. E os ensinamentos se sucedem. Logo no primeiro capítulo, o autor enfatiza alguns pontos fundamentais: há uma ferida a ser curada urgentemente, pois, caso contrário, trará sérias consequências; os inimigos (colonialistas) matam sem piedade velhos e mulheres que trabalham a terra; o homem africano precisa preparar-se para a viagem, conhece bem os caminhos e não teme a noite. Os dados estão lançados, a posição das peças exige nossa atenção e Ngunga nos conduz nessa aventura.

A lição da reconstrução pelo trabalho paciente e constante que alimenta a esperança cresce significativamente com a associação ao nascimento de uma criança – festa que reúne várias aldeias, motivo de regozijo e celebração que sublinha inúmeros procedimentos habituais da sociedade africana: a importância da participação da coletividade em todos os acontecimentos; a parceria tanto na preparação dos alimentos quanto nas atividades revolucionárias; o direito que todo visitante possui de participar de uma festa; o respeito à fala dos mais velhos; e, sobretudo, o estabelecimento da reunião comunitária como espaço de troca de informações. Ngunga está atento aos costumes de sua terra e observa o comportamento inadequado do Presidente Kafuxi, registrando sua decepção. Estabelece-se, neste ponto da narrativa, a função primordial do protagonista das aventuras: denunciar o desrespeito aos costumes que precisam ser mantidos e questionar os que devem ser alterados, promovendo mudanças que revitalizem a estrutura tradicional. Ngunga caracteriza-se, então, como o herói que não deseja riqueza, honra, poder ou imortalidade, mas que aspira à integridade, ao conhecimento e à sabedoria. Por onde passa deixa a marca de sua atuação. No kimbo do Presidente Kafuxi, desmascara a exploração, a mentira e o egoísmo, revelando, com firmeza e coragem, que nem sempre as palavras são as armas mais eficientes.

Ngunga parte, mas deixa naquela comunidade uma importante lição a ser registrada: os mais velhos devem ser respeitados quando merecem respeito, mas, quando pactuam com a corrupção e são minados pelo desejo de poder, devem ser denunciados para que não enfraqueçam o caráter da nova nação que está sendo construída. Ngunga, duplo do Quixote em sua utopia de consertar o mundo, prossegue sua viagem, tendo, porém, aprendido a desconfiar de valores que considerava inquestionáveis: a veracidade da palavra e a integridade dos mais velhos.

Em sua errância pelas trilhas que serpenteiam por entre os núcleos da luta entre colonialistas e africanos, Ngunga alimenta-se da natureza, investiga a nascente do rio e expressa seu desejo de "ver o mundo" e de saber se "em toda a parte os homens são iguais, só pensando neles" (p. 17), o que lhe é facultado ao penetrar no seio da guerrilha, onde passa pela perda de seu mito (Nossa Luta) e tem a oportunidade de conhecer outros guerrilheiros e União. Ao lado dos ensinamentos do professor (que, como Nossa Luta, traz inscrita em seu nome a simbologia dos pontos-chave da ação revolucionária), o pioneiro vai compreender, com muita dor, a profundidade da ferida causada pela discórdia entre irmãos da mesma raça que deveriam, em vez de lutar entre si, unir forças em torno da conquista da mesma bandeira. Quando Pepetela encena a rivalidade entre a personagem Chivuala e Ngunga antecipa, em sua ficção, os conflitos que assolariam Angola após sua libertação do domínio português, e assegura, através da exemplaridade de seu texto, que o Bem – Ngunga – prevalecerá sobre o Mal – Chivuala, o que fica claro quando este último é expulso da escola.

Em seu "caderno de anotações", Ngunga registra mais uma lição: nem todos os adultos são inteiramente maus, pois o professor, que é adulto, "é capaz de ser ainda um bocado criança" (p. 30). Por isso, ainda é bom. E esta é sua última aprendizagem antes da prova definitiva para tornar-se guerrilheiro. A hora da travessia não se faz esperar e, ao lado do professor, o pioneiro inicia-se no perigoso ofício de Marte: aprende a raiva contra o inimigo, a satisfação de derrubar um adversário e a amarga humilhação da derrota.

Muito longa é a trajetória de aprendizagem de Ngunga e o confronto com a PIDE significa mais uma etapa rica em ensinamentos, da qual faz parte conhecer o pensamento alienado de alguns de seus iguais que, ignorando o significado da luta pela liberdade, repetem o discurso colonial e tornam-se "criados dos portugueses", não podendo ajudar o pioneiro na libertação do professor. Sem aliados, reconhece a importância da escola e lamenta não ter aproveitado melhor seu tempo enquanto a frequentava: "Sim, se soubesse escrever, podia meter um bilhetinho na cela de União e combinarem juntos a fuga" (p. 37). Embora a personagem União seja transferida para o Luso, frustrando os planos de Ngunga, seu grito de alerta fica registrado como a "última lição que dele recebeu: – Nunca te esqueças de que és um pioneiro do MPLA. Luta onde estiveres, Ngunga" (p. 38). E Ngunga, pensando nas palavras de União, elimina o grande monstro que ameaça a causa revolucionária (o chefe da PIDE), recupera as armas para o Movimento e grita para as árvores: "O pioneiro do MPLA luta onde estiver" (p. 39). Reafirmando, com seus atos, a aprendizagem de uma lição essencial para sua vida de guerrilheiro.

Não terminam com este episódio as experiências de Ngunga em seu percurso de reflexão sobre a construção nacional. Em sua errância solitária, reflete sobre sua vida e faz um balanço de suas vivências e dos valores dos que com ele conviveram, concluindo, através da maturidade alcançada em sua trajetória, que, "Bons ou maus, todos tinham uma coisa boa: recusavam ser escravos, não aceitavam o patrão colonialista. Não eram como os G.E. ou o cozinheiro da PIDE. Eram pessoas; os outros eram animais domésticos" (p. 41).

Pepetela redimensiona sua prática revolucionária ao ultrapassar os limites do campo de batalha e lançar seu apelo de adesão à luta pela independência a todos os seus irmãos angolanos. *As Aventuras de Ngunga* reafirma a realização de seu projeto político-ideológico-literário, espelhando a habilidade do escritor e a convicção do combatente. Seu herói não escapa ao humano e trágico destino de todos os mortais, mas expõe em seu itinerário cada etapa por que deve passar o homem na conquista de seu autoconhecimento. Com essas experiências de vida são representadas, nessa narrativa, trilhas de libertação que refletem a multiplicidade dos fios que compõem o emaranhado tecido existencial, mas que, num imprevisível e inesperado ponto, se cruzam e fortalecem novos laços, outros nós.

Referência Bibliográfica

PEPETELA. *As Aventuras de Ngunga.* São Paulo, Ática, 1980.

12

Muana Puó: Uma Pequena Leitura da Máscara

MÁRIO CÉSAR LUGARINHO*

Para Walter Benjamin, a História pode ser acompanhada pela escrita alegórica que a segue e subjaz nos interstícios que o discurso histórico deixa em aberto, isto é, a representação alegórica, inicialmente própria do drama barroco alemão, segundo Benjamin, converte-se num outro da História, capaz de indicar-lhe sentidos não observados pelo historiador. Benjamin assinala uma relação de solidariedade entre a *verdade* que o texto historiográfico busca representar e os valores sustentados pela alegoria numa contraposição àquela verdade, acabando por conformá-la como o *outro* História, dando-lhe os sentidos vários que aquele que narrou a História elidiu de seu texto.

Muana Puó, livro escrito por Pepetela em 1969 e publicado somente em 1978, constitui-se em uma alegoria de um tempo passado. Ao recuperá-lo devemos ter em mente que sua produção envolvia uma urgência histórica. Nesses tempos de desilusões pós-modernas, a leitura de *Muana Puó* soa como um eco de um passado não muito distante, quando era, ainda, possível se ter a utopia na expectativa do futuro.

Passados mais de trinta anos de sua composição e mais de vinte de sua publicação, *Muana Puó* se nos apresenta como

* Mário César Lugarinho é Professor de Literaturas Africanas de Língua Portuguesa na Universidade de São Paulo (USP).

uma narrativa distante não só no tempo histórico mas também no tempo literário. Sem dúvida, a obra de Pepetela será lembrada por narrativas mais complexas, em que a História de Angola é a grande interlocutora, do que por *Muana Puó*, uma narrativa alegórica dos tempos da guerra colonial.

Quando a Literatura anima a utopia, está cumprindo o seu papel alegórico, no sentido benjaminiano, porque problematiza o presente, ao colocar o futuro prometido em tensão com o passado vivido. Dessa maneira, essa escrita alegórica pode tornar-se mais eficaz do que a narrativa de fundo histórico, em que se encontram claras as relações entre o narrado e o vivido. Mais eficaz porque pode transitar no tempo, descolada da referencialidade histórica. Sem dúvida, tal polaridade é permanente em Angola, em que a Literatura se mantém sob o estatuto de discurso histórico.

Num primeiro momento, podemos observar em *Muana Puó* que há uma insistência no modelo de utopia já proposto por Luandino Vieira, em *Luuanda* (1965), no que tange à formação da identidade nacional angolana. Na obra de Pepetela, contudo, a utopia não só se constitui no momento heroico da guerra, no momento fugaz da vitória e da independência, mas, também, através da construção de uma unidade em torno do ideal nacional. *Muana Puó* revela-nos, assim, uma utopia prospectiva, se assim podemos dizer, já que não interessa unicamente o momento máximo da vitória, mas o momento posterior de construção do futuro.

Como escrita alegórica, *Muana Puó* não se oferece facilmente à leitura. Apesar de se observar, de forma imediata, a proposta de utopia, ela se apresenta de maneira alegórica, como a própria máscara tchokuê que intitula a narrativa. Na máscara de Muana Puó, "a rapariga. Com ela se dança, na festa da circuncisão", encontra-se a mediação entre o alegórico da narrativa e o histórico da narração, isso porque, alheia às ações narradas, tutela a ação de narrar do narrador. A máscara comparece em momentos pontuais e marcantes da narrativa que, na verdade, não é sobre a máscara, mas sobre uma comunidade de corvos opressores e morcegos oprimidos, todos em luta pelo mel, produzido pelos morcegos para o alimento dos corvos, e que deveria ser repartido entre todos.

O alegórico se insere não pelo tom de fábula da narrativa mas pelo fato de a máscara se constituir como o mundo que é compartilhado tanto por corvos quanto por morcegos. O mundo é oval, oval como a máscara de Muana Puó. A máscara além de constituir o mundo é, também, aquela que divide esse mundo de maneira que se possa perceber os justos e os injustos, o legítimo e o ilegítimo. Nesse mundo há uma montanha sagrada, cercada de interdições, a que ninguém deve ter acesso.

Ao mesmo tempo em que corvos e morcegos disputam o mel, um macho e uma fêmea buscam um ao outro. Há, nesta reedição do casal primordial, a articulação entre o alegórico e o histórico, de maneira que o casal possa fazer a ponte entre a alegoria da fábula e a História referente:

> – Quando os corvos forem derrotados, não será só aqui na montanha que o Sol será azul. Por toda a parte ele dardejará rosas sem espinhos... – dizia ele.
>
> E ela sorria àquela verdade desejada.
>
> – Os meninos brincarão com o vento da madrugada, com ele fixando o capim à terra...
>
> – E os morcegos comerão mel e não excrementos... – concluiu ela.
>
> – Que maravilhoso será o mundo quando os que constroem comandarem!
>
> Encantaram-se.
>
> Ela ofereceu-se ao ar puro da manhã. Ele possuiu-a. Como a primeira vez (pp. 51-52).

A alegoria, entretanto, não se encontra exatamente no correr da fábula dos corvos e morcegos. Ela se encontra nas aparições da máscara no correr da narrativa, de maneira que se torne o ponto cego do texto para onde todos os sentidos convergem e, simultaneamente, se percam. A máscara define a forma de como o texto exige ser lido para que os vários sentidos possam ser percebidos nos seu fulgor.

Através da abertura das três partes constitutivas da narrativa, o narrador fala ao leitor da máscara de Muana Puó, em cada momento com maior precisão. Na primeira parte, intitulada "I Passado", a máscara é apresentada em sua constituição física, detalhes do entalhamento e formas do rosto representado; uma pequena epígrafe fala do uso ritual. Ficamos sabendo que a máscara é feminina e é utilizada na festa de circuncisão dos tchokuês. Na segunda parte, intitulada "II Futuro", novamente há uma epígrafe através do qual se sabe que a máscara encobre, na festa da circuncisão dos tchokuês, as lágrimas de dor; o texto que segue volta a descrever a máscara em sua constituição física, detalhada, mas são acrescentadas informações a respeito da forma dos desenhos que são gravados em sua superfície, um sol, em quatro posições, uma cruz deformada ou os quatro elementos. A terceira parte, intitulada "III Epílogo", apresenta chaves de leitura para a escrita alegórica de *Muana Puó:* percorrer a narrativa passa a equivaler a conhecer a máscara e percorrer seus detalhes – narrativa e máscara compartilham uma identidade, assim como a máscara encobre o oco em que a cabeça do iniciado é inserida, o oco da narrativa é o lugar exigido ao Leitor, posto que esse não passará incólume pelas páginas de *Muana Puó*. Mesmo que trinta anos tenham-se passado e a máscara seja a lembrança de tempos de quando a História possuía futuro.

Referência Bibliográfica

PEPETELA. *Muana Puó.* 2. ed. Lisboa, Dom Quixote, 1995.

13

Mayombe: Angola entre o Passado e o Futuro

MARINA RUIVO*

Mayombe foi escrito no princípio da década de 1970, mais exatamente em 1971, quando o guerrilheiro e escritor Pepetela encontrava-se combatendo no enclave de Cabinda, que então constituía a 2ª Região Político-Militar do MPLA (Movimento Popular de Libertação de Angola). A região abriga a grande floresta do Mayombe, incorporada no romance mediante sua coloração infinita de verdes, suas enormes árvores, muitas lianas, e também perigos e encantamentos diversos, configurando-se como um espaço que adquire bastante relevância na narrativa, interagindo vivamente com os personagens.

Somos lançados ao interior da luta de libertação angolana, mas neste romance, em proporção maior do que o desenrolar das ações propriamente militares contra o exército colonial, o que ganha corpo é a caracterização da humanidade e da individualidade dos militantes, em suas relações entre si, no convívio diário na base guerrilheira. Os guerrilheiros, reconhecendo as necessidades históricas da luta que travam, deixam entrever a cada passo suas interioridades, quando então se manifestam os temores, as dúvidas, e também as motivações peculiares e específicas que levaram cada um a se engajar.

* Marina Ruivo é doutoranda em Letras na Universidade de São Paulo (USP).

Assim, por exemplo, Teoria, o professor da base guerrilheira, é aquele que luta pela afirmação do "talvez", como alternativa a um "universo de sim ou não, branco ou negro" (p. 7), buscando contrapor-se ao maniqueísmo e procurando vencer seus medos interiores. Dos diversos "náufragos numa ilha que se chama Mayombe" (p. 14), conhecemos ainda o ex-marinheiro Muatiânvua, "o que é posto de lado, porque não seguiu o sangue da mãe kimbundo ou o sangue do pai umbundo" (p. 133), defendendo um nacionalismo internacionalista, acima das divisões étnicas; Mundo Novo, caracterizado como um intelectual dogmático em sua análise da realidade; o Chefe do Depósito da retaguarda (situada em Dolisie), para quem "as palavras só valem quando correspondem ao que se faz na prática" (p. 204); o Chefe das Operações, camponês que tenciona compreender a participação dos intelectuais na luta; André, o responsável pela retaguarda, que no entanto faz uso pessoal do dinheiro do Movimento.

Por meio do que nos conta o narrador, pelos constantes diálogos dos personagens, bem como pelos momentos em que compartilham a narração e a assumem em primeira pessoa, os homens do Mayombe manifestam suas vozes, pontos de vista e questionamentos. A oposição ao colonizador é uma convicção para os guerrilheiros, e suas preocupações não se concentram somente nesse embate, mas já nos apontam os obstáculos a serem transpostos por eles, angolanos, para a efetiva libertação da nação. Obstáculos como o chamado "tribalismo", os conflitos entre as camadas intelectuais e as camponesas, além da prática de corrupção por parte de alguns dos militantes que ocupavam cargos de direção e da política muitas vezes excessivamente centralizadora dos dirigentes. Preenchendo o silêncio da floresta, encontram-se, portanto, os próprios angolanos, de posse da terra que é sua, vislumbrando e enfrentando as suas dificuldades.

O personagem de maior destaque na realização e fomento dessas interrogações sobre o futuro de Angola é o Comandante da base, Sem Medo, figura ambígua, ao despertar tanto admiração quanto rejeição, cuja presença é, porém, sempre magnética, marcando a narrativa do princípio ao fim. Os principais traços deste personagem são a irreverência, o despojamento heroico, e a certeza da vitória da luta de independência, associada à noção dos perigos gigantescos a serem enfrentados depois, para que fosse possível a construção de uma nação angolana efetivamente livre. Sem Medo é ainda aquele que constantemente busca acercar-se do segredo de cada guerrilheiro sob seu comando, compreendê-los em sua diversidade e individualidade, na tentativa de ir além dos rótulos com que, em geral, são classificados os seres humanos.

Mayombe apresenta-nos uma multiplicidade de relações que se criam entre os guerrilheiros, como as relações de amizade, disputa, enfrentamentos, desconfianças. De todas elas, uma é central para o significado do texto, adquirindo os contornos da transmissão de saberes de uma geração para outra: a que se trava entre Sem Medo e João, o Comissário Político da base guerrilheira. Este, aos 25 anos (somente dez anos a menos que o Comandante), caracteriza-se como um militante bastante sério, responsável, extremamente objetivo, racional e rígido em sua interpretação do mundo.

A amizade entre os dois floresce como uma relação entre um mais-velho e um mais-novo, sugerindo uma aproximação às culturas tradicionais angolanas, pela importância e sabedoria atribuídas aos velhos. No romance, o Comandante reconhece em si mesmo os sinais do envelhecimento e procura preparar e possibilitar o surgimento do novo. Desejando ardentemente a independência angolana, não conseguia, contudo, conceber sua participação na nova nação, vislumbrar sua atuação neste novo momento histórico que viria. Acima de tudo, como se vê, Sem Medo é o que prepara as novas condições e realidades, o que faz a ponte entre o passado e o futuro, mas que reconhece seus próprios limites, os limites de seu papel. De acordo com o próprio romancista, o Comandante "só podia viver numa situação de luta. Era uma personagem que não tinha capacidade para viver além disso"[1].

Pensando a vida como uma "criação constante, morte e recriação" (p. 98), Sem Medo, paralelamente à sua atuação direta na luta de libertação nacional, age visando propiciar a libertação dos homens, a libertação de cada um dos angolanos. Seu desejo é não somente expulsar o colonizador, mas, ecoando as vozes e os desejos de muitos homens e mulheres dos anos 60 e 70 do século passado, Sem Medo quer possibilitar, a partir da criação dos homens novos, uma nova sociedade, chegando inclusive a afirmar que "O que interessa é fazer a Revolução, mesmo que ela venha a ser traída" (p. 260).

É no contexto desse seu desejo de agir para a criação de homens e mulheres livres, de individualidades livres em uma nação também livre, que se pode compreender a relação que estabelece com o Comissário Político, relação esta que fecunda o processo de transformação e amadurecimento do jovem João. Desde o princípio da narrativa, aqui e ali, comparecem pequeninos sinais da transformação em processo do Comissário, o qual vai se dando conta, pelos choques que sofre, de que a realidade não corresponde exatamente a nossos sonhos, nem mesmo a realidade de uma luta de libertação nacional, e de que, ainda que lutando para erigir o projeto libertário em realidade, não há nenhuma espécie de garantia de que o sonho vá-se transformar em realidade plena.

Ao perceber o comportamento de André, desviando dinheiro do Movimento para uso pessoal, o Comissário sofre e vivencia seus primeiros embates, não só com o outro, mas consigo mesmo. O episódio que funciona como gota d'água para sua perda de orientação e desestabilização do que estava tão plenamente encaixado em sua mente é a traição de sua

1. Em entrevista concedida a Margret Ammann & José Carlos Venâncio, "Pepetela, um Construtor da Angolanidade", *Jornal de Letras, Artes e Ideias*, Lisboa, 2 de outubro de 1990.

noiva, Ondina, justamente com André. É nesse momento que a relação entre o Comandante e João torna-se mais nítida e mais profunda, pois Sem Medo decide narrar-lhe sua história, desvelar o seu segredo, pelo qual se tornou um "novo homem, agora adulto" (p. 156) a partir de uma desilusão amorosa, o que delineia uma identidade de vivências entre as duas gerações de combatentes. A atuação de Sem Medo é, explicitamente, a da transmissão de experiências, buscando iniciar o novo no mundo: "Eu fico com as marcas, mas tu podes ficar com a experiência. Por isso te vou dar os ensinamentos que dela tirei" (p. 159). É pela transmissão de conhecimentos e experiências, de uma geração a outra, que se possibilita a criação do novo, a ruptura. O diálogo entre gerações, dessa forma, frutifica e se realiza a cada passo na floresta.

Aproximando o seu texto, desde o início, ao mito de Prometeu, reelaborado pela aproximação ao mito de Ogun, que se torna "o Prometeu africano" – uma imagem que se reforça no decorrer do romance e é retomada ao final, em uma estrutura narrativa próxima à das histórias orais –, Pepetela enfatiza a necessidade da transmissão da cultura, da tradição como uma força criadora e libertadora que abre os caminhos ao futuro. Como Ogum se torna o Prometeu africano, os dois mitos, africano e ocidental, modificam-se mutuamente, são amalgamados e transportados para a floresta angolana, no seio da guerrilha de libertação, e é por intermédio deles que se reitera e se amplifica no Mayombe as noções já fornecidas pela relação entre Sem Medo e João: a valorização do legado, da transmissão, e também da desobediência e enfrentamento do poder e, ainda, da concessão aos homens da possibilidade de transformação.

Prometeu é o que dá à humanidade a esperança no futuro, o fogo criador. Por sua vez, Ogum é o detentor do poder de transformação, ao trabalhar com o ferro e o fogo, e do "poder de articular, em seu panteão, o sistema de crenças, códigos gestuais, práticas e celebrações rituais. É a divindade responsável pela transmissão dos valores e normas culturais", o que "concede a preservação e a continuidade da vida humana"[2], e aquele que, à semelhança de Prometeu, também desafiou poderes e amargou privações.

As imagens de Prometeu, Zeus e Ogum estendem-se pelo romance. Se o narrador fala da floresta do Mayombe como um Zeus vergado à coragem dos guerrilheiros, a imagem ecoa pelo texto, duplicando-se e reduplicando-se. Pode-se pensar, assim, no próprio Sem Medo como um Prometeu-Ogum, irreverente, com o olhar espreitando o futuro, transmitindo suas experiências aos jovens e buscando que estes sigam em liberdade o curso de suas vidas. Sem Medo, inclusive, frequentemente está ensinando, educando. Ele é a vanguarda, o que vai à frente nas ações e, especialmente, o que ensina por meio do exemplo.

A narrativa mostra-nos como o Comandante, em sua relação com o mais-novo João, anseia pela desobediência: "Liberta-te, João, salta no abismo, recusa o último cigarro" (p. 185), o que, no entanto, só toma forma mais completa quando o Comissário tem a certeza de que Ondina não irá reatar o noivado, portanto novamente por meio de uma desilusão amorosa, configurada agora como definitiva. Nesse momento, configura-se o próximo passo na trajetória de amadurecimento e transformação de João: o momento de ruptura com o mestre, a hora de seguir sozinho, na criação de seu próprio caminho.

Em uma reverberação do questionamento de Sem Medo, que se perguntara sobre as razões por que a afirmação de uma individualidade realiza-se quase sempre em oposição aos outros indivíduos, o rompimento de João com seu mestre desemboca em "uma espécie de roleta-russa" (p. 262), e o Comissário impõe um "duelo" ao Comandante, quando um dos dois, necessariamente, vai morrer. Dessa forma, no episódio do ataque ao Pau Caído, tomado pelos soldados portugueses, João lança-se sozinho ao inimigo, sem dar a ordem de avançar aos guerrilhei-

2. Olúmúyiwá Anthony Adékòyä, *Yorubá: Tradição Oral e História*, São Paulo, Terceira Margem, 1999, pp. 93-94.

ros. Sem Medo, o velho, o pai, protetor, não pode permitir a morte do jovem, do novo, e avança, desejando "salvar" (p. 263) João. Mas, nessa roleta-russa, salvá-lo era também ser morto.

Sem Medo morre, e sua morte é não apenas um elemento de muita tristeza para os guerrilheiros, acentuada pelas folhas das árvores que passam a cair no local, mas também o marco de que o novo, figurado por João, afirmou-se e prevaleceu, guardando em si o velho e continuando-o. O romance parece apostar justamente no elo de ligação entre o velho e o novo, na própria tradição, percebida não como uma força aprisionadora do presente. Ao contrário, a tradição como a passagem entre o passado e o futuro, propiciadora das transformações. É nessa transmissão que o texto funda a crença no aflorar do novo.

Ainda que o enredo de *Mayombe* desenrole-se em um intervalo de tempo curto, menos de um mês, a narrativa analisa o passado e projeta-se ao futuro da nação, não somente por meio do tema da Angola independente, que se manifesta em diversas conversas entre os personagens, mas ampliando-se pelas relações entre Comandante e Comissário. A partir do presente, 1971, interroga-se o passado (e, nesse sentido, também Sem Medo é o passado, envelhecendo) e o futuro (com João). *Mayombe* foi publicado pela primeira vez em 1980, quando já representava o passado recente da nação, reafirmando suas propostas de pensar nas relações entre o passado, o presente e o futuro. A passagem do tempo, a própria história, é interrogada, considerando a coletividade – pela marca das gerações e da nação – e, simultaneamente, a individualidade, como sugere João, já de posse da voz narrativa, no epílogo do romance, quando se assume como o narrador titular: "E vejo quão irrisória é a existência do indivíduo. É, no entanto, ela que marca o avanço no tempo" (p. 268).

Com a morte de Sem Medo, João conscientizou-se de sua "metamorfose" (p. 268), que se realizou plenamente. Apropriou-se da experiência transformadora, convocando, portanto, sua memória a fim de narrar a própria libertação, a qual envolve a relativização das verdades, a percepção de que, para permanecer humano e não se tornar dogmático, chega-se sempre ao momento "de abandonar a capela!" (p. 121), nas palavras de Sem Medo. João apropriou-se do conhecimento do "caminho no deserto" que é "a fronteira entre a verdade e a mentira" (p. 268), com uma esperança crítica no futuro, que não deixa de se autoquestionar, em constante transformação. Ocupando "o lugar que ele [Sem Medo] não ocupou", e reconhecendo a profunda identidade com o mestre que o preparou e formou, João, agora um Comandante, contempla "o passado e o futuro" (p. 268). Afinal, como já dissera Pepetela na contracapa de seu primeiro romance, *Muana Puó*, de 1969, "o presente continua a ser apenas um ponto de encontro – e de luta – entre o passado e o futuro".

Referência Bibliográfica

PEPETELA. *Mayombe*. São Paulo, Ática, 1982.

14

A Corda: Um Convite ao Pensar...

IRIS MARIA DA COSTA AMÂNCIO*

A Corda: Peça num Acto e Doze Cenas corresponde à primeira aventura de Pepetela no universo da dramaturgia. Escrita em fevereiro de 1976, portanto, imediatamente após a independência de Angola, a peça foi editada pela União dos Escritores Angolanos em 1978, como uma homenagem ao "exemplo militante" (p. 6) do autor. Por isso, não é de estranhar o tom panfletário que habita toda a ação dramática e eclode ao final – "UM SÓ POVO, UMA SÓ NAÇÃO!" (p. 49), assim como a existência de lugares discursivos bem-demarcados, uma vez que o contexto de produção da obra era o de luta. E de luta armada. Assim, a música angolana manifesta-se através do som de *ngoma* e chocalhos que, ao longo da peça, dão o tom necessário ao início e ao fim do jogo encenado no palco discursivo montado por Pepetela: o cabo de guerra.

Por meio de "uma corda comprida, com um lenço vermelho amarrado a meio" (p. 8), o narrador-personagem Likishi apresenta-se ao público/leitor, explicitando sua missão:

> Eu sou o likishi, o bailarino. Noutros sítios chamam-me xinganji, mas a função é a mesma. Dançando, eu conto as histórias do Povo, sou o seu crítico e juiz (*dança um pouco*). Hoje, ah!, hoje vou ser mais que

* Iris Maria da Costa Amâncio é professora adjunta do Departamento de Letras da Pontifícia Universidade Católica de Minas Gerais (PUC-MG).

um likishi. Vou ser o árbitro dum combate importante que vocês irão apreciar. Abram os olhos, abram os ouvidos, deixem de respirar. A vossa vida está em jogo, a nossa vida depende deste combate. Quem irá ganhar? (*dança*) (p. 8).

Todavia, após um forte barulho de *ngoma*, Likishi alerta o leitor/espectador para o que considera fundamental ao longo de sua performance, como *griot* angolano: "Esperem um pouco, tremam, mas sobretudo, e isso é o mais importante, não deixem de pensar. Que nem um segundo a vossa cabeça pare de pensar. Para isso estou aqui" (p. 8).

Percebe-se, desde o início, que a construção discursiva de *A Corda* pode ser aproximada à concepção brechtiana de teatro épico. Segundo Bertolt Brecht, a forma épica de teatro deve narrar um acontecimento, tornando o espectador uma testemunha que não só assiste à cena, mas também – e principalmente – é despertada para a atividade de reflexão e a tomada de decisões. Além disso, verifica-se, nessa peça de Pepetela, um tratamento especial para a música; esta, articulada à performance do narrador-personagem, mais que uma mera ilustração ou intensificação do texto dramático, contribui para a contextualização e compreensão do mesmo, revelando, assim, um comportamento político-cultural.

É nesse palco, portanto, que, como sugere o jogo, duas equipes puxam as pontas de uma corda em direções opostas, sendo vencedora aquela que conseguir arrastar a outra até a tabuleta de número 3. Os atores, crianças de doze a dezesseis anos, preferencialmente, como sugere a rubrica do autor, assim se apresentam: de um lado, cinco combatentes fardados, a saber: Kimbundu, de Luanda; Umbundu, do Huambo; Tchokuê, de Saurimo; Mestiço, de Cabinda, e Branco, do Lubango; do outro, Americano, "imperialista branco, de preferência gordo, sorridente, com um chapéu de estrelas brancas sobre fundo azul"; Holden, com "eternos óculos escuros" e "um barrete de pele de leopardo"; Savimbi, "barbudo, de bengala, fardado"; Chipenda, "baixo, forte", com uma garrafa na cintura, e Racista, um branco sul-africano, "forte e com cara de mau" (p. 7).

Logo nas cenas I e II, Likishi, ao meio, explicita as regras do jogo, acentuando o fato de que os momentos de descanso devem ser utilizados simplesmente para pensar. Ao vencedor, o prêmio: Angola. Assim o juiz apresenta a primeira equipe – a Imperialista –, comandada pelo simpático Americano, à frente de seus três filhos: o silencioso Holden; o traiçoeiro Savimbi, parceiro dos portugueses contra os angolanos; o camaleônico Chipenda e o Racista, sempre afastado, por não suportar estar perto dos negros de Angola. A equipe Revolucionária, por sua vez, é composta por personagens, sendo cada um deles denominado Povo Angolano. Unidos pelo mesmo nome, os cinco combatentes também se mostram unidos por uma só voz discursiva, que bem alto profere o grito de guerra do Movimento Pela Libertação de Angola – MPLA: "A vitória é certa!" (p. 13).

Na cena III, dá-se o primeiro desentendimento entre os imperialistas, o que leva à quebra de sua unidade e ao progresso dos combatentes, que atingem a tabuleta de número 1. Likishi, sempre atento, alerta o público uma vez mais, para assistir e continuar a pensar. Para o imperialista Americano, a força dos revolucionários provém de seu esforço coletivo. Por isso, sua proposta, na cena IV, é a de que o tribalismo, o racismo e a democracia sejam as armas de separação do Povo Angolano. Nesse mesmo momento, inicia-se, entre os imperialistas, uma disputa pelo poder, por meio de negociatas que envolvem as duas maiores riquezas do país: o petróleo e os diamantes.

A expectativa de vitória intensifica-se na cena V, quando os combatentes atingem a tabuleta de número 2. Os imperialistas, em face de seu cansaço físico, lançam mão da intriga para promover o conflito e a desconfiança dentro do grupo adversário. Então, durante o descanso, o personagem Savimbi é designado como o responsável pela separação dos revolucionários, missão que assume com habilidade, como se verifica em sua fala: "Multiplicar e somar já não sei, mas dividir..." (p. 23).

Por não seguirem as orientações iniciais de Likishi, na cena VI os combatentes caem na armadilha dos imperialistas, entrando em desavença quanto à origem étnica de um de seus integrantes, o 2º Combatente. Ao desconfiarem da fidelidade do personagem Umbundu, os revolucionários enfraquecem, baixando sua marca e permitindo que o outro grupo atinja a tabuleta 1. Novamente, Likishi intervém, com sua sabedoria de velho *griot*: "Pensem!, não parem de pensar, este combate é feito para vocês pensarem e compreenderem" (p. 26).

Ao concluírem, na cena VII, que a pouca vigilância fez com que o inimigo se infiltrasse com seu veneno separatista, os combatentes percebem como foi grave o erro de terem praticamente largado a corda, dominados pela intriga. Assim afirmam: "Nós caímos no erro do tribalismo. Isso dividiu-nos. O Povo tem de estar unido para vencer o imperialismo. Há revolucionários quer no Norte quer no Sul. E reaccionários também" (p. 29).

Após um intenso momento de autocrítica, o grupo dos combatentes alcança de novo a tabuleta 2. Contudo, mesmo depois de um descanso e dos conselhos de Likishi quanto à importância da reflexão, os revolucionários, uma vez mais, caem em outra armadilha. Dessa vez, já na cena VIII, os imperialistas conseguem, através da ação de Chipenda, despertar o Povo Angolano para a ameaça de mulatos e brancos, após a independência, tornarem os negros seus escravos. Isso promove mais desconfiança no grupo, uma vez que os personagens 4º e 5º Combatentes são Mestiço, de Cabinda, e Branco, do Lubango, respectivamente.

Desorganizados, os revolucionários negligenciam as palavras de Likishi, o que leva à queda do 5º Combatente e ao recuo do lenço para a tabuleta 1, na cena IX. Ainda confusos na cena X, os combatentes continuam a discutir, enquanto o personagem Savimbi, por sua vez, incita-os com o discurso de ódio aos brancos. Diante de tamanha confusão, Likishi intervém incisivamente, acentuando o fato de que o esforço coletivo do Povo é uma forma de poder e, quando esse mesmo Povo pensa, atinge, na verdade, a maturidade para a ação:

> Se pensarem agora e virem que a cor da pele não conta no combate, também compreenderão que, depois da vitória, ela poderá não contar. Depende de como se organizarem. Gritam "Abaixo o racismo", mas pensam que estão a dizer "Abaixo o branco" ou "Abaixo o negro". Não é nada disso. Quando se grita "Abaixo o racismo" quer-se dizer abaixo as diferenças entre os homens de cor diferente. Pensem, meus filhos, e vencerão (p. 44).

Essa intervenção de Likishi permite que o personagem Savimbi chame a atenção do juiz, baseando-se no argumento de que o árbitro não pode posicionar-se. Entretanto, sua postura não impede que os revolucionários escutem e atendam, por definitivo, o alerta do bailarino. A recuperação de forças do adversário, na cena XI, deixa a equipe dos imperialistas sem rumo; a mudança da situação desespera seus integrantes e, na cena XII, propõem-se a fugir, antes mesmo do ataque dos combatentes. Todavia, a reação dos personagens que atuam como Povo Angolano só se efetiva após acreditarem em uma única certeza, expressa na voz do 2º Combatente: "Temos de nos organizar para que depois não haja exploração. Já percebi, a exploração não tem cor. Depende de nós todos, da nossa capacidade em evitar que uns se aproveitem do trabalho dos outros. Sejam eles quem forem" (p. 45).

Por fim, novamente ao som de *ngoma* e de chocalhos, Likishi volta a dançar, acompanhado pelo grupo dos combatentes. Sua dança, contínua e intensa, corrobora o convite inicial a um pensar sobre a metáfora da corda; em outras palavras, remete o leitor/espectador a refletir acerca do fato de que o futuro depende da maneira pela qual os fios discursivos, que perpassam e constituem a sociedade angolana, se unem e se torcem uns sobre os outros. Nesse sentido, percebo *A Corda* como um prenúncio de Pepetela à situação caótica e de extrema exploração vivenciada pelo povo de Angola no pós-independência. Hoje, 25 anos após a elaboração literária desse cabo de guerra, fico a indagar sobre como seria a vida do cidadão angolano, caso aqueles que se denominaram Povo Angolano realmente tivessem acatado o conselho de Likishi: "Pensem!" (p. 26).

Cai o pano.

Referência Bibliográfica

PEPETELA. *A Corda.* Luanda, União dos Escritores Angolanos, 1980.

15

A Revolta da Casa dos Ídolos: Renovação e Tradição

ANTONIO HILDEBRANDO*

Em *A Revolta da Casa dos Ídolos,* Pepetela lança mão de um fato histórico, uma revolta ocorrida no Reino do Kongo em 1514, como ponto de partida para a sua peça e transfere para o século XVI a discussão de problemas que podiam ser localizados na sociedade angolana contemporânea.

No texto, dividido em três atos, entram em cena vinte e três personagens distribuídos em três grupos: populares (africanos), aristocratas (africanos) e portugueses que podem ser reagrupados em dois grandes grupos: dominadores e dominados. Há, ainda, subgrupos, cujas relações de oposição resultam em conflitos paralelos, por exemplo, entre os populares que defendem a tradição e os que defendem a renovaçao.

Numa espécie de prólogo, ainda com a cortina fechada, dois apresentadores estabelecem a mediação entre palco e plateia, convidando o espectador a se tornar um "observador crítico". Com estes dois personagens contemporâneos do leitor/público, o autor comunica a sua intenção ao trabalhar com um tema histórico, deixando claro que não tem preocupação com a fidelidade aos fatos, pois, para ele, "O que interessa, e isso é

* Antonio Hildebrando, ator, autor e diretor teatral, é professor de Interpretação do Curso de Artes Cênicas da Universidade Federal de Minas Gerais (UFMG).

verdade, é que por aquela altura mais uma vez o Povo se revoltou e abalou o poder" (p. 14).

O caráter parabólico aliado à presença dos apresentadores e de cenas que mesclam ação e narração remetem o texto de Pepetela ao teatro épico, como proposto por Bertolt Brecht. Mas, onde o épico se revela de maneira profunda é no resgate de manifestações tipicamente africanas, principalmente através de Nimi, o mais-velho, griotizado representante do saber tradicional transmitido pela oralidade.

Há algum tempo, estudiosos recuperam a história da África, tanto tempo relegada a segundo plano. Pepetela também participa deste movimento e dá voz ao sujeito africano, calado pela historiografia colonial. Não deixa, porém, de questionar a possibilidade de idealização deste resgate. Revendo a história angolana, através da escrita ficcional, mostra que aquela também não está isenta dos progressos e retrocessos causados pela luta pelo poder. Põe, assim, as sociedades africanas em pé de igualdade com qualquer outra sociedade complexa. Mais do que apenas rever a história de um novo ângulo, transformando os heróis da historiografia colonial em vilões da história angolana, Pepetela desloca a importância – atribuída pela historiografia tradicional à ação do indivíduo no processo histórico – para a ação coletiva, privilegiando os meandros da luta pelo poder, ao invés de fixar-se em uma estória de heróis e vilões individualizados.

São mínimas as informações sobre a revolta que teria tido como estopim a proibição dos cultos locais pelo rei Mbemba Nzinga, aliás, D. Afonso I, que na história contada pelo colonizador aparece como o "notável monarca Conguês", o "extraordinário D. Afonso I", pois facilita a presença e as atividades dos portugueses no reino do Congo. Em *A Revolta,* o soberano denominado "irmão real" de D. Manuel é silenciado. É possível sentir os efeitos dos seus atos, mas não ouviremos a sua voz, uma voz que deixa de ser africana ao perder o seu nome. De acordo com os registros históricos, a revolta teria sido liderada por D. Jorge

Muxuebata, mas, com traços rápidos, o autor, na sua peça, retira da figura histórica qualquer resquício de coragem, de heroísmo. Só assim pode abrir caminho para a aparição do líder de sua *Revolta*, Nanga, personagem-símbolo do grande e indiscutível protagonista de seu texto: o Povo.

A trajetória de Nanga pode ser representada como uma linha contínua ascendente. Na busca dos *quês* e *porquês*, auxiliado por Masala, Nanga traçará o seu caminho. Para que a peça não se transforme num embate entre o catolicismo e os cultos locais, o "chifre e a cruz" adquirem o mesmo valor e, com o decorrer da peça, Nanga descobre que a "força" está na união dos que são oprimidos e explorados; que o verdadeiro problema não se encontra na luta entre "a cruz e o chifre", mas na relação dominadores × dominados. Nanga não aceita acordo com os manis e não pensa em assumir o poder após a revolta. Ele é capaz de sacrificar todos os seus interesses pessoais, até mesmo o seu amor por Kuntuala, filha do Mani-Vunda, em prol das necessidades do povo. Nanga é um líder incorruptível, na visão do efabulador.

Apesar da importância do grupo português, ele não entra em confronto direto com o povo. No jogo proposto pela representação e dentro de sua configuração como tipos, os portugueses são mostrados como bufões que não tomam banho e acreditam no desaparecimento dos espíritos que, para eles, podem, como os corpos, ser queimados pelo fogo. Embora pouco honestos e interessados em tirar vantagens da "hospitalidade" do anfitrião, os portugueses, no texto, mantêm pelo rei um certo respeito e só agem dentro do espaço que lhes concede, via permissão ou omissão, o "dono" da casa. Na cena, tornam-se, na realidade, o *outro*, o exótico. Invertem-se, assim, os sinais. Nasce o texto africano.

Com o grupo dos aristocratas mostra-se a complexidade do sistema político vigente no reino do Congo na época da chegada dos portugueses. O Mani-Vunda é o poderoso guardião dos espíritos do sul, chefe do colégio dos eleitores, o primeiro eleitor do reino. O discurso da tradição, em sua boca, é a maneira de Pepetela mostrar como a tradição torna-se, na mão dos poderosos, elemento de manutenção de uma ordem injusta e mantenedora de privilégios, enfim, um entrave para a transformação desejada. Masala, no texto de Pepetela, é um escravo, mas é, ao mesmo tempo, um sobrinho do poderoso Mani-Soyo. Este é o seu segredo desvendado pelo Mani-Vunda, que vê nesta descoberta, talvez, a última chance de retardar a revolta. Quando, enfim, percebe que a descoberta deste segredo não seria suficiente para quebrar a aliança entre Masala e Nanga, resolve matá-los.

No grupo dos populares, além de Nanga (a renovação) e Nimi (a tradição), onze personagens formarão "fileiras" ao lado de um ou outro. Nimi é o velho ferreiro, o depositário das tradições. Acredita nos espíritos do sul e dos antepassados. A sua revolta contra os manis não tem como motivo o aumento dos tributos ou o tráfico de escravos, pelo menos de escravos que sejam capturados fora do reino do Congo, que para ele são *gente inferior*. A sua revolta é contra aqueles que, aceitando um novo nome e uma nova fé, desrespeitam as tradições e os espíritos dos antepassados. Nanga é o jovem ferreiro, a força da renovação. O Povo, encarado como totalidade complexa, só entra em cena quando Nanga se funde a seu tio Nimi, aquele de quem recebeu a arte de trabalhar o ferro. Isolado, Nanga é "a árvore mais bonita [...] que dá personalidade própria à floresta" (p. 14). Só a partir do movimento dialético criado pela "fusão" Nanga/Nimi – renovação/tradição –, que traz consigo todos os outros "populares", é que podemos "olhar para a floresta e não tentarmos ver árvores uma a uma" (p. 14).

A insatisfação em relação ao rei é comum a aristocratas e populares, mas os motivos para uma revolta e os objetivos desta são radicalmente diferentes. Os manis querem apenas trocar de rei, colocar no lugar de D. Afonso um soberano que lhes respeite os privilégios. Nanga e Masala exigem o fim do tráfico de escravos e a extinção dos tributos. É impossível um acordo. Os Manis não podem aceitar a vitória de Nanga. O Mani-Vunda, por exemplo, tem certeza de que, se a revolta for vitoriosa, eles "Matam D. Afonso e a populaça toma o poder. Que desgraça para o Kongo, o poder nas mãos da populaça..." (p. 135). A única alternativa é matar Nanga e eles o fazem. A revolta fracassa, mas Nanga, morto, transforma-se em símbolo. É a sua morte que torna possível a fala final de Kuntuala, situada em um lugar e tempo indefinidos, um monólogo em que a personagem, funcionando como porta-voz, resume o ocorrido, constata a miséria e funda a esperança:

> No fundo, lá muito no fundo, vejo uma luz. Uma luzinha débil, tão tímida, como se fosse das últimas estrelas que se escondem por trás da lua. É a única luz que se avista neste universo de sombras. Será a luz de Nanga, aquela que ele perseguia? Sim. É ela. Existe afinal. Mas está tão afastada, que nem os netos dos meus netos a poderão alcançar. Não importa! É a luz de Nanga! [...] Alguém um dia a alcançará. Alguém rasgará as sombras que se adensaram sobre esta terra e as atirará num feixe para o passado. Sim, a luz de Nanga brilhará como um sol por esta terra toda. Sinto. Sei. Muito longe, dentro de mim, mas dentro de mim, kuntuala, o futuro (pp. 156-157).

Assim cai o pano neste texto/espetáculo que, transformando o Povo em personagem principal, tem a rua, o espaço público, como o seu mais presente cenário. Uma rua no Reino do Congo do século XVI, uma rua de Angola do século XX, uma rua que, justamente por ser tão localizada, torna-se universal e atemporal. A *luz de Nanga,* anunciada por Kuntuala, mais do que a luz de um líder ou de um partido, simboliza a luz da Justiça, da Esperança, enfim, a luz de tantos conceitos que em nossa época, assim tão pós-moderna e globalizada, tendem a ser considerados como ingenuidades, pieguices de homens que, em seus textos, deixaram estampados os seus sonhos.

Referência Bibliográfica

PEPETELA. *A Revolta da Casa dos Ídolos.* Lisboa, Edições 70, 1980.

16

Yaka: A Construção do Discurso Utópico

VIMA LIA MARTIN*

> *Ah, quem escreverá a história que poderia ter sido?*
> *Será essa, se alguém a escrever, a verdadeira história da humanidade.*
>
> Álvaro de Campos

É possível ler *Yaka*, romance escrito por Pepetela em 1983, como construção ficcional de parte da história de resistência ao colonialismo português engendrada pela população angolana. Sua narrativa, articulada através do registro de diferentes vozes que expressam perspectivas divergentes diante da mesma realidade, traduz a fragmentação do projeto colonial imposto no território angolano. Longe de se configurar como mera extensão da metrópole portuguesa, a Angola encenada em *Yaka* é um espaço marcado pela desagregação e pelo conflito, passíveis de serem superados somente com a união daqueles que lutam contra a dominação imposta por Portugal.

O que nos permite entender mais plenamente o sentido dessa resistência é a existência ficcional da escultura Yaka, bem cultural forjado pelos yaka, guerreiros notabilizados por sua luta pela defesa territorial. Sobre a estátua, que dá nome ao romance, o autor afirma na "Nota Prévia" que antecede a narrativa: "[...] a estátua é pura ficção. Sendo a estatuária yaka

* Vima Lia de Rossi Martin é professora de Estudos Comparados de Literaturas de Língua Portuguesa na Universidade de São Paulo.

riquíssima, ela poderia ter existido. Mas não. Por acaso. Daí a necessidade literária de a criar, como mito recriado. Até porque só os mitos têm realidade. E como nos mitos, os mitos criam a si próprios, falando" (p. 6).

Essas palavras introdutórias dão a chave para a compreensão da obra. A criação literária da escultura insere-a na esfera do mito e, com isso, confere-lhe o poder quase sagrado de materializar a história. A estátua de madeira atualiza, assim, o passado de resistência dos povos nativos contra os invasores e representa um símbolo da unidade e da identidade angolanas. Por constituir um testemunho histórico e ideológico de uma cultura específica, é o instrumento que possibilita a comunicação entre diferentes épocas humanas. De fato, seu poder de intervenção junto ao protagonista Alexandre Semedo é um dos principais eixos da narrativa, como veremos a seguir.

Yaka discorre, fundamentalmente, sobre a trajetória de uma família de colonos, os Semedos, através do percurso de seu patriarca, Alexandre. Acompanhamo-lo desde o instante de seu nascimento, em 1890, até o momento de sua morte, em 1975. A cena inicial do romance, que flagra o primeiro vagido do menino, parecendo tiro a estalar em terra kuvale, já anuncia o desequilíbrio do espaço angolano natural – e mítico, uma vez que a criança nasce à sombra de um mulemba, árvore considerada sagrada pelos kuvale – e instaura um intenso conflito de valores do qual Alexandre será um portador emblemático.

Considerado *branco de segunda*, Alexandre não era reconhecido – e não se reconhecia – nem como europeu nem como angolano e não se adequava num espaço onde valores culturais e sociais estavam permanentemente em embate. Pequeno comerciante fixado em Benguela e patriarca de uma grande família ávida por *status* e por dinheiro, Semedo é marcado pela ambiguidade de seu posicionamento político. Num contexto que não comporta nuances – ou se defendem os interesses econômicos da metrópole e se presta ao massacre e à espoliação, opção da maioria dos colonos, ou se compartilha do ideal de libertação da população nativa e se luta por ele –, falta-lhe coragem para fazer uma das duas opções e assumir suas consequências.

Alexandre compartilha toda a sua existência frustrante, calcada na angústia e na incerteza que o impedem de tomar decisões, com a estátua Yaka, herança recebida de seu pai que a ganhara no jogo. A escultura de madeira causa-lhe fascínio e temor. E é diante dela que o patriarca dos Semedos sente-se questionado por sentidos que não consegue alcançar:

> A Yaka olha para mim. Não, o olhar perfura-me e vai contemplar algo para lá, talvez no passado ou no futuro. Sinto que ela me transmite uma mensagem. Não propriamente para mim, mas relacionada comigo certamente. [...] A mensagem vinha das profundezas de sua História? Vinha do sítio onde fora talhada e pintada? (p. 128).

É justamente a interação de Alexandre com a estátua que impulsiona o seu longo processo de aprendizagem. Tal como nos ensina Lukács, em *A Teoria do Romance* (Lisboa, Presença, s.d., pp. 141-154), a aprendizagem é um processo educativo que leva o indivíduo a atingir uma maturidade capaz de dotar de verdadeiro sentido a sua existência. Quando se concretiza, o indivíduo deixa de sofrer com o desequilíbrio que existia entre a sua subjetividade e o mundo objetivo que o cerca, efetivando-se, assim, uma reconciliação do homem com a sua realidade social.

Com efeito, os instigantes diálogos que Alexandre mantém com a estátua possibilitam-lhe uma profunda reflexão sobre sua própria identidade, desencadeando um processo de aquisição de consciência política. Mas é através de uma conversa com seu bisneto Joel, o único membro da família que, às vésperas do 11 de Novembro, não havia fugido de Angola, pois estava engajado no exército do MPLA, que Alexandre decodifica a mensagem veiculada pela estátua. Na verdade, como lhe explica Joel, trata-se da imagem distorcida de um colono e, portanto, de uma sátira ao colonialismo, realidade histórica que deveria ser transformada. Ao racionalizar os contraditórios sentimentos que o afligiram por quase oitenta anos, Semedo leva a cabo o seu processo de aprendizagem.

O bisneto, ainda tão moço, consegue facilmente decifrar a estátua. *Justamente porque era miúdo?* – pergunta-se o velho atônito. Aos jovens, parece-nos ensinar a narrativa de Pepetela, cabe a transgressão da ordem imposta. O jovem guerrilheiro compromete-se com a luta necessária para a libertação de seu país e recebe a bênção do patriarca da família. A liberdade que Joel busca é a liberdade que Alexandre jamais fora capaz de vislumbrar.

O registro da luta revolucionária e da legítima apropriação das cidades empreendida por homens que as querem livres do domínio português ganha espaço nas páginas finais do romance. E para enfatizar a ideia de que a história de Angola deve ser construída por todos aqueles que compartilham dos mesmos ideais, não importando raça ou nacionalidade, Pepetela aposta numa realidade em que as diferenças não serão entraves para a aquisição da soberania nacional. O último diálogo que Joel trava com o bisavô, antes de partir para a luta, aponta para a possibilidade de concretização dessa utopia:

> – Aqui vamos todos entender-nos, avô. Já estamos a lutar juntos, homens de raças diferentes. Será o primeiro caso em África, dizem os camaradas.
>
> – É preciso ultrapassar muita coisa, o peso da História... [...]
>
> – É este ou não o caminho, avô?
>
> – Claro que é (p. 295).

Pouco tempo depois, no momento de sua morte – cena final do romance –, quando Alexandre está sozinho, no quintal de seu antigo sapalalo, sob um céu cortado por mísseis e agarrado à Yaka, é que ocorre a reconciliação definitiva do protagonista com o verdadeiro espaço de sua nacionalidade: "A terra que a boca de Alexandre Semedo morde lhe sabe bem" (p. 301). Diferentemente do que ocorrera em seu nascimento, momento no qual recusou a terra que o recebia – "A boca do menino se fechou, quando mordeu a terra" (p. 8) –, dessa vez Alexandre deixa-se invadir pela terra a que pertence e, finalmente, incorpora os valores e os interesses do povo colonizado.

Mas já era tarde demais. A inação de Alexandre, que precisou de sua vida inteira para descobrir que deveria ter lutado a favor da liberdade de seu país, e a posição antirrevolucionária de quase todos os membros da família culminam na decadência dos Semedos, marcada pela solidão e morte do velho no antigo sapalalo em ruínas e pela fuga de seus descendentes para a África do Sul. Com a iminente chegada do MPLA ao poder, nos últimos meses de 1975, os antigos colonos, com seu *status* e poder econômico ameaçados, não encontram espaço na nova sociedade que se anuncia. Sua ação reacionária, calcada nas manobras executadas para a manutenção dos privilégios oriundos da exploração colonial, deveria ser banida definitivamente do cenário de reconstrução nacional.

Partilhar das trajetórias empreendidas pelas personagens que protagonizam o romance permite-nos acompanhar a construção de uma proposta utópica, de um projeto coletivo que anuncia uma vontade firme e clara de emancipação e reconstrução da sociedade angolana segundo ideais de democracia e igualdade social. A euforia revolucionária, que modaliza o final da narrativa, toma conta de todos os que apostam na construção de uma nova Angola a partir da ação de indivíduos comprometidos com a liberdade e a justiça.

A recriação mítica da estátua Yaka é essencial na elaboração dessa proposta utópica. Sua presença marcante em toda a obra, seja através da interação que ela estabelece com Alexandre, ou das passagens em que assume a condução da narrativa, tecendo um discurso essencialmente poético, repleto de referências à mitologia africana, estabelece um contraponto ao discurso e à ação do colonizador, pois resgata os valores e as práticas culturais das populações nativas e recupera o passado de resistência do povo angolano contra o invasor colonial.

O engajamento de Pepetela é, assim, claramente perceptível na manifestação de sua imaginação utópica. Ao escrever uma "história que poderia ter sido", o autor confirma sua *práxis* criativa, que garante a universalidade da obra e solicita uma atitude reflexiva por parte dos leitores. Desse modo, se as experiências narradas dizem respeito principalmente aos angolanos, não deixam de dialogar com todos aqueles que se querem sujeitos da "verdadeira história da humanidade".

Referência Bibliográfica

PEPETELA. *Yaka.* São Paulo, Ática, 1984.

17

O Cão e os Caluandas: O Texto, o Leitor e o Mundo

MARIA TERESA SALGADO*

> *Todo escritor cria seus próprios precursores. Sua obra modifica a nossa concepção do passado, assim como modifica o futuro.*
>
> JORGE LUIS BORGES

Entre as obras de Pepetela, talvez *O Cão e os Caluandas* seja a mais passível de despertar opiniões contraditórias, sobretudo pelo recurso à ironia e ao humor, num contexto histórico extremamente particular: o início dos anos 1980, período em que começa a se fazer um balanço da pós-independência em Angola.

Como diz o "aviso ao leitor", a obra trata das "estórias de um cão pastor-alemão na cidade de Luanda". São depoimentos, anúncios de jornal, documentos, *sketches*, cartas, enfim, episódios que podem ser lidos separadamente, mas que são costurados pela presença do misterioso cão. Ao se deslocar entre diferentes grupos e tipos sociais, o animal vai revelando cenas do cotidiano da cidade e fornecendo um painel da sociedade pós-independência.

A figura do cão mediatiza todo o discurso; embora não possua voz narrativa, sua escolha como personagem simbólica não pode ser subestimada. Seu significado é extremamente importante, não só nas culturas africanas, mas também nas mitologias das mais diversas civilizações. Ele pode incorporar, desde

* Maria Teresa Salgado é professora de Literaturas Africanas de Língua Portuguesa na Universidade Federal do Rio de Janeiro (UFRJ).

a imagem do herói, entre alguns povos, como os bantos, até a figura do interdito e do imundo nas sociedades muçulmana e cristã. No texto em questão, ele assume nomes de origem grega, portuguesa, latina e africana, ao longo dos vários capítulos: Jasão, Leão dos Mares, Cupido, Lucapa. Seu caráter polivalente abre-se, portanto, a inúmeras interpretações: como cão de guarda, simboliza a proteção, a defesa; mas como cão policial encarna a repressão, o controle; é marca do poder colonial, porém representa, também, a marginalidade e a vadiagem dos cães sem dono. À medida que ele circula pela cidade de Luanda, vêm à tona as diversas contradições sociais, econômicas, políticas, e/ou afetivas, das personagens envolvidas nas situações.

Todos os episódios propõem um questionamento imaginativo, e não uma mera interpretação antifrástica da ironia. Se não fosse assim, bastava interpretarmos o cão como um agente desmascarador do que está por trás de cada uma das situações encenadas. O cão desmascararia "Tico, o Poeta", pretenso intelectual revolucionário, mostrando que ele é, na verdade, um parasita social. O cão revelaria como "o primeiro oficial", supostamente defensor do sistema, deixa-se corromper por esquemas e trocas de favores. O cão desvelaria o racismo e o tribalismo, no relato "Luanda Assim Nossa". O cão exibiria um ex-militante, agora membro do governo, preocupado apenas com a sua imagem, comportando-se com rispidez, agressividade e radicalismo em relação à própria família, em "O Mal É a Televisão". De fato, o cão desmascara e revela a face oculta de cada uma das personagens enfocadas. Mas poderíamos considerar estas personagens como essencialmente negativas, pequenas e/ou médias engrenagens do poder – retratos, oscilando entre o realismo e a caricatura – que fazem pouco caso do ideal revolucionário? Ou existiria no texto um atentar também para a estrutura maior, na qual estão inseridas as próprias personagens, vítimas de sistemas que só acirraram ainda mais as contradições?

No contexto em questão, o falso converteu-se no verdadeiro; não há projeto, ou melhor, os projetos são todos individualistas, por mais que os apelos constantes ao coletivo tenham-se transformado em palavras de ordem, tornando-se, por isso mesmo, meros clichês. As únicas personagens que escapam a essa situação estão fora de Luanda: a menina a escrever o diário e o pescador. Contudo, o objetivo da narrativa não parece ser apenas o de criticar uma sociedade que faz pouco caso do ideal revolucionário, mas, sim, o de atualizar a contradição como mola mestra de qualquer interpretação e mesmo de qualquer ideal. O movimento de interpretar o texto torna-se análogo ao que se estabelece com o mundo referencial, embora a ficção não se confunda com ele. A frase "a verdade é como um diamante, reflete a luz do sol de mil maneiras, depende da faceta virada para nós", posta na boca do pseudoautor, exatamente na metade da obra, não é apenas uma imagem poética. Tal declaração torna-se, de fato, uma constatação básica para a presente narrativa, a qual se quer plural. Afinal, o fundamental não é remeter o narrado ao referencial, mas levar o leitor a perceber que não existe uma resposta verdadeira, seja em relação ao texto literário seja em relação ao contexto histórico no qual ele se insere.

Desde o começo da obra, são postos em questão os diversos níveis envolvidos, tanto no ato de leitura quanto no ato da escritura. Logo na primeira frase, o leitor é convidado, ao mesmo tempo, a fazer ilações com a realidade, devido à época (1980) e ao lugar (Luanda), em que se passam "as cenas que vão se narrar", e a desfazer a ligação com o real, pois a mera referência ao século passado já privilegia a ficcionalidade. O "aviso ao leitor" dirige-se supostamente a um público angolano. Contudo, embora o "aviso" apele a um receptor específico, termina por apelar e envolver, também, simultaneamente, a atenção do leitor de qualquer parte do mundo, na situação que se vai narrar "nessa nossa cidade de Luanda". Pede-se também a participação do leitor para a compreensão da linguagem da época, o que provoca uma incongruência, já que a linguagem do texto é a mais familiar possível, mantendo-se num registro próximo ao do português-padrão. A que linguagem estaria o autor se referindo, pergunta-se o leitor? Além disso, o alerta – "qualquer dissemelhança com fatos ou pessoas pretendidos reais foi involuntária" – ao inverter a clássica expressão utilizada usualmente no cinema, aumenta a incerteza do leitor. Promove-se, de saída, uma tentativa de minar qualquer espaço central da interpretação. Aliás, como atingir o centro de um texto que é costurado pela presença-ausência do cão nos diversos episódios ou cenas?

São, pois, os poderes interativos envolvidos na produção e recepção de textos que se encontram aqui em pauta. A competência do leitor é valorizada e, simultaneamente, posta em cheque. Naturalmente, os diversos níveis paródicos não são facilmente captados no ato de leitura. Referi-me, até agora, a uma recepção específica, a minha. Mas isso não anula a tensão que o texto procura estabelecer didaticamente entre criar e decodificar a linguagem para o leitor em geral. Isto é, qualquer receptor dessa obra de Pepetela se tornará consciente, em algum instância, de que o seu papel como decodificador de sinais é tão importante quanto o de criador.

O contraste entre fala e escrita confronta a diferença entre estes dois meios de expressão, propondo, também, uma reflexão sobre a relação que as pessoas estabelecem com a linguagem, de um modo geral, em vários outros níveis. Relembro algumas passagens em que se atualiza a problemática da comunicação. No depoimento do Primeiro Oficial, enfatiza-se a ligação entre linguagem e cultura, ironizando-se a afirmação de que a oralidade é a dominante cultural africana: "falar é mais fácil, mais agradável, mais africano". Em "Luanda Assim Nossa", a personagem menciona a importância do estilo, quando vai dar o seu depoimento: "Agora, no estilo deste conto não lhe toque, não admito, pois também eu fui fadado pelas musas. Nem uma vírgula muda, entendeu?" "O Mal É a Televisão" e "Ciúme" são apresentados como cartas. No primeiro, evidencia-se a questão da correção gramatical: "Agradeço me corrija as faltas e a pontuação, para sair bem no livro". Já no segundo, chama-se a atenção para a carta, enquanto forma de escrita mais próxima do sexo feminino: "Não sei quem foi que disse que as mulheres têm mais tendência a escrever cartas que os homens". Como se vê, quase todas as personagens "narradoras" debruçam-se sobre a questão da linguagem e da comunicação em alguma instância.

Ao final do episódio "Ciúme", a narrativa se vale de mais uma estratégia questionadora, tanto do processo de escritura, quanto do processo de leitura, introduzindo a suposta "voz do autor": "Pus as duas versões. O júri são vocês, leitores".

O que é um texto ficcional? Quais as relações que este estabelece com a realidade? O que é ler? O que é interpretar? Essas e outras perguntas nos propõem a narrativa de Pepetela, utilizando-se com maestria de diversos recursos ficcionais, como, por exemplo, a interação de paródia e sátira, em "O Elogio da Ignorância", episódio-conto disposto numa posição mediana da obra, tal qual um espelho de dupla face, refletindo as histórias anteriores e posteriores. Tal disposição mediana-mediadora possibilita interpretar este episódio, denominado "peça em um ato", como um recolher de todos os episódios que compõem a obra e, ao mesmo tempo, como mais um recurso desestabilizador do centro, enquanto espaço de verdade e de certeza. No caso em questão, a interação da paródia com a sátira não é uma estratégia nova na ficção, mas torna-se um procedimento inovador e subversor em vários níveis, pois possui um duplo potencial – conservador e transformador – em relação ao texto parodiado. O artifício da "peça" dentro da obra narrativa não é apenas uma paródia ao *Elogio da Loucura,* conforme se percebe na própria enunciação, mas uma paródia de cada um dos episódios narrados ao longo do texto e da obra como um todo. Enquanto paródia do texto de Erasmo, as implicações sobre o absurdo e a insensatez das atitudes humanas estão aqui evidenciadas nas personagens, simultaneamente encarnações e defensoras da ignorância; tal como na obra do escritor renascentista é a própria Loucura que se autodefende e se autoelogia.

Os autores e apresentadores são normalmente aqueles de quem se espera um sinal revelador, um indício, um julgamento, uma moral ou uma mensagem. Mas, a essa altura, o leitor já deve ter-se dado conta de que não há mensagem, julgamento, ou interpretação possível sem a sua própria participação. O que ocorre em "O Elogio da Ignorância" é, pois, uma encenação reatualizadora das situações narradas, uma vez que os personagens-atores-autores são os principais responsáveis pelo que vai ser narrado na peça coletiva. São eles os criadores e, ao mesmo tempo, os intérpretes do encenado-narrado, assim como cada episódio-cena do livro é apresentado como criação e interpretação, isto é, versão de cada um dos possíveis narradores. A fusão entre o narrar, encenar e interpretar realiza-se no episódio-cena-peça "O Elogio da Ignorância", abrindo-se a novos textos-peça a serem narrados/encenados. Mais do que isso, o jogo paródico, estabelecido na narrativa, revela a fundamental relação entre mundo ficcional e mundo real.

O aspecto didático do texto, que, por sinal, se constitui como um importante traço da literatura angolana, adquire, assim, através do recurso à paródia e à ironia, um significado mais amplo, uma vez que não há nenhum ensinamento definitivo a ser apreendido pelo leitor, mas uma incessante busca de questionamento do estabelecido. Busca que só pode ser realizada com a ajuda da reflexão sobre o passado e seus símbolos. Daí a recuperação da imagem da buganvília na narrativa e, ao mesmo tempo, o desejo do cão de destruir a planta que insiste em crescer e fincar suas raízes. Não há mais nenhum símbolo capaz de dar conta de um projeto para o futuro da nação. A buganvília, outrora imagem da utopia, tornou-se agora um signo estático; encontra-se presa ao solo, devorando tudo que a impede de crescer. Já a imagem inesperada da Toninha reatualiza a própria natureza do símbolo, pois instaura, antes de tudo, a dúvida, o sonho e o perpétuo refazer, ondulando no mar, "espadeirando espuma pelos oceanos da vida". A dúvida, esta sim, é o princípio de toda narrativa, é o sentimento que se deseja inocular no leitor. Desse modo, a obra termina, lembrando que pela incerteza se é levado a construir e, simultaneamente, desconstruir todo o texto, já que o ato de interpretar transforma-se num processo infindável, onde novas estórias e versões possíveis são esperadas e anunciadas.

Em *O Cão e os Caluandas,* a paródia, a sátira e a ironia permitem a distância crítica apontando formas de questionar o mundo. Tais formas apresentam, para nós brasileiros, um significado ainda maior, na medida em que estamos ligados a Angola pela nossa história e pelo nosso idioma. A obra nos convida a participar de um jogo, mostrando que qualquer semelhança com fatos ou pessoas da vida real pode ser ou não mera coincidência. Que pontos em comum se abrem a partir da obra de Pepetela para a nossa história, brasileira? Responda o leitor, se quiser continuar o jogo iniciado por esse escritor angolano.

Referência Bibliográfica

PEPETELA. *O Cão e os Caluandas.* Luanda, União dos Escritores Angolanos, 1985.

18

Lueji: O Nascimento de um Império

FERNANDA CAVACAS*

Lueji: O Nascimento de um Império estabelece de forma paradigmática a ponte mítica entre "quatro séculos atrás (pelo menos)" e "quatro séculos depois (amanhã)". As tramas narrativas deste grande romance desenvolvem-se encadeando-se e entrecruzando-se em dois tempos – um dos quais curiosamente não é o hoje, mas o amanhã que o ontem ajudará a construir mas que é ainda e apenas uma meta a atingir. As protagonistas são duas mulheres, a rainha Lueji e a bailarina Lu, personagens densamente tecidas em contextos sociopolíticos marcantes da história da nação angolana que, em determinada altura, se fundem mesmo como personificação da terra africana, da mátria Angola.

> Ao ver Lu sair naquela manhã do Centro de Documentação Histórica, onde eu ia entrar, não podia imaginar a força daquele encontro. [...] Com a ajuda dela, iria reconstruir o seu percurso solitário. Percurso ao mais profundo de si própria, ao grito último da gaivota (p. 26).

E é *neste percurso ao mais profundo de si próprio* que o narrador (escritor angolano há muitos anos) nos guia até voltarmos com Lueji ao lago da sua infância. "Além de muitas outras variedades, o lago era rodeado de plantas com caniços compri-

* Fernanda Cavacas é formadora de professores do Ministério da Educação de Portugal (Centro de Formação de Professores de Cascais).

dos e de folha grande, que davam estranhas flores cor de rosa na ponta de hastes estreitas, as rosas de porcelana" (p. 29).

Será "a rosa de porcelana" o ceptro, símbolo do poder da rainha Lueji (que sucederá a seu pai Kondi para que o lukano não passe para fora da família dos Tubungo) e será também a rosa de porcelana o adereço com que Lu dançará na procura da identidade artística e do bailado perfeito. Presença da flor emblemática que os mais velhos dizem ter sido trazida "dum lago bem longe, lá onde nasce o rio Cassai, para Ocidente, no berço fabuloso dos Tchokue" e símbolo da passagem de um testemunho entre as duas mulheres, entre passado e futuro. O bailado – que Lu procura infatigavelmente e vai por fim executar formando com Cândido um par único – (re)contará a história da rainha da Lunda, dos seus poderes, alianças e favorecimentos, dos seus amores por Ilunga, da sua amarga infertilidade e da sua decisão de assumir em segredo um filho do marido e de Kamonga Luaza para ser o seu sucessor, o neto de Kondi, o futuro rei da Lunda, Yanvu.

> Lueji suspirou. Estava cumprida a promessa feita há muitos anos a Kondi. O espírito dele não enviou o raio nem epidemias, nem a seca. Aceitava portanto o filho de Kamonga Luaza como seu neto. E assim compreenderam os Tubungo que tinham dúvidas sobre a verdadeira maternidade. [...] Lueji já podia descansar. No entanto, o peito lhe doía de angústia, e se errei? (p. 478).

Ironia da história, paralelos de vida passada e presente, procura de explicações mágicas e crença no mistério da vida e da morte para lá da realidade, a que nem sequer faltam as palavras cépticas de Cândido, kuvale orgulhoso:

> Realmente os citadinos nunca deixam de me surpreender. Vivem numa metrópole onde aparece gente de todo o Mundo, veem cinema e televisão de todo o lado. Deviam ter um espírito científico, ainda mais porque estamos a meses do ano 2000. E afinal querem desenterrar crenças que só atrasam... [...] a tradição deve ser utilizada, mas num sentido de progresso, de libertação das pessoas (pp. 453-456).

O autor não descura nenhum dos aspectos da vida real angolana que transforma habilmente e de que uma intriga fascinante nos vai dando conta revelando e ocultando facetas contraditórias do viver actual numa Angola multifacetada culturalmente e dividida entre a tradição e a modernidade urbana.

E finalmente mais do que a necessidade de manter as tradições, o imperativo de proteger a nação: "Já houve mudança na tradição e os espíritos não se revoltaram – disse Majinga – Só se revoltam se as novas medidas põem em perigo a Lunda. Eles protegem a Lunda, para isso estão lá no cimo das mulembas" (p. 463).

Romance dramático de busca de identidade, identidade pessoal e colectiva, em que natureza e sentimento dão as mãos numa tessitura narrativa complexa e em que vários narradores conduzem a acção. Forma cuidada e correcta, embora deixando adivinhar uma variante africana/angolana, de matiz brasileiro, na colocação dos pronomes e em algumas regências verbais, por exemplo. Inovação lexical – grafia criativa de algumas palavras de forma próxima do registo do oral, empréstimo de vocábulos de línguas nacionais – e, de uma maneira geral, com o discurso a revelar-se próximo do registo de vozes orais, para além do discurso directo propriamente dito. Organização frásica com nítido privilégio da coordenação.

Narrativa aberta porque inacabada, já que o epílogo aponta para o futuro incerto com algum pessimismo mas com uma sábia compreensão.

> Percebem porquê não posso falar o que vejo em Muiza? [...] Sempre foi assim, o criador duma coisa é também o criador da morte dessa coisa, ao dar a vida dá a morte. O filho que a mulher faz nascer não está já destinado a morrer? Lueji criou o Império e criou as condições da sua destruição. Só podia ser assim. Porquê culpá-la da sua humanidade? (p. 483).

De algum modo, este epílogo procura desculpabilizar os homens nas suas falhas previsíveis porque decorrentes da sua natureza humana, com apelo ao determinismo histórico. Mas, mais do que julgar interessa ao autor apontar um caminho de sucesso:

> Lu..., luminosa no palco, segurando o lukano e uma rosa de porcelana, o ceptro de Lueji também recuperado do esquecimento e a festa está no fim, Lu-Lueji sabe, só lhe resta avançar, erguer os braços bem alto, mostrando o lukano e a rosa e ficar assim, majestática, enquanto todos os outros saem a correr do palco para cair o pano [...] enquanto Matias, o crítico, grita, possesso, bravo, bravo, nunca vi antes nada melhor, e a sala arrebenta então em aplausos de pé, selando a vitória (p. 472).

O êxito alcançado pelo bailado de Lu, a bailarina, comunga do sentimento apaziguador de missão cumprida pela rainha da Lunda, Lueji, ao passar o lukano a um sucessor, filho inventado pelo amor de mãe de um povo a quem foi preciso talhar um futuro de união. O presente recupera desse passado mítico o símbolo da autenticidade na rosa de porcelana, símbolo poético de uma pertença à terra-mãe, e augura um futuro promissor à angolanidade nascente a que as novas gerações dão corpo.

Referência Bibliográfica

PEPETELA. *Lueji: O Nascimento de um Império.* Luanda, União dos Escritores Angolanos, 1989.

19

Luandando: Uma Cidade no Gerúndio

ÉRICA ANTUNES*

Publicada em 1990, a edição ilustrada e bilíngue (em português e francês) de *Luandando* apresenta um estudo histórico-sociológico da capital angolana, Luanda, desde a chegada dos "pontos brancos" (p. 13) – os portugueses –, em 1575, até o final do século XX. Apesar do pendor ensaístico que distingue *Luandando* de todas as obras de Pepetela, a linguagem empregada é, como nas demais, clara e envolvente, a começar pelo título, um cruzamento vocabular entre o substantivo próprio "Luanda" e o verbo "andar", indiciador, conforme a apresentação feita por Américo Gonçalves, de uma "forma de ser e estar na Cidade, amando-a e desafiando-a" (p. 5). Nesse sentido, o verbo neológico empregado no gerúndio torna constante quer o ato de percorrer, quer o de captar Luanda, (re)descobrindo-a dia após dia.

Os doze capítulos que compõem *Luandando* são organizados cronologicamente. O primeiro, denominado "Os Pontos Brancos", descreve de forma bastante literária a suposta reação do Velho Mani-Luanda (figura que o autor retoma em *A Gloriosa Família: O Tempo dos Flamengos*) quando da chegada dos portugueses à Ilha de Luanda em fevereiro de 1575:

* Érica Antunes Pereira é doutoranda em Estudos Comparados de Literaturas de Língua Portuguesa na Universidade de São Paulo (USP) e bolsista da Fundação de Amparo à Pesquisa do Estado de São Paulo (FAPESP).

O Velho sentia as forças fugirem, ao ver a cem metros o capitão da armada, barbudo e branco, berrar ordens incompreensíveis. Os portugueses de terra acenavam e gritavam para os barcos, dando pulos e cambalhotas de alegria. Algumas crianças sorriram por causa das cambalhotas. Mas o Velho, ali, pela sabedoria de muitos anos olhando o mar, no estudo dos vermelhos violetas dos poentes, escutando estórias vindas do Kongo, percebeu tudo tão nitidamente como um raio de luz que fere os olhos ou uma mensagem escrita nos intestinos dum cabrito.

– Maus tempos vêm com esses barcos (p. 16).

Verifica-se, em trechos assim, que a descrição histórica adquire uma roupagem narrativa, mas o que aparentemente dificultaria a delimitação do real e do fictício é, em verdade, o mérito de Pepetela em *Luandando:* ele consegue conferir ludicidade à obra sem perder de vista o seu caráter ensaístico.

Surgida num local totalmente inviável, sem rios para abastecimento, Luanda foi "a primeira cidade fundada na África a sul do Sahara por europeus" (p. 18) e seu desenvolvimento se intensificou a partir do século XVII, com a configuração da Cidade Alta como "a sede do poder de Estado e da Igreja" (p. 21) e da Cidade Baixa como o local de estabelecimento de traficantes de escravos e comerciantes, constituídos, sobretudo, por "degredados criminosos de delito comum e alguns de 'delitos religiosos' [...] que vinham cumprir pena em Angola" (pp. 24--25). Nessa época, proliferaram as construções religiosas (igrejas, conventos etc.) e militares, entre as quais merece menção a Fortaleza de São Miguel, hoje abrigo das estátuas do período colonial que foram apeadas após a independência angolana.

O segundo capítulo, "Um Projecto Frustrado?", trata ainda da invasão holandesa e do abandono da cidade pelos portugueses, cujo governador Pedro César de Menezes, na fina ironia de Pepetela, aparece ridicularizado:

O Governador manda os feridos e documentos serem embarcados em lanchas para subirem o Bengo o mais que puderem, enquanto o grosso da comitiva flectirá para Sudeste, em direcção ao abrigo de Massangano.

> – Podem perder-se, Excelência – reclama um Jesuíta, com o seu sentido tradicional de preservar o bom nome da Companhia. – São documentos importantes. Para que daqui a 400 anos se saiba como se fundou a cidade de Luanda e o papel da Companhia de Jesus em todo esse milagre.
>
> – Quero lá saber da História. Quero é estar vivo amanhã. E esse peso atrasa-nos a fuga (p. 29).

Em 1648, auxiliados pelos colonos brasileiros que tinham interesse na mão de obra escrava, os portugueses retomaram as terras, tornando-se Salvador Correia o Governador de Angola que "baptizou a cidade com o nome de São Paulo da Assunção, retirando-lhe o 'Loanda', porque se assemelhava demais ao detestado nome de Holanda!" (p. 33).

No terceiro capítulo, intitulado "Uma Letargia Atávica", continua a configuração da Cidade Baixa, com ênfase para a época de atuação do governador Sousa Coutinho, os anos de 1764 a 1772, em que foram construídos, dentre outros edifícios, a Alfândega e o Passeio Público que mais tarde originaria a Avenida Marginal, atualmente nominada 4 de Fevereiro. Com referência à população, segundo Pepetela, "a família dominante na época parece ser a mestiça" (p. 57), fator decorrente da disparidade do número de homens e mulheres europeias que viviam em Luanda naquela altura. Outra informação interessante desse capítulo é a da "ascenção dos mestiços livres na administração pública, que se manteria no século seguinte" (p. 58) graças ao fato de os brancos se interessarem mais pelo comércio; todavia, os altos cargos – como é de esperar – lhes eram vetados.

A vida cultural na cidade, nesse período, era praticamente nula, e a descrição de como se fazia a correspondência amorosa com o *makezu* é bastante pitoresca:

> [...] o fruto levado inteiro significava afecto, amizade ou princípio de amor. O que levava uma partezinha a menos demonstrava amor novo que espera correspondência para se declarar, o enviado com um bocadinho a menos, trincado com os dentes e remetido juntamente com a fruta,

indicava princípio de amor ilícito, adúltero. Quando o amor se achava radicado, não se usava a fruta inteira para o alimentar, mas apenas alguns gomos. Se um gomo remetido inteiro voltava com um bocadinho a menos, isso era aviso para se encontrarem. Se um gomo ia inteiro mas com sinais de ter sido trincado, era desejo de amor firme (pp. 60-61).

O fim da apatia que dominou Luanda no final do século XVII só se deu, efetivamente, na segunda metade do século XIX. No entanto, como aponta o capítulo "O Fim da Cidade-feitoria", a partir da independência do Brasil, em 1822, passou a ocorrer uma sensível diminuição no comércio de escravos em Angola, instalando-se a crise por completo em 1836. Nessa época, Luanda começou a crescer para o interior, originando, por volta de 1860, os primeiros musseques – de acordo com Pepetela, a palavra musseque "quer dizer em kimbundo a areia vermelha, formação geológica mais comum na zona" (p. 68) – e forçando a população, em sua maioria negra, a se instalar na periferia: "o musseque vai ser o símbolo espacial duma diferenciação social com base na raça, embora nunca expressamente admitida e talvez nunca absolutamente realizada" (p. 69).

Em 1875, Luanda se tornou a capital política e administrativa da colônia, bem como o seu centro comercial, livrando-se do estigma de "armazém e porto de escravos" (p. 76). Alguns anos depois, em 1888, inaugurou-se "a primeira secção do Caminho de Ferro de Luanda, que ligaria a capital ao interior, a caminho de Malanje" (p. 76). No fim do século XIX, portanto,

Luanda torna-se um local de intensa actividade cultural e de debate de ideias, em que os ideais da Revolução Francesa são abertamente defendidos em publicações que muitas vezes não passam dos primeiros números para logo serem substituídas por outras. A história da literatura angolana registou os nomes de alguns brilhantes jornalistas e escritores que estão na base do que mais tarde seria a chamada identidade cultural angolana, presságio duma nacionalidade em formação a partir das cidades (p. 84).

Esses pequenos progressos foram, todavia, maculados pelo crescente deslocamento da camada dita inferior da população para as margens, tema que permeia o capítulo "Um Bonito Fardo". O crescimento econômico decorrente da alta do café após a Segunda Guerra Mundial favoreceu o crescimento da cidade, acentuando, de igual modo, as desigualdades sociais. A Cidade Baixa continuou a centralizar os serviços administrativos e comerciais, com toda Luanda nela convergindo, promessa de congestionamentos para um futuro muito próximo e hoje já concretizado.

Os musseques, caracterizados como o "espaço dos marginalizados que servem de reserva de mão de obra barata ao crescimento colonial" (p. 103), costumam ter seus nomes atrelados aos dos proprietários do terreno onde surgem, mas, com o tempo, vão-se modificando. Desta forma, há os muito antigos como o Sambizanga e o Marçal, os antigos como a Lixeira e o Prenda, os novos como o Cazenga e o Cemitério Novo, e os muito novos, como o Palanka e o Rocha Pinto, só para exemplificar. O musseque lembra a favela brasileira e pode ser definido como um lugar "constituído por casas de pau a pique, de cubatas, de barracas cobertas a chapa ou cartão, ou de casa de construção definitiva em zonas sem arruamentos, sem esgotos, sem canalização de água, sem electricidade" (p. 105), ou seja, desprovido de condições de higiene e de vida.

Além da descrição topográfica, no capítulo "Os Musseques", há uma análise sociológica, caracterizando-os como importante espaço cultural "que faz a ponte entre a cidade e o campo" (p. 107) e tem o quintal, especialmente, como o ponto de referência da sociabilidade. Pepetela lembra, ainda, que a denominação "fronteira de asfalto" foi criada por Luandino Vieira e que o musseque tematiza várias textos da literatura angolana, além de ter sido o palco do trabalho "que desembocou no gesto do 4 de Fevereiro de 1961, marco inicial da luta de libertação nacional" (p. 113).

As migrações, na época da independência, favoreceram a ocupação das casas e prédios abandonados, processo esse apresentado no capítulo "A Invasão do Asfalto", que também contempla as dificuldades de adaptação da população aos novos estilos de vida, como se vê na seguinte passagem:

> Acostumada a viver em casas térreas, com cozinha ao ar livre ou pelo menos fora da casa principal, fazendo do quintal a área social da habitação, não podia dum dia para o outro adaptar-se à vida em prédios de apartamentos. E acumularam-se as estórias sobre a má utilização dos alojamentos: cozinhava-se no chão dos apartamentos, utilizando os tacos de madeira para combustível; deitava-se água suja pelas janelas e varandas para a rua; entupia-se as pias por se deitar lixo caseiro por elas; os elevadores avariados e sem possibilidades de reparação imediata tornavam-se depósitos de lixo; animais de capoeira eram criados nos alojamentos; faziam-se hortas nas banheiras etc. (pp. 119-120).

A falta de manutenção dos imóveis, bem como das redes de eletricidade, água e esgoto, por exemplo, instalou, com o passar do tempo, a precariedade da vida urbana, obrigando a população a se valer dos mais diversos estratagemas para sanar inclusive as necessidades mais básicas. Da mesma forma, graças à falta de planejamento urbano, o trânsito se tornou caótico, só não inviabilizando o transporte particular porque o coletivo – tirando a prática dos candongueiros, muitas vezes ilegal – é quase inexistente.

A etimologia do nome "Luanda" é posta à prova no capítulo "Os Homens da Praia". Pepetela lembra algumas das teorias a respeito, destacando a de Cordeiro da Matta, para quem a palavra "Luanda" seria um derivado de "axiluanda", significando, portanto, algo como "gente de Luanda" (p. 127). Os axiluanda – ou habitantes da Ilha de Luanda – mantêm até hoje a tradição da pesca, cabendo às mulheres a comercialização dos peixes. Essa cultura ligada ao mar que possuem os axiluanda também compreende o seu panteão religioso, podendo ser citadas entidades como *Nzambi, Kalunga*, os *ilundu,* as *ituta* e aquelas que são frequentemente referidas na literatura, as *yanda* (no singular, *kyanda*), entidades que vivem na água dos rios, lagoas ou mar, mas que também podem ser encontradas em terra e que são responsáveis pelo êxito ou pelo fracasso da pescaria.

As *yanda* dos axiluanda, é preciso assinalar, não possuem os mesmos traços daquelas que, segundo os caluandas, moram no Kinaxixi, largo criado pelos portugueses no tempo colonial:

> Naquela área havia uma lagoa, com suas yanda muito antigas, que ficaram aprisionadas com o cimento, terra e asfalto que lhe puseram em cima, para construir o largo e os grandes edifícios à volta, entre os quais o do mercado. Ali perto havia também uma grande árvore, uma soberba mulemba que, quando lhe cortaram, verteu sangue durante sete dias e sete noites. Não estou a inventar, os mais velhos lembram e me contaram. A explicação seria pois que no Kinaxixi houve tal massacre feito às forças benignas da Natureza que esta se vingou: a lagoa renasceu ali ao lado, entre colunas dum prédio eternamente em construção; naqueles sítios muitas coisas, quando acontecem, acontecem mal, até os prédios podem um dia cansar-se de ficar em pé; o mercado portanto estoira... Ó ecos antigos do Kinaxixi, tão cantados por Luandino Vieira e Arnaldo Santos! (p. 150).

Alguns anos depois de *Luandando*, Pepetela retomou a figura das *yanda* ao publicar, em 1995, *O Desejo de Kianda*. O mercado do Kinaxixi existente no largo homônimo – o lar das *yanda* – era próspero até a independência; hoje, apesar de situado na região central de Luanda, já não oferece os mesmos atrativos, não se sabe se pelo fato de ser "uma concepção demasiado europeia" (p. 147) ou se por obra das *yanda*. Nessa senda, lembre-se que tanto o "Monumento em Homenagem aos Mortos da Grande Guerra", também conhecido como "Maria da Fonte" – curiosamente, a única estátua do período colonial que não seguiu para a Fortaleza de São Miguel, sendo destruída por conta de sua grande dimensão –, quanto a estátua da "Rainha Ginga", erigida no centro do largo do Kinaxixi, são frequentemente tomadas como a representação da *kyanda* que permanece soterrada naquele espaço.

Além do Kinaxixi, vários outros mercados são focalizados no capítulo "Mercados e Quitandeiras", como o de "São Paulo", o "Cala-a-boca", o "Ajuda-marido", o "Tira-o-bikini", "Os Trapalhões" e o "Roque Santeiro", cujos nomes são ou criações populares ou, como é o caso dos dois últimos, inspirados em programas da televisão brasileira. Grande parte dos mercados surgiu na década de 1980 – época em que o comércio informal se intensificou – e neles podem ser encontrados produtos de todos os gêneros, na maioria das vezes de origem suspeita ou duvidosa.

Além dos mercados, outra forma de manifestação popular é o carnaval, delineado no capítulo "O Carnaval". Em Angola, graças ao laicismo estatal, não há obediência ao calendário litúrgico, de modo que, por razões políticas, a data do carnaval – chamado, após a retirada das tropas sul-africanas de Angola, de "Carnaval da Vitória" – tornou-se fixa, todo 27 de março. Em Luanda, o desfile acontece na Avenida Marginal – ou 4 de Fevereiro – e é caracterizado pela presença indispensável das fantasias do rei e da rainha, além de muita música e dança.

A musicalidade e o gingado também constituem, segundo Pepetela, "O Espírito Caluanda", outro capítulo de *Luandando*. Um caluanda que se preze está sempre disposto a conhecer pessoas e a enfrentar situações, gosta de viajar e de levar sempre vantagem, adora fazer mujimbos e criticar todos, é um otimista por natureza e ri de seus próprios problemas, tem paixão por festas e tudo é pretexto para farras. Nesse capítulo, também há uma detalhada descrição dos funerais – *kombas* – e do comportamento caluanda em tais ocasiões.

Encerrando a obra, o capítulo "A Moldura de Luanda" descreve as imediações da cidade, como, por exemplo, o Cacuaco, a Corimba, o Futungo de Belas – local da residência presidencial –, o Mussulo, o Morro dos Veados, o Museu da Escravatura – de onde partiam os navios negreiros –, o Miradouro da Lua, a Barra do Kuanza, Cambambe, Calumbo, a Quissama e o Cabo Ledo.

Pepetela se mostra um incomum cicerone por conduzir o leitor aos meandros da cidade de Luanda, essa "menina bonita e caprichosa, langorosamente lenta no despertar" (p. 9), mas sem exauri-la no pictórico. Por isso, o título da obra, *Luandando*, advindo de um cruzamento vocabular e dando passagem para um novo verbo empregado no gerúndio, insinua de pronto uma contínua metamorfose, quer do espaço citadino, quer do próprio sujeito; em outras palavras, o verbo no gerúndio parece impor uma tomada de atitude para, quem sabe um dia, libertar as *yanda* do Kinaxixi e, com o auxílio delas, romper de vez a "fronteira do asfalto". Porque "luandar" é preciso!

Referência Bibliográfica

PEPETELA. *Luandando.* Luanda, Elf Aquitaine Angola, 1990.

20

A Geração da Utopia: A Lição do Mar

CÉLIA REGINA MARINANGELO*

> *O utopista não aceita o mundo que encontra, não se satisfaz com as possibilidades atualmente existentes: sonha, antecipa, projeta, experimenta.*
>
> *É justamente esse ato de desacordo que dá vida à utopia.*
>
> SZACHI

O romance *A Geração da Utopia* marca um momento importante na obra literária de Pepetela, na qual percursos históricos e pessoais afloram num entrelaçamento de ficção e realidade. Como ser humano observador e arguto, o autor transforma-se em porta-voz dos anseios, conquistas e decepções de certos segmentos sociais angolanos, que se universalizam ao refletirem o desejo de todos aqueles que, como ele, lutaram por um projeto utópico, intentando a construção de um mundo novo e melhor.

Para Pepetela a utopia não representa a busca de um sonho irrealizável; ao contrário, a ideia de mudança surge-lhe como base para a crença num projeto que se identifica com os anseios de uma geração não conformada com o estado opressivo imposto pelo regime colonialista português. Esse dado real servirá como matéria-prima para a construção da obra literária abordada nessa resenha.

* Célia Regina Marinangelo é mestra em Estudos Comparados de Literaturas de Língua Portuguesa, pela Universidade de São Paulo (USP).

No romance *A Geração da Utopia*, temos a trajetória de um grupo de jovens em busca de um sonho comum: a libertação de Angola. A partir daí, o autor empenha-se numa abordagem que não deixa de refletir criticamente sobre as conquistas e desencanto que surpreendem os personagens nesse percurso. Mais uma vez, na montagem do texto, inscrevem-se as linhas da experiência: Artur Carlos Pestana dos Santos, Pepetela, foi um combatente guerrilheiro que acreditou na possibilidade de um mundo melhor. E, assim, lutou pela independência de seu país e pela formação de uma nação angolana, livre da opressão colonialista e coesa no interesse da formação de um povo progressista e uma sociedade justa sob premissas socialistas. Em seus livros, seus sonhos e devaneios aparecem, misturando-se a fatos que possibilitam o acompanhamento da história política e social de Angola, juntamente com as transformações pessoais do autor.

A Geração da Utopia é escrita em 1991. Para o desenvolvimento do enredo o escritor recorre a espaços e tempos diferentes. O mesmo ano de 1991 demarca o último capítulo do livro, no entanto, não representa o fim das expectativas de uma continuação da história. Não começasse ela, singularmente, com um advérbio conclusivo: "portanto". O início um tanto insólito vai indicar a possibilidade de um novo tempo, de novas esperanças e, assim, mediante um curto e falso epílogo, o leitor poderá vislumbrar a abertura de um horizonte otimista, no qual a utopia "perdida" poderá ser retomada.

Se 1991 é o ano fronteiriço do final do romance, 1961 marca o início da trama. O capítulo introdutório tem Lisboa e, principalmente, a Casa dos Estudantes do Império, sediada nesta cidade, como cenário para a atuação dos personagens representantes de uma geração plena de expectativas. "A Casa", título do primeiro capítulo, se apresenta como ponto de encontro de jovens africanos, projetando nuances realistas em sua apresentação, fenômeno que decorre da dimensão autobiográfica que a obra contém. Não podemos ignorar que o próprio autor foi assíduo frequentador do lugar.

A narrativa registra a importância deste espaço para que os estudantes africanos tomassem contato com ideais nacionalistas e libertários, perseguidos por grupos conscientes e atuantes dos países colonizados. Ao mesmo tempo, estão assinaladas as diferenças entre Lisboa e Luanda, assim como a "forma de ser" dos africanos e portugueses. Sutilmente, ou não, o texto trabalha a noção de inviabilidade do Império.

Sara, personagem luandense, estudante em Lisboa, tece as comparações das duas cidades: a movimentada Luanda – transbordante de cores, povoada por gente alegre e dançante, e a melancólica Lisboa, mais cinzenta talvez nesses tempos salazaristas, quando a repressão parecia acentuar características atávicas do povo e do país. "[...] O português precisa sempre de qualquer coisa para estar melancólico. E se não for a saúde, é a família, ou então o emprego. Povo triste, pensou Sara. É do regime político ou é a essência da gente?" (p. 11).

O espaço privilegiado pelo autor nesse capítulo, "A Casa", denota sua importância política e de oposição ao regime colonialista perpetuado pela ditadura de Salazar. Percebe-se que, enquanto se acirram as perseguições aos africanos, as organizações contrárias ao regime se fortalecem. Os diálogos dos estudantes revelam o surgimento de movimentos políticos libertários, como o MPLA e a UPA. As diferenças ideológicas e étnicas também se evidenciam nesse espaço. Os personagens, suas opiniões e comportamentos, já anunciam, de alguma forma, o encaminhamento de suas vidas. Os longos debates estabelecidos por eles refletem a percepção e sensibilidade do autor que, assim como no romance *Mayombe*, dá voz aos variados pontos de vista e valores pessoais. Ali estão os idealistas como Aníbal e Sara, os oportunistas como Malongo, ou os violentos como Laurindo, por exemplo.

O segundo capítulo do romance enfoca outro tempo e espaço. O ano é o de 1972, o enredo já não se desenvolve na cidade, desloca-se de Portugal para a África, ressaltando um espaço caracteristicamente africano e que nomeia o capítulo, "A Chana": "A chana não é um deserto, nada tem de comum com um deserto.[...] A chana são vários mundos fechados atravessados uns pelos outros. A complexidade da chana está na sua própria definição" (p. 121).

É tempo de guerra. A luta pela independência de Angola continua, agora com menos entusiasmo. Os questionamentos sobre a validade da luta e os sofrimentos que ela acarreta aparecem nessa parte do livro. Num clima de certa angústia, a hesitação de alguns personagens parece associada ao afastamento de grandes parcelas do povo que "perdeu a confiança na guerrilha e criou o vazio à volta dela, recuando aos milhares para Zâmbia" (p. 124). As intensas reflexões do solitário personagem, perdido nesse espaço, desdobram-se em conjecturas, receios, certezas, nas contradições e falsidades daquela guerrilha, chocando a vulnerabilidade do homem com a hostilidade do lugar que, paradoxalmente, ameaça-o e o protege.

A decepção de Aníbal (Sábio) com os rumos da guerra já despontam nesse segundo capítulo. As reminiscências de Mundial denunciam a angústia do personagem, sinalizando o desencanto da geração que o autor chama de utópica. Mundial recorda:

> [...] dissera-lhe Sábio:
>
> [...] O povo esperava tudo de nós, prometemos-lhe o paraíso na terra, a liberdade, a vida tranquila do amanhã. Falamos sempre no amanhã. [...] Um amanhã que nunca vem, um hoje eterno. Tão eterno que o povo esquece o passado e diz que ontem era melhor que hoje (p. 124).

As diferenças regionais eclodem em meio à guerrilha, nublando o intento primordial: a libertação de Angola. Os sacrifícios exigidos pela guerra já não são justificados ou apoiados pelo povo sofrido, nem mesmo pelos guerrilheiros que já não acreditam mais nas boas intenções dos chefes dos movimentos. Ao ressaltar as divergências e conflitos que já estão plasmados junto ao movimento pró-independência, o narrador convida o leitor a refletir, junto aos personagens, sobre os desvios do movimento libertário, sobre a diversidade étnica, regional e ideológica que compõem e enriquecem esse país africano.

No capítulo seguinte, denominado "O Polvo", contrastando com o anterior, as ações são deslocadas para um espaço idílico.

O ano é o de 1982, quando a independência política já havia sido alcançada. A baía paradisíaca foi escolhida como moradia e refúgio por Aníbal que, nesse momento, vive toda a plenitude de sua decepção. Impõe a si mesmo a reclusão, mas não se aliena dos problemas e miséria que o cercam. Sente-se, no entanto, desiludido e impotente frente aos rumos políticos e sociais que o atual sistema de governo imprimiu em Angola. Segundo as amargas reflexões de Sábio, conclui-se que para o personagem a utopia morreu. Em diálogo com sua amiga Sara, ele afirma:

> Isso de utopia é verdade. Costumo pensar que nossa geração devia chamar a geração da utopia. [...] E depois tudo se adulterou, tudo apodreceu, muito antes de se chegar ao poder. [...] A utopia morreu. E hoje cheira mal, como qualquer corpo em putrefação. Dela só resta o discurso vazio (p. 141).

A escolha de sua nova morada não foi feita ao acaso, trazia implicitamente o desejo antigo de enfrentar o monstro que o perseguiu desde criança. O polvo, habitante da baía há muitos anos, representa a impressão mais forte de medo na memória do personagem. Para ele, faz-se necessário persegui-lo e matá-lo, num enfrentamento corpo a corpo.

O desalento de Aníbal, ao defrontar-se com o animal e vencê-lo, equipara-se à percepção de quão decepcionantes foram as mudanças ocorridas no país após a independência de Angola, e essa percepção impregna o personagem de desânimo para novas lutas.

A ideia de desânimo aparece de forma contundente também no quarto e último capítulo. O cenário agora é Luanda e o tempo estabelece-se a partir de 1991, quando os valores relativos à solidariedade e a busca de um país novo perdem-se nos meandros da burocracia governamental cristalizada nesse momento. O término da guerra instaura um novo período na capital, cuja nota dominante são as negociatas em Luanda. A sonhada sociedade mais justa se perde em meio a negociatas e à premissa básica do capitalismo: o acúmulo de bens. As privatizações se sucedem beneficiando os membros do poder, e o neoliberalismo instala-

-se gradualmente insinuando-se como um dado de modernidade. Alguns dos antigos personagens, frequentadores da Casa, reaparecem sob outra perspectiva, na condição de aproveitadores da situação do país em benefício próprio.

O próprio título "O Templo" traduz o alcance do olhar irônico do autor que capta no universo de certas práticas religiosas novas formas de exploração de um povo depauperado pela guerra e sem esperanças no futuro. Na denúncia de tantas iniquidades, a narrativa parece apontar para a inviabilidade da vida num espaço em princípio libertado à custa da morte de tantos.

O romance se encaminha para o final abandonando no percurso o idealismo e o sonho; no entanto, quando o desencanto da realidade vivenciada vai-se convertendo numa forma mais concreta de desagregação, o romance escapa ao previsível: as constantes transformações do mundo e o surgimento de uma nova geração apresentam ao leitor uma nova possibilidade, voltando a acenar com a utopia perdida por aqueles jovens dos anos 1960.

Sem fazer concessão à banalidade de um otimismo infundado, Pepetela encerra seu romance deixando uma questão implícita: a viabilidade da reconstrução de um país em moldes mais justos, menos violentos, no qual lentamente as marcas da opressão e da guerra desapareçam. O exercício literário redimensiona a esperança e recupera a ponta da utopia que movimentou o mundo nos anos 1960 e se tornou uma marca de sua geração. Nesse sentido, o romance, entre as denúncias e a certeza da urgência de reavaliações de alguns gestos, faz ecoar os belos versos do poeta Manuel Rui:

> [...] Nada permanece que não seja
> para a necessária mudança.
> Que o diga o mar.
> [...]

Referência Bibliográfica

PEPETELA. *A Geração da Utopia.* Lisboa, Dom Quixote, 1992.

21

O Desejo de Kianda: Um Cântico de Liberdade

TANIA MACÊDO*

As marcas da história nas trilhas da ficção de Pepetela, bem como a presença de um questionamento corajoso a aspectos da conjuntura sociopolítica de seu país, podem ser acompanhadas ao longo de toda a produção literária do autor. Veja-se, por exemplo, que o primeiro texto de maior fôlego publicado por Pepetela, *As Aventuras de Ngunga* (escrito "nas manhãs de 10 dias, debaixo de uma árvore, numa carteira da mata, na Frente Leste" da guerrilha do Movimento Popular de Libertação de Angola – MPLA, onde o autor era Comandante, em 1972), em linguagem simples, realiza uma crítica quer a certos aspectos da vida tradicional angolana (como o "alembamento"), quer a alguns dirigentes do Movimento, como o velho Kafuxi, que nega comida aos guerrilheiros. Esses questionamentos, de certa maneira, são aprofundados em outro texto, o romance *Mayombe* (escrito em 1971), em que as reflexões da personagem Sem Medo a respeito da maneira como o Partido enfrentaria as crises na construção da nação deixam entrever uma visão bastante aguda das questões do estado recém-criado ("Da vigilância necessária no seio do Partido passar-se-á ao ambiente policial dentro do Partido e toda a crítica será abafada no seu seio. O centralismo reforça-se, a democracia desaparece").

* Tania Macêdo é professora titular de Literaturas Africanas de Língua Portuguesa na Universidade de São Paulo (USP).

Os exemplos desse permanente estado de alerta para com questões fundamentais da conjuntura angolana na ficção de Pepetela poderiam ser largamente citados, indiciando que a crítica das instituições e a forte presença da história angolana na ficção do autor podem ser focalizadas como linhas de força que percorrem e, não raro, estruturam seus textos. Dessa forma, não causa espécie que um texto produzido entre 1994 e 1995, como *O Desejo de Kiand*a, esteja fortemente marcado pelos acontecimentos que abalaram a sociedade angolana naquele período. Lembre-se a respeito que em fins de 1992 os sonhos de obtenção de paz a partir da realização das eleições presidenciais que mobilizaram todo o povo ruíram, no momento em que houve a contestação dos resultados por parte da UNITA (União Nacional para Independência Total de Angola) e a retomada da guerra. A desestruturação social que se seguiu foi violenta, com o crescimento dramático dos deslocados de guerra, aumento generalizado de preços e o recrudescimento da corrupção, tornando inviável a utopia de um país livre, independente e em paz.

Há de se ter cuidado, todavia, quando se analisa um livro como *O Desejo de Kianda,* já que não se trata de um relato historiográfico, mas sim de texto ficcional. E, sob esse particular, mais que as coordenadas sócio-históricas, merecem nossa atenção as articulações dos elementos estruturais dessa narrativa, ou, na senda do que nos ensina o crítico brasileiro Antonio Candido, verificar em que medida os "dados externos (o contexto) tornam-se internos (imagens, linguagem)".

A essa luz, é interessante notar que, assim como em *O Cão e os Calus*, a cidade de Luanda é o cenário privilegiado de *O Desejo de Kianda*. A respeito, não se pode esquecer que o benguelense Pepetela é autor de um dos mais saborosos textos escritos sobre a capital de Angola, o livro *Luandando*, em que a cidade, sua história, sua culinária, seus moradores e a habitante mais ilustre, a Kianda do Kinaxixi, são focalizados de maneira a desenhar um perfil algo brejeiro, mas sempre positivo da cidade. Será, pois, em um cenário citadino, diferentemente do que ocorrera em *Mayombe* (1971), *As Aventuras de Ngunga* (1972), *Muana Puó* (1969) ou *Yaka* (1983), que transcorrerá a ação de *O Desejo de Kianda*.

Nessa crônica, a cidade é focalizada a partir do largo do Kinaxixi, local em que, segundo o imaginário de Luanda, nos anos 1930 teria existido uma entidade, a Kianda – espécie de sereia, a qual teria sido aprisionada em sua lagoa, no momento em que a mesma foi aterrada para dar lugar a um prédio de apartamentos. É a partir, pois, desse "lugar mítico", a lagoa do Kinaxixi, que a ação de *O Desejo de Kianda* transcorrerá. Aí começarão a ocorrer estranhos desmoronamentos e também nas cercanias desse local é que o casal de personagens protagonistas – João Evangelista e Carmina – reside. Na verdade, conforme afirma o narrador, há uma relação de causa/efeito entre as ações empreendidas pelo casal e a queda de prédios do Largo do Kinaxixi ("O primeiro prédio desabou pouco depois da partida do cortejo automóvel levando noivos e convidados para o banquete de casamento de João Evangelista e Carmina Cara de Cu" – pp. 9-10). Assim, o que se verifica é que a cada ato perpetrado por Carmina que redunde em mais um degrau de sua ascensão econômica, um novo prédio desaba. Mas, afinal, quem é Carmina?

O Desejo de Kianda traça o perfil e acompanha as ações dessa jovem e ambiciosa mulher que, aproveitando-se das brechas propiciadas pela mudança de orientação do Estado angolano, ascende de um quadro da "Jota" (Juventude do MPLA – uma das formas organizativas do partido) a Deputada e "empresária", isto é, beneficiária do Estado que, ao realizar a "abertura" da economia ao capital, abre o caminho aos fraudadores e ao "esquema" (corrupção). Nesse sentido, Carmina passa de militante de esquerda, marxista, a "importadora" de armas e de cerveja, amealhando riqueza e utilizando-se de seus conhecimentos no parlamento para obter ainda mais benesses. E a cada um de seus sucessos na senda da corrupção e da fraude corresponderá o desmoronar de mais um prédio no Kinaxixi, de tal forma que a narrativa vai construindo a contraposição entre a *ascensão* da corrupção e a *queda* dos edifícios. Ora, na medida em que os desabamentos são efetuados pela Kianda, na sua busca por libertar-se de sua lagoa aterrada do Kinaxixi, podemos dizer que o relato contrapõe duas personagens femininas, a mítica Kianda e a arrivista Carmina, opondo dois projetos distintos: o da tradição/liberdade e o dos péssimos novos tempos.

Há de se notar, ainda, que a favor da Kianda, além do narrador, duas outras poderosas vozes se fazem ouvir: a de Luandino Vieira e a de Arnaldo Santos, tornados personagens no último parágrafo do capítulo 2 do livro, no momento em que se encontram com o inexpressivo esposo de Carmina, João Evangelista:

> Ouviu a estória um dia, ali mesmo numa esplanada do Kinaxixi, quando se sentou com o maior respeito à mesa onde se encontravam dois escritores, Luandino Vieira e Arnaldo Santos, grandes sabedores das coisas de Luanda. Como não podia deixar de ser, os kotas falavam da sua meninice kinaxixense, embora Luandino fosse do Maculusso, que de facto era ali ao lado. E foi ele mesmo que contou, lembras, Arnaldo, quando a mafumeira chorou sangue durante sete dias, não se sabe se de dor de ser cortada se de pesar por tirarem a lagoa à Kianda? (p. 47).

A presença dos escritores no texto pode ser vista não apenas como uma homenagem a duas grandes figuras da literatura angolana, como também índice de uma relação intertextual que o texto de Pepetela mantém com *Kinaxixi e Outras Prosas* (livro de contos de Arnaldo Santos em que a esperança e a expressão de um projeto nacional estão expressas em cada uma das vinte e sete narrativas que compõem a coletânea) e a novela "Kinaxixi Kiami" (*Lourentinho, Dona Antónia de Sousa Neto e Eu*), de Luandino Vieira, em que há uma amarga reflexão sobre os novos tempos, como no seguinte trecho: "Planície quinaxixe agora só acampamento, nómadas sedentários de terras e solos – bebem, sujam, cidadanizam verdes, tudo pastos nos rebanhos de suas ávidas macutas. Cegam o ar e o mar, civilização. Suicidam tudo" (p. 14).

Assim, a partir desses escritores tornados personagens, reafirma-se uma contraposição já expressa pelo texto, entre duas posturas: a da tradição, aliada à utopia e encarnada na Kianda (construída inclusive pelo discurso veiculado nos vários textos da literatura angolana), *versus* a da corrupção e do "vale-tudo" de Carmina, a deputada do Partido, para quem "é o fim dum reinado e tudo está a tentar safar-se enquanto é tempo" (p. 21).

Em meio a esse embate de projetos, paira João Evangelista, funcionário de uma empresa estatal, marido de Carmina e cuja maior atividade é conquistar cidades virtuais em jogos de computador. Para ele a guerra, que assola o país real, não existe, ainda que João esbarre com os mutilados nas ruas. Os conflitos, para essa personagem, tornaram-se virtuais, apenas um passatempo e uma forma de fugir do cotidiano ("não queria pensar na guerra nem na miséria. Se lançou ao jogo em desespero, esquecendo a vida" , p. 100). Filho de pais protestantes, tendo estudado em uma "missão no Huambo", durante toda a narrativa vemos que se beneficia dos "truques e trambiques" de Carmina: desde o apartamento em que mora com a esposa, até o computador – em que passa a maior parte de seu tempo – e que lhe foi ofertado como prenda de casamento por Carmina. Ao contrário de seu apocalíptico xará, o São João dos evangelhos, o marido de Carmina vive sossegadamente o presente, não lhe importando o futuro da cidade ou da nação.

É por isso que o "Síndroma de Luanda", ou seja, a queda dos prédios do largo do Kinaxixi em que apenas o material dos edifícios é destruído, não causando qualquer dano às pessoas, que chegam ao chão flutuando, interessa-lhe muito pouco. E é por estar tão profunda e tranquilamente ligado à Carmina, que também é incapaz de ouvir a voz da Kianda, de adivinhar-lhe o Desejo. Apenas uma menina, sintomaticamente chamada Cassandra (a profetisa?), um velho, o "mais velho Kalumbo, cego e desdentado, refugiado da beira do Kuanza", o "escritor do Kinaxixi, em passeio pelos destroços do largo" e o narrador conseguem ouvir e entender a canção que emana das águas da "lagoa do Kinaxixi": "cântico cada vez mais forte e imperceptivelmente cada vez menos dolorido, se transformando aos poucos em canto de combate" (p. 83), à medida que um rio sai do largo e vai escavando o asfalto, destruindo Luanda e descendo em direção ao mar.

E, finalmente, o Desejo de Kianda se realiza: a liberdade explode em "fitas de todas as cores do arco-íris [...] iluminando a noite de Luanda", em "onda gigantesca" (p. 119), após derrubar o último obstáculo que lhe barrava o caminho para o mar: o edifício habitado por Carmina Cara de Cu, a qual é atirada para o espaço, "os braços estendidos, [...] os olhos de terror e amor, no sorvedouro da queda" (p. 118).

Do embate entre a Kianda e Carmina, vence a primeira, a qual, em seu caminho para a liberdade, vai destruindo logradouros referidos em grande parte dos contos e romances de escritores que desenharam, a partir da literatura nos anos 1960 até o início dos anos 1980, um projeto de nação, em que a utopia de liberdade, de paz e felicidade era parte importante e tinha na cidade de Luanda seu espaço emblemático. E, portanto, somos tentados a ler o romance de Pepetela como um texto-síntese das imagens construídas pela Luanda literária e, em movimento complementar, como um arauto de novos tempos, que aponta para a derrocada final da cidade, que se anuncia paulatinamente, a cada ação empreendida pelo casal de personagens protagonistas, sobretudo pela arrivista e aproveitadora Carmina.

É sob esse aspecto que entendemos a destruição da capital do país em *O Desejo de Kianda*: por um lado, como a expressão da desesperança com os rumos de todo um processo que propiciou a ascensão das Carminas e dos Evangelistas e que precisa ser definitivamente derrotado; por outro, apontando para a existência de um canto de liberdade entendido pelas crianças, pelos velhos, refugiados, pelos poetas e pelo narrador que o compartilha com os seus leitores, torna-os cúmplices dessa canção cujas palavras apenas os marginalizados entendem e que, afinal, revela-se como uma revolta, prelúdio de um combate:

Kianda se sentia abafar, com todo aquele peso em cima, não conseguia nadar, e finalmente se revoltou. E cantou, cantou, até que os prédios caíssem todos, um a um, devagarinho, era esse o desejo de Kianda. [...] a canção, a qual soava cada vez menos triste e mais vitoriosa (pp. 109-110).

Referência Bibliográfica

PEPETELA. *O Desejo de Kianda.* Lisboa, Dom Quixote, 1995.

22

Parábola do Cágado Velho: O Cágado Velho e o Pensador

MAGDALA FRANÇA VIANNA*

Ajuda-me, cágado velho, pois não sei o que fazer.

Palavras do pensador ao cágado velho

Falo duma terra que não existe. Os rios, as montanhas, as chanas, podem ter nomes de Angola. Mas a sua disposição no espaço foi subvertida por qualquer força dos espíritos, nada está onde devia. Sou impotente contra a vontade dos espíritos. [...] Por isso, este livro deve ser lido e esquecido logo que fechado. [...] Os mais velhos sabem, não devemos relembrar aquilo que nunca aconteceu.

PEPETELA,
Parábola do Cágado Velho, contracapa.

Como Ulume, o homem, que envolve Munakazi, a mulher, na teia de suas palavras, Pepetela exerce sobre o leitor da *Parábola do Cágado Velho* o mesmo poder de sedução. Atraída pela "voragem da aranha que tecia pacientemente à roda dela um sonho mais lindo que o de Calpe" (p. 63), Munakazi, enfeitiçada, mas também seduzida por seu próprio desejo de transgressão de um interdito que o texto já anunciava, "não podia desprender os olhos da figura angulosa, ao mesmo tempo arredondada pela posição de segurar os joelhos com os braços e a cabeça para o interior dos ombros, como a estátua tchokue do pensador" (p. 75). Cercado

* Magdala França Vianna é doutora em Literatura Comparada pela Universidade Federal Fluminense (UFF) e professora de Línguas e Literaturas Neolatinas da Faculdade de Filosofia de Campos – RJ.

na contracapa, onde o escritor inscreve-se para acompanhar na longa diáspora o texto que se desgarra do pai, como Luzolo e Kanda distanciando-se da paternidade de Ulume, em busca de Calpe, a cidade dos sonhos e dos prazeres, o leitor deixa-se atrair pelas palavras sedutoras de Pepetela e as toma como roteiro de leitura para a travessia de sua narrativa.

A camuflagem do discurso político no discurso corruptor e sedutor da literatura, mais eficaz para a dissolução das certezas identitárias, transformando em invenção, jogo e fantasia o texto ideológico esvaziado de seu poder de persuasão, faz o escritor, colocado no entroncamento das fronteiras moventes da diferença e da alteridade, confessar: "Sou impotente contra a vontade dos espíritos". Fingindo falar "de gente que não existe" (contracapa) e de suas migrações por terras de uma Angola "subvertida por qualquer força dos espíritos", debatendo-se ante a espoliação histórica e o esgotamento das utopias políticas e sua trama de valores, Pepetela descarrega o peso de lembranças de um romance memorial e elabora na metáfora literária a rejeição ao projeto da burguesia nacional pós-colonial que desfigura o povo angolano tanto quanto o Estado neocolonial. Sua opção não se faz por um tradicionalismo mais antigo, mas por Angola, contra a opressão e o sofrimento interminável de seu povo. Com determinação política, construída em nome de um universal ético humanista, ele denuncia as guerras irracionais que retalharam o país. Ulume, um de seus duplos narrativos, desorientado ante as estórias que vão compondo sua vida, guarda silêncio sobre as inquietações que o acuam: "As vidas muitas vezes são feitas de interrogações que nos acompanham e que nunca ousamos revelar" (p. 130). Entretanto, refletindo sobre o absurdo das guerras, reconhece a avassaladora desumanização: "Só podiam ter sido homens" (p. 115).

O narrador, lugar de circulação de uma pluralidade de textos, incorpora o legado cultural da oratura e enxerta, ao lado das estórias do cotidiano de Ulume, Muari e Munakazi mais a rede de personagens que compõem a tessitura da narrativa, a história do povo de Angola referenciada pelas guerras e pela fome.

Convocando a memória e a sabedoria dos "mais velhos" para referendar sua narrativa, ele ensina que isso se passou em "tempos anteriores a tudo isso que passa hoje" (p. 22) e, dirigindo-se a um ouvinte silencioso, reflete sobre o tempo e a fome: "Há sempre um tempo antes do tempo, não é? Como a fome, sempre anterior a si própria" (p. 22). Buscando constituir uma historicidade angolana, o narrador encontra, como pano de fundo para sua narrativa, onde busca não apenas a convivência de estórias e culturas, mas a construção de conceitos e significados, as guerras dos sobas, as kuata-kuata da escravidão "que o povo não compreendia nem queria" (p. 20), a guerra da independência, "a dura guerra contra a fome, o imposto e a palmatória" (p. 21), e as da consolidação da independência, esclarecendo: "Nesta terra sempre passaram guerras. [...] Sempre foi assim, desde os avós dos avós" (pp. 19-20). Por isso, mesmo após a independência, o povo dos kimbos não acredita na paz definitiva e desconfia do governo que se estabeleceu em Calpe: "Tinham ouvido falar dum governo que vivia em Calpe e na capital, lá tão longe, mas nunca tinham visto a cara desse senhor nem ouvido a fala dele. Muitos jovens tinham ido à procura de Calpe, nisso pressentia um perigo escondido" (p. 24).

Mais tarde, contando as estórias das migrações das famílias do kimbo velho, que, empurradas pelas guerras para o interior da Munda (a grande serra que corta o país no sentido norte–sul com seu cume "sempre encoberto por espessos nevoeiros" (p. 11), iniciavam mais um ciclo de reconstrução, teimando em sobreviver, o narrador insiste na articulação entre as guerras e a fome: "E a fome sempre presente, pois é difícil cultivar ou tratar do gado se vivemos escondidos em fuga" (p. 21). Incorporando às suas narrativas os ditos dos antigos, ensina mais uma vez: "Antes da fome, só mesmo a fome, como diziam os antigos" (p. 112).

A narração alegórica da *Parábola*, tomada astuciosamente para desviar o olhar do leitor sobre a dimensão política da narrativa, mas também para desfazer as makas que amarram as redes conceituais e escondem as artimanhas do ideológico para exercitar o poder, articula, como fio condutor do enredo, as representações da Angola dividida em duas pela cisão de suas elites. O imaginário dos kimbos é referenciado no cágado velho, que habita o alto do morro da Munda e atua como guardião das tradições culturais. As construções ideológicas urbanas são elaboradas em Calpe, a cidade onde se condenam ao visgo histórico e à exclusão os que não podem suportar a inserção do racionalismo ocidental, a castração simbólica e a humilhação que ameaça perigosamente apagar as identidades plenas constituídas pelas línguas e construções culturais que o Estado-nação tem o dever de preservar. Ulume, o pensador do kimbo velho que "não fazia senão seguir a sabedoria vinda de muito atrás" (p. 16), mas também "agia por puro instinto, inovando perante as lacunas da tradição" (p. 64), transita entre as fronteiras desses referenciais interrogando o silêncio de Suku-Nzambi e, invocando o caos como pretexto, apela ao conselheiro ancestral de todos os animais, o cágado, a quem passa a procurar ante o silêncio do deus criador:

> Fora outro tempo, muito antes destas guerras incompreensíveis. Um tempo em que os cágados resolviam as makas entre os outros animais, como lhe contavam à volta da fogueira quando ele era miúdo. Não lhe constava que os cágados se intrometessem nos conflitos dos humanos, provavelmente eram lendas de antes de Feti sair das águas ou de Nambalisita romper o ovo. Mas nessa altura o mundo tinha leis claras. Neste caos de hoje, bem podia um cágado se arvorar em conselheiro, porque não? Se não fosse ele, então quem seria? Suku-Nzambi bocejava, desinteressado dos problemas terrenos (p. 66).

Apropriando-se das possibilidades didáticas da parábola, Pepetela, o mais sábio, exercita seu poder de ensinar na elaboração de uma pedagogia político-cultural, usando a escrita como uma alteridade feminina contra a morte das representações culturais de Angola. As lições passam pela boca do pensador do kimbo velho, que interroga as construções discursivas ideológicas circulando nas palavras dimensionadas pelas ideias da cidade, pois "estes últimos anos tinham sido de convulsões muito grandes, as ideias corriam como o vento e os da geração dele tinham dificuldade em seguir as novas modas sopradas de Calpe" (p. 81). Confrontando as redes de valores, Ulume reflectia: "Os antigos diziam as palavras eram tudo, eram força. Pode ser, no passado. Quando se usavam as palavras exactamente para se dizer o que se pensava e não como armas para confundir os outros" (p. 162). Metaforizando o construto histórico que elas carregam, torna visível o seu poder de morte: "As palavras eram balas disparadas ao futuro de cada um" (p. 75). Lutando com a decifração do *pharmakon*, aprendeu com os mais velhos que "o importante da fala não era dar a conhecer a alguém algo de novo, mas apenas falar para estar junto com pessoas que têm os mesmos problemas e as mesmas inquietações" (p. 75). Foi assim que seduziu Munakazi:

> Quando ele terminou, ela ficou de olhos no chão, com um só pensamento de defesa, as mulheres são iguais aos homens, mas só que agora esse pensamento já não servia de fortaleza, acabava por ser apenas um conjunto de palavras impotentes contra a força da teia que saía das palavras dele. Não era feitiço, era pior (p. 63).

A mulher dividia-se entre as ideias novas vindas de Calpe, trazidas pelos soldados que anunciavam o direito à igualdade de gêneros, e a sedução das palavras de Ulume. Ciente da intrincada rede metafórica que o leitor deve seguir no labirinto da narrativa para a decifração do enigma textual, Pepetela orienta a leitura e aponta as linhas de pesquisa para que não se caia nas armadilhas de seu astucioso narrador: "Falo de um amor e de uma transgressão. Quem sabe, talvez a transgressão nunca fosse possível. Mas a granada existiu, essa granada que traçou no ar espantado do planalto a figura da mulher amada" (contracapa). Se não se questiona a existência da granada chinesa ("Tinha aprendido com os visitantes anteriores" [p. 48]), extraída do cotidiano das guerras, o rosto da mulher amada, recortado no céu por sua explosão a dois metros de Ulume, abre um leque de significações com que o escritor joga para emaranhar as pistas que ele parecia definir.

O estranho fenômeno da paragem do tempo, um dos enigmas do texto, "momento doloroso pelo medo do estranho" (p. 12), mas também, corrige o narrador, "instante de beleza, pois Ulume vê o mundo parado a seus pés", ocorre como "se um gesto fosse importante, essencial, mudando a ordem das coisas" (p. 12). O pensador "odeia e ama esse instante e dele não pode escapar" (p. 12), atraído ao paraíso da Munda, onde corre o Kuanza, rio largo, "de todas as forças e maravilhas" (p. 11) e onde fica a gruta do enorme cágado velho. O fenômeno é descrito assim pelo narrador:

> [...] algo faz a terra se afigurar de repente estranha. É um momento especial a meio da tarde em que tudo parece parar. O vento não agita as palmas, as aves suspendem seus cantos, o sol brilha num azul profundo sem fulgurações. Até o restolhar dos insectos deixa de ser ouvido. Como se a vida ficasse em suspenso, só, na luminosidade dum céu enxuto. Um instante apenas. E nem sempre acontece. O tempo precisa de estar limpo, de preferência depois de uma chuvada, a Lua tem de aparecer apesar do Sol, e no peito deve ter a angústia da espera (p. 12).

Buscando entender o que lhe acontece, Ulume indaga: "Quem sabe era até o cágado a causa do estranho fenómeno? Não são eles o alicerce do mundo, as bases de todos os tronos, a forma de Mussuma, a capital lunda? Sabedorias antigas..." (p. 39). Associada ao episódio da granada, a paragem do tempo é uma estranha morte que Ulume reconhece: "então a morte é isso, esse silêncio num céu brilhante, esse parar da vida como naquele instante da tarde, como agora que era meio da tarde, em que fica tudo extático e ele em cima do morro olhando o seu mundo" (p. 48). Entretanto, naquele dia não houve a angústia da espera, porque a resposta para o enigma estava dada no amor figurado no rosto de Munakazi: "Nos olhos dele apenas havia um grande amor" (p. 57).

Na construção do enigma de Ulume, o escritor dá voz ao narrador para ensinar que Suku-Nzambi abandonou os homens desde a criação, desinteressando-se de sua obra e entregando--os à sua própria sorte, porque, cansado da criação de todos os mundos, dormiu enquanto os homens saíam de sua Grande Mãe Serpente. É a nostalgia ancestral do significado paterno que leva Ulume a sair do seu kimbo, situado "na base de um morro encimado por grandes rochedos cinzentos, por vezes azuis" (p. 11), e a subir a Munda, "aquele lugar bendito" (p. 110), em busca dos conselhos do cágado velho reverenciado respeitosamente:

> Era sempre o primeiro a beber daquela água, a água da criação. [...] Depois Ulume se levantava e ia também beber água. Estavam estreitamente unidos nesse ritual de serem os primeiros a beber daquele regato. Mas sempre Ulume deixava as primícias para o cágado, nunca se perguntara porquê. Como se cumprisse um cerimonial desconhecido mas eterno (p. 37).

A representação do pensador tchokue em Ulume articula--se com as construções do feminino na narrativa de Pepetela. A transgressão dos interditos dos mais velhos que ele "nunca imaginara vir a acontecer: estar a conversar e até a rir com uma rapariga que queria para mulher. Se os mais velhos do kimbo soubessem... Porque mulher é para receber ordens. Se for velha pode discutir, depois de muitos anos de casamento. Mas não logo na primeira conversa" (p. 61), faz Ulume refletir, acuado entre a tradição da poligamia, privilégio do masculino, e as ideias novas: "As crenças que eu tinha parecem hoje tão ridículas na loucura deste mundo... Ajuda-me cágado velho, pois não sei o que fazer" (p. 179). Pepetela extrai de Muari, a primeira mulher de Ulume, toda a feminilidade, significando nela apenas a mãe, na neutralidade pré-sexual do feminino, para conviver com a autoridade do masculino sem concorrência de subjetividades, individuais ou coletivas. Não há antagonismo entre os três, porque Pepetela apaga as diferenças sexuais entre Ulume e Muari. A fuga de Munakazi para Calpe, algum tempo após o casamento com Ulume, autorizado por Muari, à procura de Kanda mas também do imaginário enxertado pela construção da cidade, resulta na desgraça da segunda mulher. O fracasso de Munakazi determina sua volta ao kimbo, de onde Muari organizava o reencontro com os filhos após as guerras, cruzando-se as redes de tradição responsáveis pela elaboração discursiva que constitui as identidades locais com "as ideias novas" territorializadas em Calpe.

A moralidade que caracteriza e fecha as parábolas Pepetela deixa à escolha do leitor, como o velho contador de estórias, em volta da fogueira, no njango, ou "à sombra dum enorme jacarandá que imperava no largo" (p. 74) do kimbo de Munakazi. Tanto pode ser assim, uma interrogação sobre o sentido da vida:

> Até hoje os homens, parados, atónitos, estão à espera de Suku-Nzambi. Aprenderão um dia a viver? Ou aquilo que vão fazendo, gerar filhos e mais filhos, produzir comida para outros, se matarem por desígnios insondáveis, sempre à espera da palavra salvadora de Suku-Nzambi, aquilo mesmo é a vida? (p. 9).

– ou assim, de esperança, sem "lutas e guerras que nunca existiram", mas a medo, "porque só a sua evocação pode fazer voltar a barbárie":

> E uma alegria muito calma começou a preencher todos os seus vazios, com a pureza da água, com a mensagem do cágado, com um mundo voltado ao normal. Lá em baixo ondulava o verde das palmas e gemiam as folhas das bananeiras, roçando umas nas outras. Uma ave branca saiu do verde e voou a caminho do sol poente. Seria uma pomba? (p. 180).

E, para "que não desperte os maus espíritos da intolerância e da loucura" (contracapa), esta *Parábola do Cágado Velho* deve ser esquecida, como aconselha o kota, após fecharmos o livro, porque os "mais velhos sabem, não devemos relembrar aquilo que nunca aconteceu" (palavras do makulundu Pepetela, de quem seguimos respeitosamente os conselhos e a quem ouvimos e acompanhamos, nômades, na travessia das trilhas desta parábola, por entre os kimbos, em busca do coração da Munda Central). Não fechemos entretanto o livro sem antes ofertarmos ao mais sábio, em seu aniversário, "Muiza, a Vénus dos brancos, a mais linda de todas as estrelas" (p. 180), a fim de que o sekulo possa sorrir para ela, pacificado como Ulume, feita sua autocrítica: "Também tenho culpa porque persegui um sonho irreal. Quem o não fez?" (p. 179).

Referência Bibliográfica

PEPETELA. *Parábola do Cágado Velho.* Lisboa, Publicações Dom Quixote, 1996.

23

A Gloriosa Família: O Tempo dos Flamengos

VALÉRIA MARIA BORGES TEIXEIRA*

Em *A Gloriosa Família: O Tempo dos Flamengos*, Pepetela concretiza mais uma vez o seu desejo, já declarado em diversas entrevistas, de pesquisar sobre épocas remotas e a História angolana para produzir seus textos. Nesse romance publicado pela editora portuguesa Dom Quixote, em 1997, e pela brasileira Nova Fronteira, em 1999, o escritor angolano novamente volta à História recuando até o século XVII para contar a ocupação holandesa em Luanda entre os anos de 1641 a 1648. Cruzando História e imaginação, Pepetela procura nas fontes históricas de *História Geral das Guerras Angolanas*, escrito em 1680 pelo capitão português António de Oliveira Cadornega, o mote para desenvolver o enredo do romance.

A história sobre a invasão dos flamengos em Angola é relatada a partir de um fragmento retirado do texto de Cadornega e vem apontada no prólogo da obra de Pepetela. O enredo focaliza acontecimentos entre os anos de fevereiro de 1642 a agosto de 1648, portanto o romance narra a invasão holandesa de forma retrospectiva, a partir da conquista da cidade de Luanda em agosto de 1641 pelos holandeses. O tom de jocosidade da escrita é inicialmente dado, pois o excerto que o au-

* Valéria Maria Borges Teixeira é professora da Universidade Católica de Salvador (UCSAL).

tor angolano retirou da obra do militar português é marcadamente cômico. Nele se apresenta o protagonista do romance, Baltazar Van Dum; entretanto, daí em diante, a narrativa de *A Gloriosa Família: O Tempo dos Flamengos* se desprende desse fragmento do livro de Cadornega, fonte da qual retirou o personagem. Pepetela recorre ao estilo burlesco do trecho descrito no prólogo e o aproveita em diversas outras partes do texto, fazendo com que alguns acontecimentos históricos retratados no romance redundem no riso. Geralmente, a maioria desses episódios tem a participação de Baltazar Van Dum, cuja característica principal é a ambiguidade, que o faz sempre ficar num lugar intermediário, entre portugueses e os mafulos, nome dado aos holandeses.

O protagonista é um flamengo aventureiro que se alistou no exército espanhol (por simpatia à religião católica), que combatia a Holanda. Depois disso, ele passou pela Itália, Espanha, Portugal, até que ouviu falar "da árvore das patacas", quando soube "quanto valia no Brasil um negro jovem". Com a ambição de negociante, característica que faz Van Dum transcender qualquer opção política, ele embarcou para Luanda num navio espanhol (o trono de Portugal estava unificado com o da Espanha). Quando ele chegou em Angola, em 1616, o mafulo travou boas relações com os portugueses, que antes dominavam o território angolano. Depois, na época da invasão holandesa em Luanda, Baltazar Van Dum procura articular contatos tanto com os lusitanos, que haviam fugido para Massangano, quanto com os holandeses.

O romance satiriza a sociedade da época da invasão dos flamengos em Angola, procurando enfatizar as corrupções que giram em torno do poder e dos interesses econômicos da poderosa Companhia das Índias Ocidentais, cujos diretores holandeses rivalizavam no tráfico de escravos com os portugueses, determinando a política dos antigos territórios de Angola e Kongo.

A história se desenvolve através da ação central que trata da conquista da cidade de Luanda pelos flamengos até a rendição dos invasores sete anos depois, em 1648. A família Van Dum tem lugar de destaque no romance, pois o protagonista está presente em quase todas as cenas, de forma nuclear ou subsidiária, que retratam as articulações e conchavos políticos com os governantes holandeses, portugueses e congolenses. É ele que em vários trechos do romance aparece contracenando com personagens históricos como os governadores portugueses em Angola, Pedro César de Menezes, Sottomayor e Salvador Correia de Sá, bem como com os diretores da Companhia das Índias Ocidentais e com o governador da Ilha de Luanda, Mani-Luanda, representante do Rei do Kongo.

A narração da obra é realizada por um escravo, cujo "dono" é Baltazar Van Dum. É por meio da voz do escravo que o romance parodia o grande relato oficial português, de Cadornega, e também os vários textos que epigrafam quase todos os capítulos da obra de Pepetela. O escravo durante toda a narrativa aparece como sombra de "seu dono", sem dizer absolutamente nada, como um animal fiel, que o deve perseguir para todos os lados. Por intermédio da enunciação, o autor implícito dá voz ao escravo tornando-o fio condutor de toda a narração. O escravo é a voz que estabelece uma interlocução com os leitores e tem um olhar crítico a respeito das diferenças sociais entre "senhores" e escravos, "filhos da casa grande" e os "do quintal", calvinistas e católicos, e sobre as várias nacionalidades portuguesas, holandesas, angolanas e congolesas.

Com esse recurso literário, o texto de Pepetela denuncia, por meio da voz do escravo, todas as incongruências e violências derivadas do processo de colonização holandesa e portuguesa em Angola. A família de Van Dum é posta como metonímia do processo formativo da população angolana. O protagonista é holandês, casado com D. Inocência, uma senhora negra que sofreu todos os processos de imposições culturais dos brancos e procura reproduzi-los. Os filhos do casamento são os da "casa grande", nascidos todos "mulatos", e os outros incertos, pois não se sabia o número exato, eram os "do quintal", gerados pelo holandês nos ventres das escravas, que depois eram vendidas para o Brasil. Alguns dos filhos legítimos de Baltazar se casam ou se relacionam com outros de outra raça, provocando uma mestiçagem racial e cultural nada pacífica, como de certo modo já havia sido o entrelaçamento de Van Dum com D. Inocência. O trânsito da "casa grande" para o "quintal" somente era permitido aos homens, tendo eles como único compromisso se deitarem com as escravas. A classe social e a raça determinam as relações, sendo que algumas delas se situam no âmbito do interdito, como o amor de Rosário, filha da "casa grande", pelo escravo Thor.

Todos esses detalhes são relatados pelo narrador escravo que, além de narrar aquilo que testemunha e reproduzir o que ouve, também imagina para contar. Este parece ser o espaço que o autor implícito privilegiou para o "outro", para que o escravo, mudo e quase sombra, falasse, presentificando-se muitas vezes através da denúncia ou do olhar irônico a respeito dos acontecimentos históricos. O narrador critica em vários momentos a Igreja Católica que, em nome da fé e da civilização dos "selvagens", ajudou a escravizar o povo negro angolano. Além disso, ele revela, em tom jocoso e com fina ironia, como ele próprio foi gerado, filho de padre napolitano que se deitou com sua mãe negra, que depois foi vendida como escrava.

A discussão a respeito das identidades coletivas também é realizada no romance. O texto ironiza, por intermédio do personagem Hans Molt, um holandês reacionário, calvinista fanático e diretor da Companhia das Índias Ocidentais, a falácia da pureza racial e cultural, pois o mafulo não suportava misturas com negros e "mulatos". No romance, evidencia-se como na época da invasão dos flamengos em Angola houve todo um entrecruzamento de fronteiras, linguística, religiosa, racial e cultural, que por meio do entrelaçamento forçado de nacionalidades e da sobreposição de territórios, colocou em contato, gerando relações assimétricas de poder, os antigos Reinos de Angola e Kongo com portugueses e holandeses. A busca de identidade tanto nacional, como individual é posta pela voz do narrador escravo que sabe não ser holandês ou português, mas filho da terra da sua rainha Jinga, portanto angolano.

Através do narrador se angolaniza a História sobre a invasão holandesa do ponto de vista do escravo, ampliando a denúncia sobre aqueles que mais sofreram com o tráfico negreiro bilateral Brasil-Angola. Principal atividade econômica da época, esse tráfico foi essencial para o sustento da mão de obra nos engenhos de cana-de-açúcar brasileiros, principalmente de Pernambuco, tal como revela a antológica frase de Padre António Vieira, que serve de epígrafe ao capítulo nono, "porque sem negros não há Pernambuco e sem Angola não há negros", evidenciando-se a causa maior da invasão dos flamengos nos antigos territórios angolanos.

O relato sobre os acontecimentos históricos e sobre a vida de Van Dum surge como vingança do escravo em relação ao seu dono que o julga analfabeto. Ponto essencial do enredo, o fato de o escravo ser verdadeiramente mudo é escamoteado até o final da narrativa, quando Van Dum revela o mutismo de seu servo. É nesse instante que o escravo promete, como desforra ao seu dono, ser o grande relator da vida dele, contando tudo tal como viu e testemunhou, fazendo sua narrativa chegar, fosse de que maneira fosse, a alguém, num impreciso ponto do tempo e do espaço.

Perseguindo o seu dono como uma sombra, o escravo presencia acontecimentos que procura narrar. Assim, todos os passos de seu patrão e de sua gloriosa família são descritos. O jogo de duplicidades sobre o escravo é estabelecido no plano do enunciado e da enunciação: ele é mudo e narrador, é analfabeto e sábio, capaz de debater sobre vários temas. Atuando como um grande observador, o escravo narra com grande perspicácia cada detalhe da vida de seu patrão e todo o contexto político e social que o cerca. Como uma grande paródia aos relatos históricos, o romance de Pepetela constrói o personagem narrador fazendo críticas ao modo como se formulam os textos históricos. O narrador declara que pretende ser imparcial e objetivo, no entanto ele interfere na história, fazendo pausas na narração para expor suas opiniões. Seus comentários se constituem como verdadeiros ensaios, capazes de versar sobre a alma humana, a política, a economia e o poder. Também, o narrador interrompe o relato para mostrar ao leitor o cenário da época. Emitindo juízos sobre quase tudo o que conta, ele apresenta a ambientação e os espaços nos quais os personagens desenvolvem suas ações. Minucioso e detalhista, descreve os lugares onde a guerra se desenrola entre holandeses e portugueses, em Luanda, na cidade alta e baixa, no bairro dos Coqueiros, no Colégio dos Jesuítas, nos fortes do Penedo e de Nossa Senhora da Guia e nos conventos de Santo António e São José. Focaliza ainda a fortaleza de Massangano, no interior de Angola, e faz referências aos outros territórios nos quais os embates bélicos também aconteceram como Bengo, Kongo e Benguela. O escravo inverte qualquer possibilidade de um relato imparcial, pois a sua narração evidencia posicionamentos críticos e muitas vezes ela redunda numa subjetividade poética, nos trechos em que relembra seu passado na terra de "seu rei Jinga" ou ainda naquele em que narra a morte do escravo Thor.

É onde há a interferência das opiniões do narrador na história que o romance de Pepetela apresenta seu maior vigor. Os comentários do escravo se constituem como textos que desestruturam os escritos oficiais sobre a História de Angola e criticam o modo como a ciência História foi concebida, baseando-se em provas documentais e relatando apenas aquilo que julgava "grandes fatos". Imprimindo valores angolanos à narrativa, o escravo é o porta-voz da memória cultural angolana, aquele que diz ter "o sentido da história". Com os poderes mágicos da pemba, ele reproduz as histórias ouvidas e testemunhadas, suplementando a História de Angola, um passado sonegado pelo colonialismo, embasado no argumento hegeliano sobre a História, segundo o qual a África subsaariana não tinha História e que, portanto, deveria ser esquecida.

O romance de Pepetela, dessa maneira, se constrói como uma paródia da História, apresentando um narrador que relata uma história paralela à oficial. Apelando para o recurso da *mise en abyme*, *A Gloriosa Família: O Tempo dos Flamengos* também parodia a História de outro modo, reduplicando a figura de Cadornega e tornando-o personagem ficcional, critica a concepção de história do militar e a crônica oficial lusitana, segundo a qual somente os acontecimentos louváveis e heroicos deveriam ser narrados.

Talvez *A Gloriosa Família: O Tempo dos Flamengos*, num primeiro instante, traga algumas limitações para o leitor que conheça pouco sobre a história angolana. Entretanto, o romance tem outros méritos que vão além daqueles de recontar a história de Angola. Se a literatura, assim como a História, não pode mudar fatos violentos que "realmente aconteceram", como a colonização e a escravidão, ela pode narrá-los de outro modo. Tomando a História como tema e subvertendo-a, a literatura a impede de ser teleológica, podendo fazer ouvir vozes que foram silenciadas como a dos escravos. As várias mudanças de posições dos fatos históricos para a ficção, neste romance de Pepetela, e as consequentes subversões deles, transgridem os fundamentos do romance histórico tradicional. Os jogos de fronteiras entre ficção e História, entre ficção e "verdade" são postos em xeque, porquanto a literatura ao trazer o "fato" para a ficção termina por reconsiderá-lo, tornando-o objeto de reflexão e aproximando-o daquilo que é invenção e ao que poderia ter sido. O narrador ao interromper o seu relato, projetando a história para um futuro impreciso, no qual pontas de fatos aparentemente desconexas se interligariam, quebra a linearidade narrativa, assim como rompe com um virtual compromisso de representar uma sucessão de acontecimentos históricos e a veracidade pretendida pela ficção histórica tradicional. Ao lado desse tempo prospectivo, vislumbrado pelo narrador, se interpõe outro, em *A Gloriosa Família: O Tempo dos Flamengos,* no qual a personagem Matilde, a mesma que previu os sete anos de ocupação holandesa em Angola, profetiza um futuro glorioso para a sua família, os Van Dum.

Essas projeções temporais, a partir de um passado distante, são um mecanismo já empregado por Pepetela em outro romance, *Lueji: O Nascimento dum Império,* para refletir sobre um presente angolano. Entretanto, em *A Gloriosa Família: O Tempo dos Flamengos* o sentido da projeção do tempo revela um significado diferente. Enquanto em *Lueji* o passado/futuro tem um valor simbólico da construção da identidade angolana, buscada no entrecruzamento da cultura tradicional angolana com a citadina luandense, em *A Gloriosa Família: O Tempo dos Flamengos* o jogo temporal se verifica como uma crítica à história atual de Angola. Através das duplas projeções, do narrador e da personagem Matilde, que preveem a história lançada para um futuro, e da ironia embutida no título do romance, talvez algumas pontas das histórias do passado e do futuro angolano se amarrem.

A atual situação de guerra em Angola parece conter o passado, revestida em outras corrupções e encenações políticas que visam a manutenção do poder nas mãos de uma mesma "genealogia". Se no romance *A Geração da Utopia* Pepetela reviu o percurso de uma geração, repensando a trajetória política dela, antes e depois da independência de Angola, em *A Gloriosa Família: O Tempo dos Flamengos* ele parece aprofundar a sua crítica em relação a um poder maior. Apesar do julgamento desfavorável à atual situação angolana, o projeto utópico de Pepetela parece não sucumbir à desesperança. O escritor angolano reafirma em sua produção literária a sua concepção de construção de nação, numa dupla dimensão temporal. Recuando ao passado, ele busca reescrever a História angolana, fraturada pelo colonialismo, reconstituindo a memória do país. Com a marcação temporal na atualidade, Pepetela atua como um cronista procurando refletir sobre a herança colonial, que ainda repercute no presente, e o peso do capital das novas "companhias ocidentais", que exploram o país, vendo como esses fatores contribuem para perpetuar a corrupção, fragilizando a democracia, o poder político e a guerra em Angola.

Referência Bibliográfica

PEPETELA. *A Gloriosa Família: O Tempo dos Flamengos.* Rio de Janeiro, Nova Fronteira, 1999.

24

A Montanha Mágica de Pepetela

ANA LUÍSA VENTURA VIEIRA PEREIRA*

Publicado no ano de 2000, *A Montanha da Água Lilás* oferece--nos um Pepetela fabular a envolver-nos num mundo habitado por lupis, seres simpáticos e peludinhos, da cor das laranjas, que se alimentam das frutas das árvores e lupilam felizes na maior parte do tempo: lupi-lupi-lupi-lupi, dizem eles alegremente por entre os dois cumes da Montanha – o cume Lupi, o mais alto, e o Morro da Poesia, o mais perfumado, calmo e com melhor vista da Lua Cheia. Já se percebe, por estas informações das primeiras páginas, que a poesia tem uma importância toda particular no mundo dos lupis.

Há, entre essa denominação comum de "lupi", leves distinções: os lupis cambutas, distraídos, emotivos e criativos, os mais felizes dentre todos, um tanto baixinhos; e os lupões, mais lentos e organizados, preocupados sobretudo "em dividir as mangas e em somar goiabas com pitangas", seres muito cerebrais, dados a preocupações e ao agir previdente. Todos eles vivem em tranquila e serena harmonia. Ao serem, numa ocasião, invadidos pelos rinocerontes, seus vizinhos da planície, em busca de novas paragens, encontram juntos, e juntos executam, a solução: "lupilarem" estonteantemente, até conseguirem

* Ana Luísa Ventura Vieira Pereira é professora de Português e Literaturas em Língua Portuguesa na Escola Aitiara (Botucatu, Brasil).

expulsar de seus domínios os "quase cegos mas nada surdos" paquidermes, especialistas em não os verem e em lhes porem as gigantescas patas em cima.

Num certo momento da história, por acasos quem sabe se de variação genética, alguns lupis começam a crescer em demasia: tornam-se maiores, mais redondos e pesados, grandes inclusive no apetite e na preguiça que os assola. Nem lupilam: limitam-se a jacarejar grotesca e ruidosamente – jac-jac-jac, incomodando de maneira terrível todos os lupis. Como a preguiça e a estupidez tendem a dominar sobre outras virtudes mais, diz-se, apreciadas, os jacalupis, como passam a ser chamados, têm a capacidade de se impor e desrespeitar todas as regras e convenções sabiamente estabelecidas por muitos séculos de lupismo. Filhos jacalupis torcem o nariz ao que lhes dizem seus progenitores lupis, e estes não sabem como fazer com esses filhos que querem tudo diferente, nada querem fazer e, ainda por cima, comem mais do que se pode coletar.

Todos esses seres, entre o mitológico e o metafórico, habitam essas terras montanhosas onde, às poucas páginas do livro, será descoberta a Água Lilás – pequena fonte de água milagrosa e perfumada que aos poucos, e insidiosamente, virá a dar cabo da harmonia e do equilíbrio da vida dessa comunidade.

É o lupi-poeta (aquele que intui a marcha do progresso na História, ainda que não lhe pareça haver garantias de que seja para o bem, percebendo antes todos os descaminhos possíveis...) que descobre essa água milagrosa, que num primeiro momento traz felicidade imediata a quem a cheira e que aos poucos vai-se revelando cheia de bênçãos – a primeira, e muito apreciada por todos, é aliviar a coceira das muitas carraças (carrapatos) dos lupis. Junto ao lupi-poeta, que tem um papel fundamental em toda a trama, desde o seu eclodir até o seu remate, surge uma galeria de tipos que nos são muito familiares: o lupi-pensador (único companheiro que resta ao lupi-poeta, no fim das contas...), a organizada e didática lupi-professora, o metódico lupi-sábio, o imensamente triste e ingênuo lupi-cobaia, o contemporizador lupi-diplomata, o "menos preguiçoso a pensar" jacalupi-capitão, o lupi-armazenista que tudo guarda e o lupi-comerciante, aquele que inventa novas palavras – como "negócio" e "economia de mercado", palavras que em nada interessam ao lupi-poeta, embora seja ele o inventor-mor de palavras.

Parábola absoluta da liberalização da economia, sintetizada nas lutas pela posse e uso da Água Lilás, "A Montanha" faz-nos rir com as situações cômicas vividas por esses três grupos. Faz-nos rir e é "mágica" porque, ao mesmo tempo e a cada uma das alfinetadas espalhadas pelas mais de 150 páginas do livro, faz-nos descobrir, por trás das imagens construídas com habilidade, engenhosidade e sensibilidade, a nossa própria vida e as nossas próprias mazelas de sociedades "civilizadas".

A Água Lilás, fonte repentina de crescentes riqueza e poder (ou ilusões de, não se sabe bem ao certo), influenciará sem remissão as relações entre as pessoas/lupis, até quase reduzi-las a pó, e entre estas e os bichos da planície, porque a Montanha é um mundo à parte, onde nada ainda se compra e vende, à diferença dos outros lugares do mundo. Traições e enganos tornar-se-ão aos poucos o dia a dia dessa comunidade, até que se levantem, ainda lúcidos, lupi-poeta e lupi-pensador, decidindo deixar a Água Lilás descansar, porque "é cedo demais para a fazer sair".

Como em outros momentos de sua obra, a sociedade que Pepetela nos apresenta está longe de ser uma redução unificada de qualquer coisa, mantendo-se um todo complexo que tende mais ao polifônico. Existe por trás, podemos pensar e às vezes perceber, um "toque pedagógico" (aliás, esta é uma "fábula para todas as idades", conforme seu subtítulo...), que impacta com certeira pontaria as mentes jovens que desejam um mundo novo sem apostar em modelos antigos – nem mesmo modelos de dizer e contar. A vantagem desta criação fabular reside exatamente aí – no traçar caminhos paralelos, criativos, à contestação e à crítica puras e cerebrais. Perda de tempo, diria o lupão-contabilista. Ganho de mundos, sorriria de volta o lupi-poeta.

A Montanha em Sala de Aula

A receptividade a esta obra de Pepetela por jovens brasileiros está próxima à receptividade de outras do mesmo autor, como *O Desejo de Kianda*, graças à sua construção descomplicada, à linha narrativa que captura e mantém a atenção e à própria temática que contesta e se insurge contra a ignorância e a estupidez estabelecidas. É, de fato, um livro que conta uma história. Aliás, na sua introdução, essa intenção é expressa e estabelece uma ligação clara às tradições orais africanas – foi o avô Bento que, em roda da fogueira e em noites de cacimbo, contou o que o autor escreve, sublinhando ainda que "eu só escrevi aquilo que o avô nos contou, não inventei nada".

Cativa o uso das muitas palavras africanas, que vão dando sabor à história e permitindo que a localizemos no espaço – dos saborosos maboques, mirangolos e sape-sape que os lupis coletam para a sua alimentação, aos mujimbos que circulam entre os bichos da planície, passando pelas cubatas que os jacapulis vão ocupando, acabando por expulsar os lupis para as copas das árvores, as palavras novas incorporam-se à narrativa sem precisarem de glossário ao final, permitindo que cada leitor vá construindo imagens próprias, estabelecendo relações vivas entre a nova língua e a própria, possibilitando a reflexão sobre a realidade africana e o quanto é desconhecida e distante, ao mesmo tempo em que a absorve e lhe percebe a universalidade.

Fazer rir de assuntos sérios, desconstruindo (ainda que com um certo incômodo pelo próprio riso) a sociedade em que estamos tão solidamente instalados, permite a mudança que permite, por sua vez, a transformação. Pensar a respeito impelidos pela força da imaginação acessa territórios não dominados pela racionalidade fria do mundo atual, e o unir essa forma de imaginação à crítica social contundente e às escolhas claras de organização, como o faz Pepetela, alerta para a necessidade de transformação. Os jovens parecem especialmente abertos a essa maneira não tradicional de falar das diferenças e da necessidade reflexiva e política de mudança.

Seja lido em voz alta em sala de aula, com a possibilidade de registro evidente do poder de magnetismo do discurso, seja lido individualmente e comentado em grupo, algumas características de leitura aparecem com recorrência. Se os mais jovens, de, digamos, quatorze anos, mantêm durante mais tempo a brincadeira de se comunicarem à semelhança do reino lupi (com *lupi-lupi-lupi* de um lado e *jac-jac-jac* de outro), os mais velhos, de dezesseis ou dezessete anos, demoram menos a descobrir as semelhanças entre fábula e realidade. A partir do momento em que alguém do grupo percebe a relação entre o mundo-lupi e o mundo-humano, e sobretudo as construções políticas e ideológicas a que remete o discurso de Pepetela, a relação imagética diminui de intensidade e ganha, como contrapeso, a dimensão de "assunto" nosso, desses que valem a pena de pensar a respeito e ouvir alguma coisa. E este ouvir da história, que poderia, a partir desse momento de descoberta do que há por trás, desinteressar-se por sentir o óbvio, torna-se na realidade mais atento, porque a mensagem "didática" do texto de Pepetela não se sobrepõe, nunca, ao seu cerne de criação literária, e por isso permite que todos ouçam, e descubram mais sobre o mundo e, inevitavelmente, sobre si próprios.

Referência Bibliográfica

PEPETELA. *A Montanha da Água Lilás*. Lisboa, Dom Quixote, 2000.

25

Jaime Bunda, Agente Secreto: A Paródia do Mito

ROSANGELA MANHAS MANTOLVANI*

Em 2001, o autor angolano Pepetela publica *Jaime Bunda, Agente Secreto*, um romance cujo título explicita uma relação paródica com a famosa personagem do cinema, conhecido no mundo todo: James Bond, o agente 007. A série de livros publicados sobre 007, a partir de 1953, e os filmes que possuem como temática as aventuras do superdetetive transformaram-no não somente em um mito de bilheterias nos cinemas de todo o mundo, mas, principalmente, em uma legenda da cultura do "centro", revelando o poder de alcance da globalização.

Como paródia de James Bond e todo seu universo requintado que inclui castelos, *bond-girls* e automóveis com tecnologia sofisticada, o autor angolano constrói Jaime Bunda, cujas características e contexto não se coadunam com os do mito inglês, tendo em vista seu equipamento tecnológico ultrapassado, seus sanduíches frios, seus hábitos nada requintados e sua amante indiferente, entre muitos outros contrastes. Além disso, James é global, enquanto Jaime é local.

A infalibilidade de Bond, um conhecimento pré-construído, implícita na leitura que se faz do texto, funciona como referencial exterior para muitas das ironias articuladas pelo ficcionista,

* Rosangela Manhas Mantolvani é doutoranda em Estudos Comparados de Literaturas de Língua Portuguesa na Universidade de São Paulo (USP) e bolsista da CAPES.

de forma que ter visto um filme de 007, ou lido um dos livros em que aparece como protagonista torna-se um pré-requisito solicitado pelo autor ao leitor: o conhecimento das características e da trajetória de Bond tanto como herói, quanto como um mito da globalização.

Já no início da narrativa a voz do autor apresenta um depoimento que antecipa a série de acontecimentos, uma prolepse, que funciona como inibidora do excesso de suspense sempre presente nos romances policiais tradicionais. Graças a essas antecipações ao leitor e ao conhecimento que lhe é fornecido dos fatos, este pode divertir-se com os "passos em falso" da *estrela* do romance de Pepetela.

Assim, é possível embrenhar-se pelo universo de Jaime Bunda, nascido no Sambizanga, bairro pobre de Luanda, de onde saiu após a conclusão dos estudos secundários. Completamente oposto ao universo requintado de 007, o de Jaime Bunda se resume em um anexo para criado de colono e em sua trajetória como estagiário de detetive, embora estivesse sempre ávido de reconhecimento e promoção. Por isso, nas poucas visitas que fazia à família e ao antigo bairro, "olhava para tudo [...] sem saudade".

Tanto o espaço em que transita o detetive angolano, quanto suas características físicas e psicológicas prestam-se ao jogo paródico da ficção, entremeado pela ironia e pela comicidade, cujas antíteses presentes no texto necessitam de um referencial exterior: o cinema e seus detetives. Mas a intertextualidade da obra não se esgota nas relações com os filmes de James Bond ou os detetives-estrelas globalizados. Antes, seu olhar se volta aos romances policiais, às ficções cujos heróis são detetives, como os que se encontram entre as referências às leituras preferidas de Jaime Bunda.

Os romances policiais teriam exercido profunda influência na "atuação profissional" de Jaime Bunda, que os utilizava como forma de suprir sua falta de formação e informação na área da investigação, "cuja ciência lhe escapava [...]", de tal maneira que entre os autores se destacam os nomes de Mickey Spillane, Raymond Chandler, Stanley Gardner, Conan Doyle (criador de Sherlock Holmes), entre outros famosos, característicos do subgênero policial. Embora já praticasse esse tipo de leitura desde a infância, atualmente, suas constantes releituras das obras possuíam caráter pragmático, ou seja, aprimorar seu desempenho profissional.

Ao tratar da estrutura da narrativa, Pepetela se afasta do modelo tradicional do romance policial ou de suspense e inova, ao provocar uma ruptura com as formas convencionais desse tipo de narrativa, substituindo, amoldando, organizando narradores singulares que aparecem no texto como processos de construção ficcional explicitamente enunciados pelo autor. Os diferentes narradores se encontram sujeitos a afastamentos, demissões, readmissões, críticas, remodelações e revisões, em explícitos argumentos metaficcionais. A pluralidade de narradores leva o autor a lançar mão, inclusive, de um depoimento escrito por uma personagem-testemunha de um caso policial, desvelando no processo de criação da escrita toda o poder autoral sobre o narrador, bem como sobre o próprio processo de criação na escrita ficcional.

A "quebra" não apenas das formas tradicionais, mas principalmente do suspense tão característico do subgênero romance policial constitui, além de uma inovação estrutural, uma nova maneira de viabilizar o viés irônico e o cômico, que não se despe de seu objetivo crítico, ou seja, permite uma crítica à instituição social. Assim, o romance se constitui, também, como a paródia do romance policial.

Os órgãos da inteligência secreta do Estado angolano, ou seja, as instituições estatais, incumbidos de solucionar casos de espionagem e assuntos políticos, além da polícia e do próprio Estado, associados a empresários nacionais e a estrangeiros corruptos, que se encarregam de dilapidar o patrimônio público por meio da corrupção, terminam por aparecer no texto sob o viés da crítica mordaz e da ironia, tantas vezes, sutil.

Enquanto denuncia esses desmandos e descontroles da "lei e da ordem" sobre a situação local, descrevendo o luxo de alguns ambientes, o autor não se esquece de enviar a personagem aos espaços mais recônditos da cidade de Luanda, como os mercados a céu aberto e suas "lojinhas", as ruas de areia e as avenidas, os bares, os becos e estacionamentos, os bairros populares e os locais requintados, denunciando, de forma dialética, por meio do espaço, a pobreza local e a malandragem não somente nas altas esferas sociais, mas também nas baixas, organizando um microcosmo que reflete, de alguma forma, a situação do país naquele momento histórico.

Jaime Bunda funciona, então, como o típico malandro, um elemento que transita entre o "espaço da ordem e o da desordem", no sentido proposto pelo crítico brasileiro Antonio Candido em sua *Dialética da Malandragem*, estabelecendo, com um e com outro grupo, relações contraditórias que possam levá-lo a conclusões sobre o caso que tenta solucionar: o assassinato de uma garota numa praia de Luanda, cuja única pista é um carro preto importado. Embora integre teoricamente o espaço da ordem, o detetive angolano não possui nenhum peso de consciência por envolver-se em ilegalidades ou contravenções, não se indignando com qualquer tipo de injustiça de que tome conhecimento.

Dividido em quatro partes, o romance se organiza em "livros", cada qual com um narrador, os quais apresentam perspectivas diferenciadas sobre o caso que Jaime Bunda procura solucionar. Ao leitor são antecipados alguns dos fatos, aos quais nem a instituição nem o detetive têm acesso, como uma "trama" veiculada pelo autor para promover uma crítica dirigida a uma certa polícia secreta e a suas extensões burocráticas, que parecem alheias aos mesmos acontecimentos que o povo (e seus mujimbos) já desvendaram e compreenderam antecipadamente. Uma ironia sobre o que acontece em algumas sociedades. O povo (aqui, representado pelo leitor) sabe, mas os investigadores procuram fazer "vistas grossas" a certos fatos. A estrutura social é, assim, "reproduzida", em alguns momentos, na estrutura da obra.

Suas críticas se estendem aos detetives e à polícia secreta angolana, permeadas pelo bom humor, enquanto ironicamente denuncia todos os desmandos, corrupções, tramoias, clientelismo e abusos de poder praticados por investigadores, chefes, diretores e subchefes das instituições de segurança. Em sua crítica ferina, o texto inclui, também, alusões a figuras do meio político, ao governo, empresários, "trambiqueiros", traficantes e meliantes em geral. Por meio dessas personagens, revela e critica, implicitamente, as futilidades de suas preocupações diárias em face do momento caótico que atravessa o país.

A "estrela" do romance, Jaime Bunda, principal alvo de crítica, é construída como uma personagem que encarna o funcionário público oportunista, dissimulado, egocêntrico, negligente e desinformado, constituindo-se, ao longo do texto, como um típico anti-herói do meio policial, que após passar vinte meses sentado, prestando-se a pouco mais que comprar cigarros para o chefe, termina por ser convocado para uma ação, enquanto anseia por tornar-se herói "até o final do quarto capítulo", pouco preocupado com a questão da justiça e profundamente dedicado a viabilizar sua ascensão profissional e social pela lei do mínimo esforço.

A inserção de Jaime Bunda no universo da lei não o impede de transitar pelo espaço da ilegalidade, promovendo a justiça "com as próprias mãos" contra seu adversário no amor, e usando as maneiras de que dispõe: contrata um bandido conhecido e estabelecido no Roque Santeiro, o Antonino das Corridas, para que aplique um "corretivo" ao rival. O plano fracassa, é descoberto, e nada acontece ao detetive, pois, no romance, o espaço que deveria pertencer à ordem se encontra, também, contaminado por elementos da desordem.

A degradação da personagem principal, cujas características estabelecem uma contradição em relação às de 007, vão desde a alcunha Bunda que lhe foi atribuída ainda criança, quando não conseguia saltar, passando pelas considerações negativas que lhe atribuíam os companheiros até o desprezo e a agressão impostos pela amante casada, que lhe espeta as unhas no rosto ao saber da surra que Jaime encomendara para o marido dela. O detetive ainda se aproveita das marcas deixadas pela amante para inventar que foi agredido por bandidos, crescendo na consideração do chefe e dos companheiros.

Jaime funciona como o negativo de Bond, que é temido e invejado pelos inimigos e desejado por todas as mulheres, enquanto nosso detetive, o Bunda é ladino, mentiroso, comilão e desleixado, desestruturado, mal-preparado, amoral, mal-amado e acaba surrado por uma mulher.

As investigações, embora repletas de caminhos tortuosos, acabam indicando que o assassinato encontra-se relacionado a alguma pessoa diretamente ligada ao diretor-geral do Bunker. As torturas impostas aos que são detidos trazem à luz o nome de um alto escalão, na verdade, conhecido apenas por suas iniciais, T., pois o sigilo impede que seu verdadeiro nome seja pronunciado. Esta, a grande ironia e crítica do romance! O nome do grande "muata" não deve ser revelado ao povo e, nesse caso, ao leitor, como reflexo do que acontece nos países onde a corrupção não se submete ao crivo da punição.

Jaime reúne em seus atos, seus hábitos e ideias os elementos necessários às denúncias e à crítica do nepotismo, da falta de ética, da negligência e, principalmente, da imoralidade e da falta de seriedade de uma certa instituição estatal, enquanto as demais personagens prestam-se à crítica de outras relações na sociedade: a valorização do interesse particular sobre o interesse coletivo, a impunidade da elite, a ocultação da verdade, o problema do acesso da justiça aos nomes dos altos escalões e a apuração de seus envolvimentos com a corrupção e o crime.

A narrativa de Pepetela denuncia de forma irônica a falta de compromisso dos tipos – representativos de certos grupos sociais – para com o povo e com o país, no interior dos espaços que deveriam pertencer à ordem e à lei, estes, permeados por profissionais malformados e comprometidos com um certo jogo político que não favorece ao povo, mas aos interesses particulares de certos elementos locais e de muitos outros, internacionais. E, entre outros trabalhadores, corretos, que não figuram nesta paródia – justamente por se tratar de paródia – se encontram estes, inconscientes de seu próprio país.

Jaime Bunda, Agente Secreto representa o avesso da organizada, precisa e incorruptível polícia secreta inglesa, construída pela paródia e arrematada pelo traço irônico, enquanto denuncia os tipos nacionais contribuintes da corrupção social, uma doença que parece corroer as sociedades de certos países do terceiro mundo. Ele antecipa, assim, o aparecimento e desenvolvimento de uma cultura da corrupção, enquanto desnuda e expõe os seus sintomas sociais por meio do riso.

Referência Bibliográfica

PEPETELA. *Jaime Bunda, Agente Secreto.* Lisboa, Dom Quixote, 2001.

26

Jaime Bunda e a Morte do Americano: O Livro Policial é um Pretexto

SIMONE CAPUTO GOMES*

A saga de Jaime Bunda, o agente secreto à angolana segundo Pepetela, compõe-se, até o momento, de *Jaime Bunda, Agente Secreto* (2001) e *Jaime Bunda e a Morte do Americano* (2003), acenando-nos o autor com um provável terceiro romance.

Em esclarecedora entrevista a Doris Wieser (Pepetela, 2005), Pepetela descreve a anatomia destes romances que denomina "pseudopoliciais", as razões de escolha do gênero e a gênese da icônica personagem Jaime Bunda.

Sobre a opção pelo gênero policial ao lado de obras de caráter marcadamente histórico-político, explica Pepetela:

> Uma das razões é que o primeiro livro que eu tentei escrever era um policial. Eu tinha então quinze anos de idade e nem terminei... mas havia essa tentativa. Eu tinha lido muitos livros policiais e gostava [...] é um gênero que eu gosto. *Mas o livro policial é o pretexto*, eu não quis saber nem perguntei a polícia como é que se faz investigação policial. Isso eu imaginei. *O interessante era mais bem a situação, a realidade e o humor.* Por causa do sucesso muita gente me perguntou se tinha mais, então fiz um segundo livro. Agora parei, porém mais tarde provavelmente farei um terceiro (Pepetela, 2005, grifos nossos).

* Simone Caputo Gomes é professora de Literaturas Africanas de Língua Portuguesa da Universidade de São Paulo (USP).

A aguda análise da sociedade angolana, por meio da paródia e da carnavalização, toma o gênero como pretexto, ou seja, mais um instrumental para trabalhar a relação texto-contexto, enfocando, em *Jaime Bunda e a Morte do Americano*, Angola pós-guerras: a devastação das cidades pelas guerras sucessivas (2003, p. 47), o "sorvedouro das batalhas pós-independência" (p. 71), a deterioração das utopias (pp. 55-56), a corrupção e a continuação do "processo de rapina" pela "classe predadora" (p. 250), a convivência do pós-moderno e da tradição (o mundo do telemóvel e do computador × o mundo do feitiço e do tambor, pp. 245-246).

Outro motivo para produzir, naquele momento, romances "pseudopoliciais" foi a captação de um público mais amplo e diversificado para a sua escrita:

> Eu achei que era uma forma talvez mais ligeira que atraía novos leitores. Os jovens não estão muito habituados a ler. São muito influenciados pelo cinema e filmes no geral e por isso uma forma de atrair estes leitores jovens seria através do gênero policial. *No fundo disso mesmo descreve-se a sociedade da mesma maneira mas talvez com mais agilidade.* É mais fácil porque o policial entra em todos os lados, entra em todas as classes e meios sociais. Foi isso que achei e de fato funcionou e portanto penso voltar a fazer. [...]
>
> *A fundação policial, criminosa é só um pretexto para analisar a sociedade.* É isso o que os livros policiais são. Os livros da escola americana dos anos trinta e quarenta também eram. Era uma análise da sociedade americana através do policial. Sempre foi. Agora o que eu acho de diferente é o seguinte: acho que num livro policial o autor sabe o fim desde o princípio. Ele encaminha o livro para o fim. Eu não sei o fim. Por isso é um pouco antipolicial. E também o detetive, o herói, é um anti-herói, é mais anti-herói do que herói (Pepetela, 2005, grifos nossos).

Como ponto de partida para a crítica social e para a análise da credibilidade das instituições em Angola e no mundo globalizado, Pepetela constrói um agente secreto duplo-oposto de James Bond ou 007 (o duplo zero indica a licença para matar), agente britânico nascido na Guerra Fria e criado pelo escritor Ian Fleming em 1953. O autor angolano apodera-se, para construir o seu agente secreto à angolana, de um fenômeno cultural de tal magnitude que tem sobrevivido à queda do Muro de Berlim, aos atentados de 11 de setembro e à era digital, merecendo até congressos internacionais, como o promovido neste início de 2007, pela Biblioteca Nacional francesa em conjunto com universidades e com o Centro Europeu para a Escrita Audiovisual, sobre "a influência de James Bond na cultura britânica, no capitalismo, na geopolítica, na gastronomia e na sexualidade".

Primeiramente apresentado ao público britânico em livros de bolso com estrondoso sucesso de vendagem, James Bond transformou-se nos anos sessenta numa grande franquia cinematográfica que totaliza até nossos dias vinte e dois filmes e que gerou uma "bondmania" alimentada pelo fato de o público invariavelmente adentrar num jogo do qual conhece as peças e as regras: o carrão equipado com um arsenal tecnológico; as armas escondidas em objetos como canetas e anéis; o arquirrival de Bond (vilão caricatural) com planos de dominação; as belas mulheres que se apaixonam pelo irresistível sexy-herói; as sequências de ação que encaminham para o êxito do agente em difíceis missões. Super-homem de massas, como o concebe Umberto Eco (um de seus mais fiéis estudiosos), James Bond também foi apresentado em quadrinhos, videogames, seriados de televisão e se tornou alvo de inúmeras paráfrases (*Missão Impossível, Magnum*) e, sobretudo, paródias, como *Austin Powers, Agente 86, Sou Espião, James West, Johnny English.*

Em suas doze aventuras originais completas Bond sempre foi descrito como um homem alto, moreno, viril, de olhar penetrante, porte atlético e sedutor na casa dos trinta anos, apreciador de vodka-martini (batido), exímio atirador e perito em artes marciais, que combatia o mal no mundo – naqueles tempos de Guerra Fria, o mal foi muitas vezes representado pela URSS – a serviço do governo de Sua Majestade. Bond destaca-se invariavelmente como o herói branco, ícone da masculinidade heterossexual, Don Juan do Reino Unido pós-colonial, cheio de charme, glamour, elegância e cercado de belas mulheres.

Vejamos como Pepetela, trazendo essas estruturas para o contexto pós-guerra angolano, constrói o seu Jaime Bunda, um Bond ao avesso ou, como diria Bakhtin, carnavalizado: negro, "de invulgar traseiro e invejável apetite" (2003, p. 21), desastrado, de desempenho físico-desportivo deplorável, originário de um ambiente desprovido de glamour:

> A ideia do personagem nasceu há muito tempo, pouco tempo depois da independência. E curiosamente – as coisas da literatura sempre são curiosas – nasceu num jogo de basketball [...]. Em 1975 havia uma situação política, militar e econômica também muito complicada e havia muito poucas atividades culturais, e desportivas nenhuma, particularmente não havia jogos. Mas havia um grupo de antigos participantes de basketball que tinham um interesse em retomar a modalidade. Criaram a comunidade basketball. Mas os jogadores estavam há muito tempo sem jogar, sem treinar, dois ou três anos sem treinar e a comer funje e a engordar. A comunidade começou com um jogo internacional [...]. E o Congo foi a Angola e começou a jogar e Angola começou a perder. E então ao pé do sítio onde estavam, sentavam-se as pessoas da federação. E houve um senhor muito indignado com o treinador: "O senhor não põe o meu filho jogar porquê? Nós estamos a perder e o meu filho não entra. Se deixa o meu filho entrar, vamos ganhar". [...] Finalmente o treinador deixou o rapaz entrar. Quando ele chegou à linha, eu vi o filho daquele senhor e pensei "não é possível", porque *era uma bola maior do que a bola de basketball. Ele entrou, não apanhou nenhuma bola, não conseguia saltar e as bolas passavam e Angola perdeu. Então foi nesta altura que eu pensei: Olha aquela bunda, é só bunda. Surgiu então a ideia de um personagem que vai ser uma bunda imensa.*
>
> Muitos anos depois quando tentei escrever um livro policial, resolvi associar as duas coisas: o livro policial e essa figura. Então é ali onde surge a alusão. A figura tinha que ser bunda mas também polícia, pensei Bond. E então o chamei Jaime para parecer James Bond. Mas é a única semelhança que há entre ele e o James Bond. Jaime Bunda é um James Bond sem tecnologia, um James Bond subdesenvolvido (2005, grifos nossos).

Com a pena cáustica da ironia e as tintas da galhofa e do sarcasmo, Pepetela traça o perfil angolano bem-humorado de ser – ou, em suas palavras, de "rir da própria desgraça" – na caricatura bufa do agente secreto: pseudo-herói antidonjuanesco, desprovido de charme, sedução e apelo erótico, desconhecedor de confortos e requintes ("Talvez esperasse uma suíte presidencial digna de James Bond", mas "nunca tinha saído de Luanda, nunca tinha dormido num hotel", 2003, p. 25), executando suas missões muitas vezes a pé (Aston Martins bondianos com assento ejetável e pirotecnias, nem em sonho!).

Comparando a caracterização das personagens de Pepetela com a originalmente proposta por Ian Fleming, a clone de *bond girl* no romance em foco é a "superagente" americana Shirley, "beldade oliudesca" que, a princípio, parece reduzir-se a "cérebro, só cérebro", p. 132), mas que, ao invés de sucumbir ao *sex appeal* do rocambolesco detetive (que se apresenta parodicamente como "Bunda, Jaime Bunda", p. 172), apaixona-se loucamente pela "Miss" Benguela, subvertendo totalmente o comportamento tradicional das *bond girls*. O título do capítulo ("A Suprema Humilhação") aponta para o seu desfecho, com "um humilhado e desprezado Jaime Bunda" dispensado pela agente americana, que prefere um jantar romântico à luz de velas e ao som de uma orquestra com a "miss 1ª dama (de honor)" angolana.

O insólito das situações também contribui para o desfecho (não-desfecho) desse pseudorromance policial, pois que o assassinato (?) do americano, inspirado no noticiário local (o assassinato do português), não encontra a tão esperada solução, elemento fundamental à estrutura do gênero. Um inocente paga com a morte por um crime que não cometeu, numa cruel adequação das circunstâncias às teorias preconcebidas das autoridades americanas e angolanas: o bode expiatório é Júlio Fininho, "homem de princípios, formado nos tempos do socialismo esquemático, esperança de Homem Novo" que, ironicamente, no pós-independência transforma-se no ladrão cognominado de Robin dos Comboios (roubava apenas os passageiros da primeira classe, "a classe predadora" ou "classe de ricos, uma neoburguesia [...] proveniente da rapina daquilo que era de todos", pp. 39, 66, 249, 250).

Pepetela expõe como traçou o tema do romance que ora examinamos:

> Era um história verdadeira, uma história que aconteceu, que eu conheci quando era criança. Um engenheiro português foi assassinado em Benguela e um suspeito inocente morreu na cadeia. Eu fui a Benguela procurar jornais porque sabia que existiam alguns que contavam sobre o crime. Mas não consegui encontrar os jornais da época. Então, eu pus um personagem que é um escritor, o mais velho Raul, a contar a história verdadeira que é trágica no fundo. Neste contexto eu não consegui fazer um Jaime Bunda tão negativo como o primeiro. O primeiro tinha umas coisas de maluco ou gênio, será? (Pepetela, 2005).

Assim, o desvendamento do pseudocrime por um pseudoagente secreto, em peripécias carregadas de humor, acaba por evidenciar a tragicidade que se abate sobre o cidadão angolano quando exposto a aparelhos repressivos manipulados para servir tanto às antigas quanto às novas potências no poder (a "nova potência colonizadora" é o "Império" ianque):

> Muitos países que antes eram dependentes das tropas coloniais, das potências colonizadoras, hoje são dependentes de Estados Unidos. E os Estados Unidos tratam com a mesma arrogância esses países como os colonizadores em tempos atrás. [...] Claro que em nome dos princípios da democracia, bem, muito bem, mas sempre que os seus interesses estão em jogo eles também esquecem as democracias, esquecem dos direitos humanos... Guantánamo... estes casos. Queria propor no livro exatamente aquilo que se passou (2005).

O narrador do romance, que ironicamente se qualifica como "imparcial, apolítico, associal e neutro de afectos e sentimentos" (2003, p. 55), opina:

> Não era nada conveniente que os americanos voltassem agora a ter medo de vir para Angola. Sobretudo os seus capitais que, afinal, eram as notas verdes mais procuradas do mundo (p. 59).
>
> [...] os kambas kaméricas estavam sempre prontos a defender a democracia, até a impô-la à força de bombas para os mais recalcitrantes (p. 212).

A importância dos Estados Unidos como parceiro estratégico no que diz respeito ao consumo do petróleo angolano, sua intervenção no campo da política e da cultura, sobretudo nos costumes da nova elite que se forma, hoje, nos EUA ou em Londres, justifica ainda, segundo Pepetela, a temática e a forma utilizadas em *Jaime Bunda e a Morte do Americano*, entendidas também como instrumentos para reflexão, não apenas sociológica, mas também literária:

> Em termos literários Angola realmente é muito influenciada pela literatura que se faz na Europa e nos Estados Unidos. Mas nós podemos subverter isso, fazer um livro policial que é subversivo na medida que não é policial. *O humor é o que conta no fundo, essa passagem, a coisa ao contrário, é uma subversão do gênero. É um pouco uma atitude anti-colonial, anti-imperial.* Essa é a ideia (2005, grifos nossos).

A desconstrução do gênero policial faz parte, portanto, de uma estratégia para operar uma leitura alegórica da sociedade angolana em tempos pós-coloniais globalizados, de diluição de utopias (como as anteriormente encarnadas, na gesta revolucionária de Pepetela, por heróis como Sem Medo, de *Mayombe).*O crime e o inquérito racional-dedutivo para solucioná-lo, elementos da estrutura fixa apontada por Umberto Eco (1991, p. 39) para que o vencedor JB (James Bond/Jaime Bunda) cumpra o seu objetivo, vão sendo minados pela dúvida (terrorismo, "acto de justiça popular cometido contra o agente do império", roubo ou suicídio? – 2003, pp. 58, 106, 108) e pela lógica do acaso (cf. as "descobertas previsíveis", título do capítulo 10 do romance) que conduz às "possíveis" (cf. os capítulos "Epílogo" e "Segundo Epílogo Possível") conclusões de Jaime Bunda.

O narrador, colando-se à perspectiva das personagens envolvidas na investigação, denuncia o simplismo de certas soluções:

> [...] mas o ministro fica contente. Quer a confissão. E nós também ficamos. Quem manda afinal no inquérito? [...] se lhes dermos um cul-

pado, eles acalmam, deixam de chatear, ganhamos tempo. [...] Pouco importa se o criminoso é inocente ou não, o que interessa é o tempo ganho (pp. 217 e 219).

"Professoral", "devorador de novelas policiais" e filmes, presumido futuro autor de um grande livro do gênero (pp. 82 e 89), Jaime Bunda domina uma cultura policialesca recheada de citações dos romances de espionagem, mas visivelmente diversa da sofisticação tecnológica e da argúcia do agente de Fleming: "abunda" nas ações do agente angolano o aspecto quantitativo (acumulativo, pesado) em detrimento do desempenho qualitativo (dedutivo e ágil) representado por James Bond.

Pelo sabor da sátira bem engendrada, tanto do contexto angolano quanto das representações ocidentais concentradas na personagem James Bond, e por todos os demais motivos que tornam ímpar a sua produção, vale a pena fruir mais este romance de Pepetela.

Referências Bibliográficas

DUTRA, Robson Lacerda. "Detetives, Crimes e Enigmas: A Questão Social sob Lentes de Aumento da Investigação Policial". *In*: *VIII Congresso Luso-afro-brasileiro de Ciências Sociais,* Universidade de Coimbra, 2004. Acessado em www.ces.uc.pt/lab2004/inscricao/pdfs/painel46/ RobsonDutra.pdf, fevereiro de 2007.

ECO, Umberto. *O Super-homem de Massa.* São Paulo, Perspectiva, 1991.

_________.*Il Caso Bond*: *Le Origini, la Natura, Gli Effetti del Fenomeno 007. In:* DEL BUONO, Oreste (org). Milano, Bompiani, 1965.

PEPETELA. *Jaime Bunda e a Morte do Americano.* Lisboa, Dom Quixote, 2003.

_________."O Livro Policial É o Pretexto". Entrevista a Doris Wieser, em Munique. *Espéculo, Revista de Estudios Literarios*, Universidad Complutense de Madrid, 2005. Acessado em http://www.ucm.es/info/ especulo/numero30/pepetela.html, fevereiro de 2007.

SECCO, Carmen Lucia Tindó Ribeiro. "Entre Crimes, Detetives e Mistérios... Pepetela e Mia Couto – Riso, Melancolia e o Desvendamento da História pela Ficção". *A Magia das Letras Africanas*. Rio de Janeiro, ABE Graph, 2003, pp. 124-135.

VENÂNCIO, José Carlos. "Jaime Bunda *versus* Sem Medo: Nacionalismo e Estado Pós-colonial em Angola no Registo de um dos Seus Escritores". *In*: *Congrés Internacional d'Estudis Africans. África camina. Generalitat de Catalunya e LISA*. Barcelona, 2004. Acessado em http://www.africa-catalunya.org/congres/pdfs/venancio.pdf, fevereiro de 2007.

27

Pepetela e a Predatória Arte de Narrar

JORGE VALENTIM*

Para um leitor menos avisado, o recente romance de Pepetela (*Predadores*, Lisboa, Dom Quixote, 2005) pode dar uma impressão bem diferente daquela esperada por um título tão chamativo. Numa era de aldeias globalizadas e expectativas globalizantes, com universos midiáticos, informações instantâneas e de fácil acesso, com meios de comunicação embebidos numa massificação cinematográfica (e, por que não dizer, muitas vezes, de pendor hollywoodiano), com sagas fantasiosas, apelando muito mais para o consumo rápido do espectador, do que propriamente para a sua capacidade de reflexão contínua, um romance com uma porta de entrada deste porte, como é o caso da expressão *Predadores*, pode gerar uma certa linha de leitura que reitera a simpatia e a acomodação do seu autor com o cenário da chamada "pós-modernidade".

Na verdade, Pepetela não parece compactuar com uma perspectiva consumista, ainda que os números de suas edições intentem demonstrar o contrário. No caso deste romance, especificamente, num curto intervalo de treze meses, do seu lançamento em setembro de 2005 a outubro de 2006, a

* Jorge Valentim é professor de Literaturas de Língua Portuguesa (Literatura Portuguesa e Literaturas Africanas de Língua Portuguesa) do Departamento de Letras da Universidade Federal de São Carlos (UFSCar).

obra conta com cinco edições, somando mais de quinze mil exemplares vendidos, segundo a informação veiculada pela sua editora.

A procura pode ser entendida não só pela trajetória literária mais do que consolidada, com prêmios de dimensões nacionais e internacionais, mas também pela repercussão para além das fronteiras da língua portuguesa, com traduções para alemão, inglês, francês, espanhol, italiano, sueco, finlandês, japonês, servo-croata, búlgaro, russo, ucraniano, basco, holandês e grego, despertando consequentemente tanto a atenção dos mais leigos leitores quanto da crítica especializada.

No entanto, gosto de pensar que o elemento magnetizador do seu texto vem propriamente do olhar arguto e cortante com que lança sobre a Angola pós-colonial, pós-1975, remetendo-nos a uma experiência de leitura em que fica tácita a constatação da convivência entre a literatura e a violência. Longe de ser uma prerrogativa do domínio colonial português ou um privilégio dos idos anos do furor salazarista, parece mesmo que a sobrevivência na guerra civil e no período que a ela se sucede, os atos de violência não só teimam em sobreviver, mas também deixam uma herança quase que irrevogável: a corrupção, a especulação, o consumismo desenfreado, a perda de valores éticos e morais, o nepotismo, o interesse desmedido, além de outras vicissitudes que bem poderiam engordar a lista.

Ora, num cenário desta natureza, nada mais adequado que o título *Predadores*, já que, com tal apelo inicial, Pepetela parece mesmo apostar na possibilidade de que, "se a palavra constitui um importante instrumento técnico na realização do texto criativo, cabe não esquecer que sua significação no texto não pode ser isolada do próprio texto" (Lins, 1990, p. 44). Assim sendo, quem espera deparar, em *Predadores*, com um espaço selvático ou de natureza agressiva, inóspita, inexplorada e insólita, logo se dá conta de que os predadores se encontram em outra selva: a da metrópole, ou algo que dela se aproxime, já que estamos inseridos numa Luanda do pós-1975.

Circundando o período de novembro de 1974 a dezembro de 2004, ou seja, pouco mais de vinte anos, a narrativa apresenta como cenário a delicada época do pós-independência, definida por Sebastião Lopes, um dos personagens da obra, como um dos piores momentos da política angolana, "por haver três movimentos de libertação que rivalizam pelo poder" (p. 68). Nesta paisagem, não menos inóspita e desagregadora, com o decorrer da narrativa, o título vai-se justificando, posto que de predadores ela trata. Os personagens aparecem movidos por um profundo sentimento de violência, como se ela mesma nutrisse e estimulasse os seus movimentos, formando uma espécie de irmandade predatória, com um elenco situado a partir do seio da família Caposso.

Vladimiro, sujeito angolano com nome importado do território russo, longe está do grau de fidelidade aos ideais do berço marxista. Sua predação econômica coloca-o na rota da violência impositiva, seja pelo medo, como faz com seus empregados, seja pela autoridade (ou será autoritarismo?), como ocorre com seus próprios filhos. Esvaziando os possíveis sentidos ideológicos que o nome do protagonista poderia suscitar, o narrador adverte ironicamente que "ninguém ligava aos nomes, nem na época nem agora" (p. 51), numa tentativa de despistar quaisquer "sentidos ocultos" (p. 52) apontados e alimentados pela crítica. Na verdade, apesar do alerta da instância narradora, o personagem não parece desviar-se de tal armadilha, já que, por questões de conveniência à filiação do partido e à sobrevivência na época da guerra colonial, Vladimiro rasura a sua origem de Calulo e adota Catete como origem, faltando-lhe, apenas, para completar a sua autorrepresentação, "acrescentar na profissão poeta, para se aconchegar ainda mais ao primeiro Presidente, que era poeta de verdade" (p. 51).

Movido pela ânsia de um crescimento pessoal, Caposso desvirtua-se dos caminhos da militância política, aliás, motivo de desentendimentos com amigos mais próximos, como Sebastião Lopes, e passa a adotar o objetivo de sobrevivência individual em meio à selva de pedra da cidade de Luanda. Gradativamente, do início de sua trajetória como mero funcionário de uma venda a grande empresário local, Caposso vai aprendendo que "a cidade era uma grande escola, a cada dia descobria muita coisa nova" (p. 78).

Dentre os ensinamentos apreendidos no cenário político angolano, marcado pela degenerescência dos valores utópicos libertários e pelo movimento predatório das elites sobre os marginalizados, destaca-se o de que, "nesta terra de lobos", "o homem é o lobo do homem" (p. 129). Daí, talvez, que a postura de Caposso seja exatamente a de um predador, que vê no contexto político-social pós-independência a sua oportunidade de resistir e sobreviver, nutrindo-se da exploração, da corrupção, do medo e da opressão, armas utilizadas por ele sem a menor cerimônia, colocando-o bem perto daquele tipo de "homem violento" (Lins, 1990, p. 51), personagem característico do meio urbano moderno.

Neste sentido, o narrador não parece ter parcimônia na representação do protagonista, desnudando-o com uma espécie de igual impiedade como a do próprio personagem:

> Era um pequeno-burguês, o sonho de um pequeno-burguês é tornar-se um grande burguês, acumular capital, explorar o povo (agora com minúscula) se preciso. [...] Para ser coerente, devia apagar o que os soviéticos e cubanos lhe ensinaram, pensaria o inverso, embora se mantendo prudente no uso das palavras. Pelo menos nos tempos mais próximos. Que se lixe a polícia, o partido e o marxismo! Quero é acumular fortuna e todos me respeitarão, pedirão favores, por muito marxistas que sejam (p. 233).

Destilando uma amargura pontual na narrativa, Pepetela faz-nos lembrar, em determinados momentos da leitura de *Predadores*, o olhar melancólico e ácido sobre a mesma Luanda pós-colonial, como o fez em *O Desejo de Kianda*. A grande diferença, no entanto, reside nos laços familiares e na contiguidade da devoração e corrosão dos (já antigos?) pressupostos sociais, a partir da herança deixada por Vladimiro Caposso. Ora, sublinhando corrosivamente que "os filhos do burguês burgueses seriam, pois já os mais-velhos ensinavam que filho de cobra é cobra" (pp. 237-238), o narrador apresenta os herdeiros predadores do predador protagonista, cada um com a sua especialidade na arte de devorar, suprimir e apagar o outro, em nome de si próprio ou de seus próprios interesses, sem entrar no mérito destes.

Bebiana, a esposa traída, conhecedora dos casos amorosos extraconjugais do marido, porta-se como uma predadora da moda. Para ela, sobreviver significa estar atento aos modismos capitalistas, daí que, "se aparecesse em três revistas para mulheres que a moda era falar sumério antigo, o verdadeiro idioma da globalização, ela, embora sem perceber bem o que era isso de globalização, lutaria para os filhos aprenderem a língua suméria, vá lá saber-se como" (p. 139).

Dessa união, nascem quatro filhos. Djamila, a menos predadora da prole, e, talvez por isso mesmo, fácil alvo dos mais fortes, servindo-lhes mesmo de suporte para a sua sobrevivência. Ainda mantenedora de ideais utópicos, como a criação de um posto médico na CTC, Djamila é apresentada como uma personagem acuada diante das intimidações do pai e da família, sem saber que alimentava ideias comunistas e nutria uma "preocupação social" (p. 301). Calada, recuando sempre diante da força predatória do pai, "nunca tinha ousado discutir com Caposso, só Meirelle conseguia impor a sua vontade ao pai, embora com sorrisinhos e brincadeiras de malandrice" (p. 301). Diferente do desprendimento da irmã mais velha, esquiva-se constantemente do olhar desejante de Karim, antigo sócio indiano de Caposso, obliterando a sua própria vontade de aproximar-se afetivamente do outro.

Bem diferente dela, Meirelle encena uma autêntica predação amorosa, "simulando um ataque de choro, mas fazendo esforço para conter o riso" (p. 304), diante da declarada confissão de traição de Nacib, seu namorado. Usando o seu corpo, ao mesmo tempo como arma e armadilha sobre o outro, a filha de Caposso autentica-se como uma verdadeira devoradora, ao inverter os tradicionais papéis de fragilidade legados ao sujeito feminino. Meirelle desponta, assim, como uma mulher predadora, utilizando o seu corpo como uma espécie de arma de liberdade para si própria, podendo com ele jogar ao seu bel-prazer, bem como uma armadilha de poder sobre o outro, o objeto masculino desejado, manipulando-o e executando com ele movimentos, como se de uma peça de xadrez se tratasse. Na verdade, com ela Nacib cede a posição de macho possuidor para macho possuído, facilmente ludibriado pelo discurso da jovem predadora que o vê como "um verdadeiro parvo" (p. 303).

Como o pai, Meirelle coloca-se numa posição ora de desprezo pelo outro mais fraco, ainda que este seja um antigo amor de infância, ora de desejo de dominação sobre o outro, ainda que este seja o seu próprio irmão. Neste sentido, o narrador também não poupa a representação desta personagem feminina:

> Meirelle se trancou no quarto para acalmar as emoções e pensar calmamente. Então o senhor Nacib tinha andado metido com uma americana e tinha a coragem de lhe contar! Ridículo! Ela estava-se nas tintas. Ia aproveitar a oportunidade para se libertar definitivamente. [...] E era nesta mesma noite que ia sair para a farra. Começou a ligar para as amigas e amigos, combinando encontros em discotecas. Pena o Ivan não estar, sempre metido na fazenda da Huíla, ele era o perfeito motorista. Mas arranjaria outro com toda a facilidade, bastava um aviso (pp. 304-305).

Dos irmãos, Yuri, o mais novo, poucas vezes é referenciado pelo narrador, talvez, numa possível demonstração de esperança em gerações futuras, diante de um cenário familiar predatório. Ainda assim, na visão de Caposso, a diferença entre o filho mais novo e o mais velho é gritante. Enquanto o menor desenvolvia uma outra atividade, ainda que salutarmente predatória, o maior levava o epíteto da inutilidade e da incapacidade: "Na mesa estavam dois tipos diferentes de jogos electrónicos, mas Yuri preferia a leitura, quando estava mergulhado numa estória era inútil tentar falar com ele. Antes assim, pensou Caposso ao fechar a porta, sempre é melhor que o irmão" (p. 58).

Da família Caposso, se Meirelle sintetiza a atividade predatória feminina sob um signo ativo, Ivan desponta exatamente como o seu oposto, sob uma falida predação masculina, com posturas declaradamente passivas, seja diante do autoritarismo do pai, seja diante da sua própria atitude como homem. Assim, Ivan, de "péssimo estudante", "delinquescendo no ensino de base" (p. 137), sem perspectivas de trabalho futuro, é designado pelo pai como um "imbumbável" (p. 138).

Mas o seu lugar na selva luandense ainda estaria garantido por duas situações. A primeira, de sobrevivência sobre o mais fraco, num nítido flagrante de sua decadência, já que só se torna um mais forte, quando atropela um mendigo aleijado, Simão Kapiangala, um mutilado da guerra que vivia pelas sarjetas das ruas. E, por fim, a segunda, quando se torna gerente e procurador do pai na "Fazenda Karam", uma propriedade rural da família, onde Ivan poderia alimentar o seu sonho de "ser patrão. Estar presente, com a sua presença fazer os outros trabalhar. E receber elogios pela obra de terceiros" (p. 280).

Ainda que sem a força ativa de Meirelle, Ivan não parece abandonar os traços predatórios herdados de Caposso. Afinal, na fazenda, Ivan desenvolve a sua capacidade de dominar e exercer a sua arte predatória sobre a propriedade e os bens que nela há. Por isso que, diante da ordem do pai em executar uma vitela para um churrasco de recepção, Ivan sente-se agredido e envergonhado, "sofrendo todos os olhos sobre ele" (p. 282), diante daquilo que considerou uma prepotente demonstração de poder de Caposso.

Desta forma, criando uma célula familiar tão peculiar, nesta Angola não menos surpreendente e predatória, o narrador parece também não escapar da sedutora arte de domínio sobre o outro. No caso, aqui, é claro, sobre os leitores. Com um início extremamente impactante, com a cena de execução a sangue frio de um casal no momento em que os dois se encontram na cama, o narrador principia o seu relato colocando o protagonista Caposso como um possível algoz, ao perpetrar o assassinato. Seria possível até pensar a narrativa, que começa a se desdobrar a partir daí, como uma do gênero policial. Aliás, aventura nada inusitada para o autor do personagem detetive Jaime Bunda.

No entanto, é aqui que Pepetela exerce o seu domínio sobre o bordado romanesco, ao iniciar com uma cena marcada pela violência, criar uma trajetória de personagens predadores, num cenário pós-guerra, oscilante entre a perspectiva de um futuro promissor e a desesperança diante da falência de antigos ideais, destilar um fio narrativo com profundas ressonâncias distópicas e, ao mesmo tempo, compor um desfecho que contrasta com o princípio do relato e as trajetórias dos Caposso.

Vale a pena arriscar o papel deste narrador, como uma espécie de narrador-predador, que enreda gradativamente o leitor no tecido criado, costurando as idas e vindas temporais, como que servindo saborosamente o leitor e, ao mesmo tempo, devorando-o com recursos narrativos, como as pequenas porém esclarecedoras rubricas, quase sempre presentes entre colchetes e com fontes em itálicos. Dando pistas e ocultando fatos, o narrador-predador de *Predadores* parece investir numa construção sutil prenhe de armadilhas salutares, onde o leitor, como num labirinto, deixa-se oferecer ao prazer da entrega.

E, sem querer roubar o prazer da leitura deste romance de Pepetela, onde o seu autor exercita uma salutar e predatória arte de narrar, vale a pena aqui sublinhar o desfecho inusitado. Ora, se realmente, "aos discursos ficcionais, cabe finalmente a amarga tarefa de situar a violência, de colocá-la no interior de um quadro vivo, de conferir-lhe o peso da experiência através da sua representação", para assim poder produzir "os efeitos da tomada de posição" (Lins, 1990, p. 15), o romance de Pepetela aposta numa tomada de posição bem diferente daquela utilizada pelos personagens da família Caposso.

Ainda que reiteradamente distópico, o fim parece ainda apontar para uma reticência utópica, onde a amizade e a confiança aparecem como valores inabaláveis na união fraternal de Nacib e Kasseke. Numa "noite de Natal", quando já "não havia sons de tiros nem balas tracejantes riscando o céu", nem "conversas sobre guerra" (p. 380), o dinheiro novamente aparece, agora, pelas mãos do jovem angolano com nome indiano, como um instrumento capaz de dar uma esperança de recuperação ao amigo mutilado. Ora, se o mesmo dinheiro trouxe tantas decepções políticas e divisões partidárias, por que não acreditar que ele próprio poderia ser usado para recuperar um corpo debilitado e, com isto (quem sabe?) alimentar a utopia de resgatar o próprio corpo da nação?

Referências Bibliográficas

LINS, Ronaldo Lima. *Violência e Literatura.* Rio de Janeiro, Tempo Brasileiro, 1990.

PEPETELA. *Predadores*. Lisboa, Dom Quixote, 2006.

28

O Terrorista de Berkeley, Califórnia: Entre a Modernidade e a Barbárie

SUELI SARAIVA*

Pepetela, o escritor ex-guerrilheiro, cuja obra se consagrou ao fincar raízes na história de seu país, Angola, situando suas narrativas em espaços tão diversos quanto a Angola ancestral da rainha Lueji e a arena das guerrilhas de libertação na floresta Mayombe, entra no século XXI brindando seus leitores e críticos com temas de além-fronteiras angolanas. Assim também é a proposta de sua obra mais recente, *O Terrorista de Berkeley, Califórnia* (Lisboa, Dom Quixote, 2007), uma narrativa curta, definida pelo autor como novela, que atravessa o Atlântico e aterrissa em solo americano para refletir artisticamente sobre os desacertos do serviço de combate ao terrorismo daquela nação.

A narrativa começa *in medias res* e num ritmo que, em termos cinematográficos, se poderia chamar de *thriller*. A primeira cena descreve a agitação frenética num gabinete do serviço secreto americano. As ações das personagens beiram a paródia do gênero espionagem, já familiar a Pepetela. O tal grupo especial do serviço secreto americano é formado por um mexicano, ex-imigrante clandestino que traiu deliberadamente a sua gente e passou a combater as redes de imigrantes clandestinos quando os americanos precisaram "de alguém falando espanhol e de

* Sueli Saraiva é doutoranda em Estudos Comparados de Literaturas de Língua Portuguesa na Universidade de São Paulo (USP) e bolsista da CAPES.

comprovada lealdade na traição aos conterrâneos do Terceiro Mundo" (*TB*, p. 9); um perito em informática de ascendência chinesa, apaixonado por uma outra agente, dona de uma rara beleza herdada da mestiçagem de mãe somali, pai havaiano e avô meio espanhol meio vietnamita; uma linguista de meia idade, ex-militante de extrema esquerda na época da guerra do Vietnã, ex-anti-imperialista, que agora decifra com competência as mensagens espionadas que circulam pela Internet; e todos eles comandados por um aparvalhado oficial, de caráter xenófobo, racista e pateticamente dependente das habilidades técnicas de seus subordinados.

O causador do furor no *bureau* é a personagem principal: um típico gênio do mundo pós-moderno, estudante oriundo da classe média de uma cidade pequena, bolsista de mestrado na Universidade de Berkeley e, devido ao brilhantismo nos estudos da matemática e informática, cortejado pelos mestres para prosseguir na carreira acadêmica, mas também com a opção de enriquecer rapidamente nas moderníssimas empresas do Vale do Silício, na mesma Califórnia. No entanto, o tímido e sensível jovem é indiferente a tais propostas fáusticas; sua apatia social sustenta, no entanto, uma elevada capacidade de refletir sobre o mundo ao seu redor:

> Lembrou uma ocasião em que observava, no jardim à frente da Câmara Municipal, uma menina de uns quatro anos brincando sozinha na relva, enquanto a mãe lia um livro, sentada no banco perto. Ele estava deitado na relva, primeiro a olhar as nuvens, até que se apoiou sobre um cotovelo e notou a menina. Loira, melancólica na sua brincadeira solitária. Essa melancolia chamou-lhe a atenção, outro ser solitário. [...] Mas a mãe [...] levantou-se em fúria, fechou o livro, avançou para a menina e puxou-a por um braço para a rua, olhando de vez em quando para trás. [...] Que raio de povo era o seu, que podia confundir assim os sentimentos, ele apenas descobrindo uma identificação com a melancolia da garota e a mãe lhe adivinhando as piores intenções? [...] Gostaria de contar essas ideias, talvez desajustadas, que o perturbavam por vezes, mas não tinha ninguém a quem contar (*TB*, p. 47).

Assim, ao não acreditar na possibilidade das relações humanas, ele se refugia no único ambiente onde acredita ter liberdade e domínio absolutos: o virtual ciberespaço. Então, munido dos mais avançados sistemas de segurança que desenvolvera, ele dá asas à imaginação, cria interlocutores fictícios na Internet e, num processo catártico, deixa extravasar um daqueles desejos que devem morrer no nascedouro do inconsciente:

> Mas tivera sem dúvida uma ideia interessante, se revoltar nas mensagens contra o mundo tão ingrato. [...] E assim se sentiu à vontade para pela primeira vez manifestar a Brad a sua intenção de cometer um atentado de altas proporções [...]. Entretanto, defendeu o trabalho final e terminou o mestrado... (p. 52).

O fictício interlocutor e o fictício atentado, expressões de inconformidade nessa catarse ciberespacial, foram rastreados pelo Estado onipresente com o uso de tecnologias avançadas e análises científicas, e considerados ameaça real a ser combatida. O erro essencial do protagonista talvez tenha sido acreditar que seu genial domínio tecnológico de ponta lhe possibilitasse um espaço, ainda que virtual, onde a censura ao pensamento livre não pudesse alcançá-lo, onde a individualidade pudesse ficar isenta de qualquer tipo de repressão. O desdobramento do enredo revelará que isso era impossível. O livro relata portanto uma inversão que é nuclear ao enredo: a humana modernidade do protagonista, aliada a sua genialidade em lidar com as avançadas tecnologias, choca-se no ciberespaço com a implacável barbárie de uma condenação sem julgamento protagonizada por Estado moderno e democrata.

Antes mesmo de abrir o livro, surge o primeiro ponto de interrogação ao leitor. Os três substantivos do título, ao serem colocados juntos, apontam para um paradoxo. "Terrorista" tornou-se no imaginário ocidental, em especial após o fatídico 11 de Setembro de 2001, o anátema contra o Ocidente que vem do lado "bárbaro", a leste do globo; enquanto que "Berkeley", cidade ao norte da Califórnia que abriga laboratórios das mais avançadas ciências (espaciais, matemáticas etc.), é berço de cérebros reconhecidos com o Prêmio Nobel por suas inestimáveis contribuições à humanidade. Já "Califórnia" – estado que dá nome à universidade que abriga o *campus* de Berkeley, entre outros, além da maior indústria do cinema do mundo – revela ainda de onde se vai narrar, isto é, do dentro das entranhas do império "mais civilizado" e "moderno" do mundo capitalista. Logo, falar de "terrorista de Berkeley" não deixa de causar um estranhamento por reunir numa mesma frase elementos das chamadas "arcaica barbárie" e "civilizada modernidade". Também é justo suscitar uma outra questão: a do escritor periférico, mestre em reflexões urgentes acerca da espinhosa realidade sociopolítica de seu país africano, dar voz a um narrador voltado para a realidade de um país "do centro".

Como Pepetela procedeu anteriormente, por exemplo no romance *Lueji* (*Lueji: O Nascimento de um Império,* Lisboa, Dom Quixote, 1997), o autor tende a revelar o seu esquema narrativo de forma metalinguística no próprio corpo da obra. Salta aos olhos o magnífico excerto do livro selecionado para a quarta capa desta edição portuguesa, o qual sintetiza a crítica que a obra propõe:

> E ele gostava de ficar sentado algum tempo, encostado a um tronco, olhando a enorme baía em toda a sua extensão e pensando na vida. [...] E entendia naquela paz, com o barulho dos carros e das cidades muito lá ao longe, o contraste profundo da sua terra representado pela visão de abertura e progressista da ponte Golden Gate ao fundo e a visão da terrífica prisão de Alcatraz no rochedo isolado do meio da baía, de onde só uma vez tinham escapado dois ou três presos, tão monstruosamente concebida fora. *A Golden Gate e Alcatraz tinham sido realizados pelo mesmo povo, o seu* (grifos nossos).
>
> [...]
>
> A ideia nasceu aí, num desses momentos em que havia algumas nuvens cinzentas e tristonhas, quando de repente o Sol irrompeu pelo meio delas, azulou o mar e enverdeceu as colinas. Alcatraz brilhou subitamente no meio do azul e parecia ameaça... (*TB*, pp. 46-47).

"A ideia [que] nasceu aí" como um raio de sol em meio às "nuvens cinzentas e tristonhas" de ideias angustiantes pode muito bem remeter ao próprio momento de iluminação do ato de criação da obra. As sentenças: "A Golden Gate e Alcatraz tinham sido realizadas pelo mesmo povo, o seu" e "Alcatraz brilhou subitamente no meio do azul e parecia ameaça..." são centrais na estrutura do enredo. A proximidade da ponte Golden Gate (símbolo de modernidade, de progresso, de avanço, de travessias) com a prisão de Alcatraz, "tão monstruosamente concebida" (símbolo de barbárie, privação de liberdade, isolamento "no rochedo no meio da baía"), trouxe luz a uma imagem que sintetiza o que parece ameaça: a barbárie latente no tranquilo mar azul da modernidade.

O Terrorista de Berkeley, Califórnia chama a nossa atenção para o fato de que a "ideologia legitimadora (da barbárie) do tipo moderno", no caso americano, a segurança de Estado, atualiza de certa forma o pessimismo da teoria que Walter Benjamin ditava nos idos de 1929, em que pregava a máxima desconfiança contra o "progresso técnico e industrial", o qual poderia ser "portador de catástrofes sem precedentes", referindo-se ao uso das tecnologias como instrumentos de guerra. A chamada terceira revolução industrial, a informática, ápice do progresso técnico nos séculos XX-XXI, também pode funcionar como "ingrediente da barbárie tecnoburocrata moderna" na propagada guerra contra o terrorismo. Michael Löwy ("Barbarie et Modernité au XXe siècle", *Critique Communiste,*157, Hiver 2000), de quem emprestamos as frases aspeadas, afirma que entre as características propriamente modernas da barbárie legitimada pelo Estado "civilizado" ao longo do século XX relacionam-se: a utilização de meios técnicos modernos, o menor contato pessoal possível entre quem toma a decisão e as vítimas, e a "gestão burocrática, administrativa, eficaz, planificada, 'racional' (em termos instrumentais) dos atos bárbaros".

Retomando o enredo da novela, vemos que a primeira providência do narrador é apresentar o funcionamento burocrático do gabinete de combate ao terrorismo e seus técnicos instrumentalizados com tecnologia de vigilância de ponta; o contato pessoal entre os "vigilantes" e suas vitimas é inexistente dado o meio virtual do ciberespaço; assim, quando a decisão final é tomada, ela vem isenta de qualquer responsabilidade moral. No desfecho da novela, são exemplares as falas do agente chefe de operações, mesmo diante das dúvidas de seus agentes a respeito do alvo: "O melhor é mesmo engavetar o homem. Ele que se explique depois. Não podemos esquecer que estamos a lidar com terroristas"; sobre a sugestão de não usar o teto de um mosteiro budista para o cerco ao dito terrorista: "Se é um bom posto para limpar os terroristas, ficamos mesmo lá. Budista ou não é tudo a mesma coisa, tudo terroristas"; "Mande avançar os homens [...]. Agarrem esses terroristas antes que eles nos mandem para o ciberespaço com uma bomba atômica" (*TB*, pp. 112-113).

Retomando a questão do escritor periférico, que apontamos acima, talvez essa forma de rearticular a realidade e revelar as correspondências ocultas e paradoxais entre barbárie e modernidade na sociedade ocidental seja a grande realização do nosso escritor periférico; é suficiente recordar a proposição de Roberto Schwarz de que muito do que é encoberto no centro pode ser revelado na periferia do capitalismo (*Um Mestre na Periferia do Capitalismo: Machado de Assis*, 1990). A novela que desde a primeira até a quarta capa é um convite à reflexão sobre o nosso tempo termina com uma frase emblemática: "Terroristas somos todos, depende de que ângulo nos observem" (*TB*, p. 115).

Referência Bibliográfica

PEPETELA. *O Terrorista de Berkeley, Califórnia*. Lisboa, Dom Quixote, 2007.

29

O Quase Fim do Mundo

RAQUEL SILVA*

> *Foi então, de lá de cima, que viram o elefante. Estava a uns duzentos metros abaixo deles, apanhando com a tromba as folhinhas tenras da ponta de uma árvore. Simba Ukolo sentiu um fogo interior e vieram-lhe as lágrimas aos olhos. Depois notou o outro vulto e mais emocionado ficou. Era uma fêmea com a sua cria. Riek também sorriu. Tinha valido a pena apanhar uns sustos naquela subida para ver a paisagem e sobretudo o par de elefantes. Quem sabe, talvez houvesse mais. Ficaram muito tempo lá em cima, respirando ar puro, procurando sinais de vida. Encontraram um gafanhoto apenas. Mas não era de todo mau, tinha sido uma expedição proveitosa, se sentiam menos sozinhos*
>
> PEPETELA, *O Quase Fim do Mundo*, p. 215.

Parece nos que em obras como *Mayombe* (1980), *Yaka* (1985), *Lueji* (1989) e *A Geração da Utopia* (1992) havia um processo de construção do sentimento nacional essencialmente angolano, pois a trajetória pessoal e literária desse autor, Pepetela – militante, guerrilheiro, político, professor e sociólogo –, sempre esteve atrelada a reivindicações de autonomia e soberania nacional. Nesse último romance intitulado *O Quase Fim do Mundo* (2008), mais do que qualquer sentimento angolano, temos também a expressão de um descontentamento diante da política ecológica, econômica e social vigente no mundo.

* Raquel Silva é doutora em Letras pela Universidade de São Paulo.

A escrita de Pepetela vem num *continuum*, ou seja, nas primeiras obras discute pares dicotômicos como tradição/modernidade, pensamento africano/pensamento ocidental, campo/cidade, que delineiam a nova nação que está-se constituindo. O romance *O Quase Fim do Mundo* não prescinde de tais pares, mas os eleva ao plano do debate universal. Essa perspectiva ficou evidente também em *Predadores* (2005). Quem não reconhece personagens como Vladimiro Caposso, representante de um grupo social sanguessuga que se vale do aparelho estatal e de negócios escusos para ascender socialmente?

No livro *O Quase Fim do Mundo*, o escritor angolano apresenta-nos um mundo desprovido repentinamente de vida animal, com exceção de um pequeno espaço que poderia fazer parte de qualquer canto da África, Calpe. Coincidência ou não, esse recanto do mundo tem o mesmo nome do espaço que seduziu Luzolo, Kanda e Munakazi no livro *Parábola do Cágado Velho* (1996). No entanto, se o embate da citada narrativa fez-se entre as cercanias do kimbo e as "ideias novas" territorializadas em Calpe, o livro *O Quase Fim do Mundo* anuncia, "a partir de um espaço desprezado pelo mundo", o "apagamento total da raça humana" (p. 7).

Num desejo profundo de alcançar a problemática da Humanidade, no decorrer do texto, ficamos sabendo da relação de Calpe e da origem dos três maiores rios do mundo:

> Se estabelecermos um triângulo entre a nascente do Nilo, a qual por vezes ainda é discutida, a do Congo e a do Zambeze, vemos que Calpe fica mais ou menos a meio do triângulo. A cidade das nascentes, podia ser chamada. Ou a cidade de todas as Águas. No entanto, só tem um regatozinho que logo desaparece no lago pequeno, um dos riachos menores do mundo! Ironias da geografia? (p. 55).

Assim, o que poderia passar despercebido chama a atenção para o fato de que a história tratada pode ser de qualquer canto da África Austral, Oriental, ou Central. A mensagem do romance se universaliza e torna-se o tema de uma completa declaração como ato definido sócio-histórico, ou seja, no todo do romance, o poder da persuasão está na tentativa de conscientização de que existe (ou deveria existir) uma política ecológica e humanitária atrelada não mais na imobilidade das fronteiras, mas na percepção da diferença e das várias alteridades.

Isso significa dizer que além do espaço narrado e também por ele pode-se compreender o quanto o título do livro é emblemático: seria a "cidade das nascentes" o quase fim do mundo enquanto espaço africano? Ou "o quase fim do mundo" prenuncia genericamente o desaparecimento da própria essência da Humanidade, sobretudo se pensarmos que esse holocausto se dá pela intolerância racial? O fato é que as duas possibilidades são válidas dentro do romance, não para resolver a sua complexidade, mas para aprofundá-la. Para tanto, o foco narrativo alterna-se ora cedendo a palavra à primeira pessoa de um narrador-personagem, ora na onisciência de uma terceira pessoa, dividindo assim um fluxo de consciências atormentadas por um "silêncio ensurdecedor".

A narrativa inicia-se por meio de um personagem mediador que nos dá a impressão de que vai contar uma história já passada:

> Chamo-me Simba Ukolo, sou africano e sobrevivi ao fim do mundo. Se o fim do mundo quer dizer o aniquilamento absoluto da humanidade, haverá algum exagero na afirmação, pois escapou alguém, eu, Simba Ukolo, na ocorrência. Isso foi a primeira impressão, sozinho na minha terra natal. Terrível sensação de solidão e de perda, mas sobretudo uma tontura de incredulidade. Dava mesmo para acreditar em coisa mais absurda? (p. 7).

Simba Ukolo, de 35 anos, educado no materialismo ateu, fez parte de uma juventude revolucionária, foi casado e pai de uma menina; esposa e filha dizimadas pela "coisa" que mais tarde ficaremos sabendo ser a concretização de um desequilíbrio sectarista dos "novos neo-názis", advindo daqueles que acreditavam ter essencialmente origem europeia. Apelidado de "detecta-vidas" porque, ao achar uma ameba no lago, uma abelha, um mosquito ou um gafanhoto, preenche-se de encantamento na morosidade de cada dia, outrora envolvido pela televisão que agora só emite ziguezagues a preto e branco passando rapidamente com ruídos sem sentido. Pensando estar louco, o médico, talvez a personagem mais humanizada do romance, com um copo de uísque no regaço, acorda a altas horas da noite com o silêncio: "[...] foi o silêncio que me fez despertar, tenho a certeza. Nem um pio de coruja ou um ladrar de cão, muito menos o barulho longínquo de um gerador de eletricidade ou automóvel. Nenhum som. Estaria também surdo? Lembrei, estava maluco, doido varrido..." (p. 11). A tensão desse romance está justamente nessa sensação de vazio, de solidão de quem "acende um cigarro e deixa que a chama do fósforo lhe queime os dedos" (p. 11), simplesmente para, no torpor do fim da vida, sentir alguma coisa. Aliás, o médico é o único a encontrar um sobrinho, Nkunda. De todo modo, o insólito não envolve somente Simba Ukolo, mas também uma dona de casa, Geny. Essa mulher de meia-idade, que faz parte de uma seita religiosa chamada Paladinos da Coroa Sagrada e é sempre alimentada pela ideia de juízo final, mais tarde ficará sabendo que a sua religião fora também o algoz da humanidade.

Personagens antitéticos, a religiosa e o cientista (ambos, aliás, aproveitam para roubar os bancos, já que não sabem o que o futuro lhes reservará) têm uma convivência forçada e, cada um à sua maneira, tentam explicar o porquê do mundo cindido. Para aprofundar essa cisão aparece Jude. O cientista tenta ser o pai de uma menina de dezesseis anos de idade, a religiosa tenta catequizá-la. De qualquer forma, ambos vão descobrir que aquela menina "aparentemente tímida e chorona", ao final, revela-se faceira e determinada tanto a desvincular-se da "mãe" como a aprender a voar e seduzir Simba. Sobreviver significa encontrar outros pares humanos, daí aparecer a figura do pescador, catequizado e enamorado de D. Geny. Sobrou também um ladrão, Joseph Kiboro, 28 anos e autodidata. Talvez como questionamento de qualquer conceito preestabelecido, tal personagem seria "aquele que protesta contra a formação de classes sociais, com o seu comunismo nascente" (p. 378).

Ao mesmo tempo em que a narrativa apresenta-nos "um mundo cheio de pessoas únicas" (p. 57) – até agora um médico, uma adolescente, uma criança, uma fanática religiosa, um pescador e um ladrão comunista –, ela tenta desfazer qualquer tipo de convicção humana diante da nova realidade apocalíptica. Dentro desse "continente em convulsão" (p. 189), todos, por enquanto, trazem para a cena do debate o discurso das diferentes gerações que terão que (re)formular a Terra.

A forma artística angolana tenta renovar e apurar a visão de que – tal como nos lembra a poesia de John Done – "a morte de qualquer homem me diminui, porque sou parte do gênero humano". Ou melhor, o que a realidade catastrófica autoriza, a experiência estética interroga reiteradamente no decorrer da narrativa: as relações contemporâneas entre os continentes europeu e africano. Desse modo, o texto inscreve-se na atualidade internacional, o que significa que a narrativa e o mundo narrado não se eximem do entendimento de que "ninguém é uma ilha isolada". A própria forma necessita exibir questionamentos não mais entre metrópole e colônia, tradição e modernidade, mas, sim, como o desenvolvimento dum descompasso perverso de intolerância expressa uma nova realidade intrínseca ao mundo. Nas palavras de Simba, "o mais desprezado dos sítios, África, é o que acaba por guardar vida?" (p. 349).

De todo modo, nascido em Benguela "na fronteira do asfalto", Pepetela percebeu em todas as suas obras anteriores uma Angola como terreno mestiço onde se cruzam matrizes culturais muito diversificadas. Assim, existe em *O Quase Fim do Mundo* uma tentativa de alcançar o universal no espaço insólito de Calpe, por isso não poderia deixar de aparecer nesse romance uma personagem norte-americana e uma bôer, ambas brancas. A primeira, chamada Janet Kinsley, vivia sozinha numa tenda, numa região incerta, estudava os hábitos sexuais dos gorilas em um dos últimos santuários em que ainda eram relativamente numerosos. A pesquisadora norte-americana apaixona-se pelo eletricista negro Julius Kwenda, de trinta anos, da região do Kilimanjaro. O segundo personagem branco, Jan Dippenaar, um militar, de personalidade reservada, atrai a desconfiança de todos. Vive atormentado por culpar-se pela fatal descida contra uma pista de pouso, em que se espatifou o avião de treino, do que resultou a morte de seu instrutor. Trabalhava como segurança de diamantes, e a narrativa deixa no ar se ele era um mercenário ou não. Todos se reúnem em Calpe, e a partir da literatura dissolvem-se quaisquer certezas identitárias para a confecção do novo mundo.

Ao lado dessas incertezas, sobrevive também uma historiadora somali, Ísis, cujo pai era de formação católica e muçulmana e "talvez por isso resolveu dar-me o nome dessa deusa egípcia, acto ousado numa sociedade muçulmana, como devem perceber, essa deusa era de uma religião bárbara, nome de infiel [...] as pessoas torciam a cara quando ouviam o meu nome" (p. 135). Uma "deusa egípcia" de 24 anos, de nome emblemático, disputada pelo médico e pelo ladrão, no entanto, vai parar nos braços de um etíope kimbanda, Riek. Este, um homem de meia-idade, engravida a historiadora e, por ironia do destino, o filho de uma somali com um kimbanda etíope vai ser o primeiro europeu dessa nova humanidade, uma vez que Ísis terá seu filho em Paris.

O kimbanda pertence ao mundo popular numa mistura de força vital africana e do mundo no qual vivia a "tratar das infertilidades"; aliás, tal como Mulaji (*Lueji: O Nascimento dum Império*, 1990), Riek representa dois universos eminentemente antiburgueses, pois, a partir da dinâmica textual, são atualizações do "homem do povo" cuja origem idílica (Riek antevê a gravidez de Ísis), dentro do romance, podemos perceber com a leitura de Mikhail Bakhtin, que assim lhe resume os traços definidores: "O homem do povo surge como portador da atitude sábia para com a vida e a morte perdida pelas classes dominantes"[1]. Perso-

1. Mikhail Bakhtin, *Questões de Literatura e de Estética*. São Paulo, Ed. Unesp, 1993, p. 342.

nagem profético, representa a sabedoria dos ancestrais e tem de conformar-se com a convivência forçada, "afinal eram os companheiros que algum sopro ou vento pôs nas suas mãos e nunca se pode recusar as oferendas dos ventos" (p. 255).

Os personagens vão rastrear o mundo em busca de seres vivos; à exceção de Riek e Geny, todos passam por Egito, Roma, Paris e encontram pintadas na basílica de São Pedro, no Vaticano, as seguintes palavras em inglês: "Se quer conhecer o que aconteceu no Mundo, vá às portas de Bradenburgo em Berlim" (p. 324). Lá, coincidentemente, "perto do sítio onde Hitler e os últimos chefes názis tinham acabado os seus dias" (p. 347), ficam sabendo que um fanático religioso, junto com outros cientistas, inventou uma máquina destruidora chamada "Feixe Gama Alfa", que volatiliza as moléculas animais e todos os seus componentes. Essa seita tem vários adeptos no mundo, e seu mentor intelectual é Pak-To, cuja Igreja chama-se Paladinos da Coroa Sagrada. A Igreja estaria incumbida de redimir a raça branca, aliciar mártires involuntários e fazê-los detonar o tal engenho. O manuscrito só foi deixado pelo cientista porque, um dia antes da empreitada, o amianto não protegeu a cobaia, portanto, todos aqueles que "estariam protegidos para dar origem a uma nova Humanidade, pura, verdadeira" (p. 343) morreram nos Alpes austríacos. De todo modo, buscando debater sobre a estrutura e a marcha de uma problemática universal, o livro *O Quase Fim do Mundo* tem como pano de fundo para sua narrativa a tessitura de uma nova humanidade que não aprende com os seus erros:

> Dippenaar ouvia-a, no entanto. Apoiou com a cabeça, é isso mesmo que vai acontecer, sempre foi assim, uns trabalham, outros mandam. Ele estava bem, tinha uma profissão útil, piloto de avião. Simba também como médico podia exigir a comida que outros produziam a troco de terapia.
>
> Seremos a classe dominante – disse o sul-africano – Há dúvidas?
>
> Tanta crueza inibiu qualquer palavra ou gesto discordante (p. 378).

É nesse quadro que Pepetela tece a história do eterno retorno da humanidade e também de seus fatores de diferenciação no que concerne ao domínio da filosofia, a sensibilidade e mundivisão; o grande alerta é, nas palavras da personagem Janet: "Uma civilização desenvolve-se até poder fabricar as armas capazes de a destruir, tal é o seu destino. E acaba por deixar poucos vestígios, ou então são vestígios incompreensíveis para as gerações seguintes. E o destino do homem é destruir-se, para recomeçar tudo de novo?" (p. 359). As incertezas de Janet são perfeitamente compreensíveis diante dum processo histórico perturbador e uma paisagem em modificação. No texto, perante essas incertezas, a diversidade é bem-vinda porque pretende não somente conjecturar sobre quem são, de onde vieram, mas também discutir para onde vão diante da fatalidade histórica que lhes foi imposta, entender qual o lugar que cada indivíduo ocupa num tempo narrativo em que existe a iminência de diferentes valores e a possibilidade de novas configurações territoriais. Enfim, a forma romanesca toma contornos de realidade à medida que proporciona a experiência do mundo contemporâneo, ao visualizarmos a degradação do meio ambiente, e também ao problematizar a essência da humanidade, pois, diante da tragédia, os sobreviventes terão de lidar com suas frustrações individuais e históricas. O romance *O Quase Fim do Mundo* passa a ser objeto privilegiado de reflexão crítica por trazer para a cena do debate não apenas a convivência de estórias e culturas, mas também a construção de novos conceitos e significados, do continente africano para o mundo.

Referência Bibliográfica

PEPETELA. *O Quase Fim do Mundo.* Lisboa, Dom Quixote, 2008.

30

Contos de Morte: *Flashes* para Escrever Angola

LOLA GERALDES XAVIER*

> *A ideia de angolanidade está presente em toda a sua obra mas de forma tão natural que não a condiciona do ponto de vista literário. Pepetela está a escrever não sobre Angola. Ele está escrevendo Angola, essa que há mas que ainda não existe, a sonhada e a geradora de sonhos.*
>
> MIA COUTO

Estas palavras de Mia Couto, sobre Pepetela, que servem de epígrafe a *Contos de Morte*, definem a essência de mais este livro do autor angolano, constituído por "cinco histórias dispersas", em que sobressai, *ab initio*, a importância dos paratextos, importantes para orientar a leitura, pela sua capacidade performativa e função pragmática.

O título faz lembrar *Contos de Amor, Loucura e Morte* (1971), do escritor uruguaio Horacio Quiroga. Também o livro de Pepetela apresenta imagens sobre a fragilidade da existência e das relações humanas. O vocábulo "morte" em título de livro não deixa o leitor indiferente e condiciona o seu universo de expectativas. O título conduz o leitor para o campo semântico da mudança, da fatalidade inelutável, do disfórico, que, em parte, se confirmará ao longo da leitura dos contos. Porém, os tipos e motivações das mortes serão diferentes à medida que se passa de conto para conto.

* É doutorada em Literatura (Comparada de Língua Portuguesa) pela Universidade de Aveiro, pertence ao Centro de Línguas e Culturas da Universidade de Aveiro e ao Centro de Literatura Portuguesa da Universidade de Coimbra. É docente na Escola Superior de Educação de Coimbra.

Numa linguagem que pretende aproximar-se da realidade focada, aproximando-se do estilo coloquial quando se descreve a vivência nos bairros de Luanda, utilizando não raras vezes o discurso indirecto livre, o narrador omnisciente e heterodiegético estabelece "alguns fios de ligação" (p. 16) entre os contos. Em todos eles há, pois, pontos de contacto com a temática da morte que se apresenta de forma diferente. Por um lado, é o produto da luta contra as forças da Natureza, por outro, é resultante do confronto com o Outro, o intruso, o português. Apenas uma das personagens principais morre nestes contos, em "Mandioca de Feitiço", fruto da luta contra a ordem tradicional instituída. A personagem secundária que sofre a morte mais violenta e inesperada é Mariana de "A Revelação", devido a um acto de desespero e impotência em relação ao Outro. Neste conto, a morte é cruelmente exposta pelo olhar do menino Lito, ele próprio autor do assassinato do seu coelho inocente. Em "O Caixão do Molhado" é também uma personagem secundária, igualmente de nome Mariana, de saúde débil, que falece. Por sua vez, em "Estranhos Pássaros de Asas Abertas" e "O Nosso País É Bué" são apenas figurantes que morrem. No primeiro, a morte resulta do confronto com o Outro, o estranho, os navegadores portugueses; no segundo, a morte é o resultado irónico do fracasso do homem na tentativa de dominar a Natureza.

Os contos foram escritos em períodos histórico-políticos bem diferentes e estão organizados cronologicamente, à excepção do último. O primeiro é de 1962, "A Revelação", escrito, portanto, no início da luta de libertação de Angola e o texto mais antigo publicado até agora em livro. Os dois seguintes são de 2001, "O Caixão do Molhado" e "Mandioca de Feitiço"; o quarto é de 2003, "Estranhos Pássaros de Asas Abertas" e, finalmente, o último é de 1999, "O Nosso País É Bué". Subverte-se, assim, a ordem cronológica em favor da temática do conto. Apesar do desfecho de "O Nosso País É Bué", a euforia nacionalista inicial do miúdo Lito, na sua primeira fala: "Esse país é bué, mãe, esse país é bué" (p. 85), ficará quase como o refrão de um hino, que a desilusão final não consegue apagar completamente, pois a constatação de que "o país não era assim tão bué como imaginara" (p. 94), remete novamente para o adjectivo de significação positiva "bué", no grau comparativo. Esta conclusão do conto reenvia para o início, de forma circular, colocando a tónica entre "os entusiasmos [...] pelo país, aprendidos nos livros da escola, embora contrariados constantemente na rua" (p. 85). O conto remete para a relação frustrada entre a ideologia e a prática, ou seja, a construção do nacionalismo através do ensino. Daqui resulta o embate entre a crença de que o petróleo poderia sair do chão, no quintal de cada um, já refinado, permitindo a cada angolano ser um microempresário e viver numa "democracia petrolífera" (p. 92), e a evidência de um país a necessitar de reconstrução: o petróleo era o resultado das fugas da refinaria, velha e sem manutenção séria.

Passa-se, assim, da significação eufórica do título, logo no início do conto, para a cautela que o narrador impõe através do olhar da mãe de Lito: "Eram tempos difíceis, qualquer notícia podia trazer uma tragédia" (p. 85).

Por sua vez, o conto que abre o livro, "A Revelação", evidencia as tensões resultantes da convivência entre o branco-colonizador e o negro-colonizado. Assim como no conto anterior, a personagem principal é um miúdo, Candimba. A revelação desencadeia a perda da sua inocência. Tendo ido comprar sal à loja do português, Sô Ferreira, Candimba ouve a conversa deste com a jovem negra Mariana, casada, mas grávida do branco. Destaca-se nesta *estória* uma relação de trocas: o branco promete benesses materiais e ascensão social mediante favores sexuais. O desequilíbrio acontece, porém, quando a negra acredita no branco e este não pretende cumprir as suas promessas, criticando-se, desta forma, a instrumentalização da mulher negra pelo colonizador branco. A fragilidade da mulher, alvo fácil para os detentores de algum poder económico, o que na altura equivalia a dizer, o branco, atinge o seu clímax no suicídio de Mariana, depois de perceber, envergonhada, que fora manipulada por Sô Ferreira.

A insignificância do negro acentua-se na personagem que tem a chave para resolver o mistério da morte de Mariana: Candimba. O rapaz quer informar a multidão que acorre a ver o corpo da jovem, mas ninguém lhe presta atenção, sentindo-se "pequeno e fraco" (p. 29), "miseravelmente esquecido" (p. 29), "miserável e inútil" (p. 30). E se, num primeiro momento, encontra refúgio na meiguice do seu coelho, logo a relação metafórica que estabelece entre os olhos vermelhos do coelho e os olhos e gengivas do Sô Ferreira, o branco do pelo do coelho e a cor da pele do comerciante, levam-no a desferir uma facada no coração do coelho. Esta tentativa de se dissociar do coelho, evidenciada pela frase curta: "Não sou como tu" (p. 31), representa uma forma de "matar" os Sôs Ferreiras, o branco, o Outro, e marca a sua perda de ingenuidade e inocência. Ainda assim, este gesto cruel é suavizado pelo pedido de Candimba, no final, preocupado com o tipo de morte que deu ao coelho: "Nosso Senhor faz com que eu acertei bem no coração" (p. 32).

Pelo contrário, a visão do português não é negativa em relação à personagem principal de "O Caixão do Molhado", cuja gentileza sobressai ao longo do conto. Molhado é a alcunha de Sô Belarmino Moreira, que nasceu no Porto, em 1918, numa altura de cheias, tendo caído às águas do Douro, quando nasceu. Vivendo em Luanda desde os nove anos, vê-se, depois da independência, viúvo e só. Com a consciência de que a madeira é escassa em Luanda, decide prevenir-se e mandar construir um caixão. O problema surge depois: onde o colocar? A solução mais prática parece ser debaixo da cama. Mas é uma solução que o perturba de início e que há de incomodar a empregada, D. Maria.

A resolução de Belarmino não levantaria problemas se ele não tivesse decidido casar com uma senhora, também viúva, D. Mariana, dez anos depois, tendo-se esquecido que tinha um caixão debaixo da cama. Este esquecimento trouxe, no entanto, consequências nefastas: D. Mariana, de coração frágil, morre de susto na noite de núpcias quando se encontrava sozinha no quarto para se arranjar. A visão do "cadáver de um homem a passar no rio que corria, inchado à frente da sua casa" (p. 36), que Belarmino tivera no Porto, ainda criança, e a consequente certeza de que um caixão é importante para esconder a "face morta e pálida dos curiosos olhares dos outros" (p. 37), desvanece-se. Belarmino ultrapassa finalmente esse trauma de infância com a trágica e irónica perda da recente esposa, não encomendando outro caixão para si. O desfecho deste conto coloca a tónica na moral que poderia servir de epígrafe a esta *estória*: "tanta previdência pode não ser prudência" (p. 49).

Este tom moralizador encontra-se também no conto dedicado a Miguel Torga, "Mandioca de Feitiço". As personagens são ainda portuguesas e nortenhas. É o caso de Faustino e Firmo, recuperados, respectivamente, de "Um Roubo" e "Homens de Vilarinho", de *Contos da Montanha* (1941). Pepetela consegue realizar momentaneamente o sonho da fuga à pobreza de Faustino e as aventuras e viagens de Firmo. Firmo continua sem se fixar, cansando-se de Luanda e voltando a Portugal, não sem deixar para trás dois filhos de "pai incógnito".

A personagem principal do conto é, contudo, Faustino, que permanece em Angola, desejando enriquecer. Finalmente, consegue amealhar algum dinheiro para a sua velhice, fruto de desvio de verbas. Rapidamente, porém, é descoberto pelo patrão da roça de café a que, entretanto, fora promovido a capataz-gerente.

A sorte do Faustino pepeteliano não é diferente da ventura do torguiano: um ladrão humanizado, mas pouco ambicioso e pouco perigoso, sem sorte, que acaba por morrer fruto do roubo mal calculado.

A ironia da morte de Faustino no conto "Um Roubo", de Miguel Torga, agudiza-se no desfecho de "Mandioca de Feitiço": repete-se a agonia, agora na dor causada pela indigestão da mandioca e acentua-se o não-reconhecimento da vida fruto da morte em segredo, sem que ninguém para além do seu amigo de viagem, Ndozi, pudesse identificar o lugar onde fora enterrado.

Destaca-se no final deste conto o poder da fome que desvela a relação entre a tradição, a crença em feitiços, e o racionalismo dos europeus. Se para Ndozi os fiapos de pano vermelho na mandioca significavam que a lavra fora enfeitiçada e provocaria a morte, para Faustino: "Essas crenças são pagãs [...]. É pecado" (p. 65). No entanto, o desfecho dá razão aos costumes autóctones e evidencia a impotência perante eles. O discurso literário legitima, assim, as crenças africanas.

Esta não é, porém, a única intertextualidade que se estabelece ao longo do livro. Apesar de a cronologia poder ser importante no processo de construção da angolanidade, evidenciando a relação da Literatura com a História, em "Estranhos Pássaros" a localização temporal é apenas relevante na intertextualidade que se estabelece com o início do canto v, de *Os Lusíadas*, explicando literariamente os não-ditos das estrofes 16 a 36. Através da narrativa encaixada, destacada pelos itálicos, este conto de Pepetela desvenda o motivo por que os navegadores portugueses enfrentaram uma das "súbitas trovoadas temerosas" (*Os Lusíadas*, v, 16). O escritor angolano coloca em diálogo figuras do Olimpo com os deuses angolanos. As consequências dos arrufos entre Tétis e Adamastor e as consequentes vagas provocam Kianda, que recusa a intromissão de deuses estrangeiros no seu território, pedindo auxílio a Nzambi para repor a ordem. É este confronto que explica a agitação marítima, que finalmente acalma, com a retirada dos deuses romanos. O conto de Pepetela descortina ainda as consequências do desembarque a que se referem as estrofes 24 a 36 deste canto de *Os Lusíadas*.

O tema da incomunicabilidade encontra-se também em ambos os textos: "Os do mar falavam na sua língua de espíritos, os da terra falavam as suas línguas de pastores de bois, mas ninguém se entendia" (p. 76) e "Nem ele entende a nós, nem nós a ele, / Selvagem mais que o bruto Polifemo" (*Os Lusíadas*, v, 28). Se no poema de Camões prevalece a visão que os brancos têm dos negros, através de expressões como "Todos nus e da cor da escura treva" (*Os Lusíadas*, v, 30) e "gente bestial, bruta e malvada" (*Os Lusíadas*, v, 34); no conto de Pepetela acedemos ao lado contrário, à caracterização do branco pelo negro. Em contraste com a nudez dos autóctones, o conto destaca as roupas grossas dos portugueses, desapropriadas ao clima. Insiste-se no "cheiro pestilento" (p. 71) dos navegadores, no corpo com "muitos pelos, [que] sua muito e cheira como os mortos" (p. 78), e no seu "aspecto desgrenhado de bandidos" (p. 71). É como bandido que Veloso se comporta ao tentar agarrar e violar uma negra. Este gesto desencadeia uma luta entre os autóctones e os navegadores e apresenta uma explicação para a elipse aos versos de *Os Lusíadas*: "Estando, a vista alçada, *co* cuidado/ No aventureiro [Veloso], eis pelo monte duro/ Aparece e, segundo ao mar caminha, / Mais apressado do que fora, vinha" (*Os Lusíadas*, v, 31).

Este estranhamento, resultante do embate inesperado, leva os negros a tomarem os navegadores por "espíritos" e as caravelas por "estranhos pássaros de asas abertas", imagem repetida uma dezena de vezes ao longo do texto.

Deste conto, como do anterior, pode retirar-se também uma moral enunciada no final. Apesar de se caracterizarem os navegadores portugueses de "imparáveis" (pp. 80-81) e de "espíritos indómitos que tiveram o valor de vergar as vontades de deuses" (p. 81), a verdade é que tal audácia não foi sem consequências, pois "outros deuses e valores irremediavelmente ofenderam" (p. 81). Não é, nos séculos vindouros, a relação colonial que se estabeleceu com Angola resultado da *bravura portuguesa*?

Este livro de Pepetela permite, assim, ter uma perspectiva literária de *flashes* de quatro décadas da História de Angola. É mais um testemunho de como Pepetela tem vindo a "escrever Angola".

Referência Bibliográfica

PEPETELA. *Contos de Morte.* Lisboa, Edições Nelson de Matos, 2008.

V

Pepetela
Sobre/Para o Escritor

Teses e Dissertações sobre a Obra de Pepetela nas Universidades Brasileiras*

A. Defendidas

I. Pontifícia Universidade Católica de Minas Gerais (PUC-MG)

1. CAETANO, Marcelo José. *Margens da História, Limites da Utopia: Uma Análise de* Muana Puó, As Aventuras de Ngunga *e* A Geração da Utopia. Pontifícia Universidade Católica de Minas Gerais, 2004. Tese de Doutorado. Orientadora: Profª Drª Maria Nazareth Soares Fonseca.

II. Pontifícia Universidade Católica do Rio de Janeiro (PUC-RJ)

1. SILVA, Ieda Moraes da. *Lobo Antunes e Pepetela: A Literatura como Chave de um Horizonte Multicultural.* Pontifícia Universidade Católica do Rio de Janeiro, 2007. Dissertação de Mestrado. Orientador: Prof. Dr. Alexandre Montaury Baptista Coutinho.

III. Pontifícia Universidade Católica do Rio Grande do Sul (PUC-RS)

1. BROSE, Elizabeth Robin Zenkner. *A Máscara de Múltiplas Faces – Narrativas de Pepetela.* Pontifícia Universidade Católica do Rio Grande do Sul, 2005. Tese de Doutorado. Orientadora: Profª Drª Regina Zilberman.

* Levantamento feito por Érica Antunes em março de 2008.

IV. Universidade de São Paulo (USP)

1. ABLAS, Maria de Nazaré Ordonez de Souza. *História e Histórias: Um Estudo Comparativo entre os Romances* Memorial do Convento *de José Saramago e* Yaka *de Pepetela.* Universidade de São Paulo, 1998. Dissertação de Mestrado. Orientador: Prof. Dr. Benjamin Abdala Junior.
2. ABLAS, Maria de Nazaré Ordonez de Souza. *Conflito de Identidades em* A Geração da Utopia *e* O Esplendor de Portugal. Universidade de São Paulo, 2004. Tese de Doutorado. Orientador: Prof. Dr. Benjamin Abdala Junior.
3. AZEVEDO, Claudinéia Barbosa de. *Liberdade e Identidade: Projeções da Utopia de um Escritor Angolano em suas Personagens Femininas.* Universidade de São Paulo, 2001. Dissertação de Mestrado. Orientadora: Profª Drª Rita de Cássia Natal Chaves.
4. BACCEGA, Maria Aparecida. Mayombe*: Ficção e História (Uma Leitura em Movimento).* Universidade de São Paulo, 1986. Tese de Doutorado. Orientador: Prof. Dr. Benjamin Abdala Junior.
5. HÚNGARO, Susana Regina Vaz. *Romance, Revolução e Utopia: Um Estudo Comparado entre* Capitães de Areia, Levantado do Chão *e* A Geração da Utopia. Universidade de São Paulo, 2004. Tese de Doutorado. Orientador: Prof. Dr. Benjamin Abdala Junior.
6. MARINANGELO, Célia Regina. *Literatura no Compasso da História: Brasil e Angola.* Universidade de São Paulo, 2001. Dissertação de Mestrado. Orientadora: Profª Drª Rita de Cássia Natal Chaves.
7. MARTIN, Vima Lia de Rossi. *Trajetórias do Discurso Utópico – Uma Leitura Comparativa entre* Levantado do Chão, *de José Saramago, e* Yaka, *de Pepetela.* Universidade de São Paulo, 1998. Dissertação de Mestrado. Orientador: Prof. Dr. Benjamin Abdala Junior.
8. MENNA, Lígia Regina Máximo Cavalari. *A Denúncia da Exploração Humana através da Carnavalização.* Universidade de São Paulo, 2003. Dissertação de Mestrado. Orientador: Prof. Dr. Carlos Moreira Henriques Serrano.

9. MISTRO, Célia Regina. *Imaginário e Resistência nas Literaturas Infantis de Angola e Portugal: Pepetela e José Gomes Ferreira.* Universidade de São Paulo, 2003. Dissertação de Mestrado. Orientador: Prof. Dr. Carlos Moreira Henriques Serrano.

10. NASCIMENTO, José Ferreira do. *Heróis Guerrilheiros: Um Estudo Comparado de Personagens das Obras* Mayombe, *de Pepetela, e* Em Câmara Lenta, *de Renato Tapajós.* Universidade de São Paulo, 2001. Dissertação de Mestrado. Orientadora: Profª Drª Tania Celestino de Macêdo.

11. PAVÃO, Suzana Rodrigues. *A África e Suas Jornadas: A Utopia de Duas Nações Vistas Através da Obra* Jornada de África, *de Manuel Alegre, e* A Geração da Utopia, *de Pepetela.* Universidade de São Paulo, 2002. Tese de Doutorado. Orientador: Prof. Dr. Carlos Moreira Henriques Serrano.

12. RODRIGUES, Sara Viola. *Tema da Decadência nos Romances* Absalão! *e* Yaka. Universidade de São Paulo, 1996. Tese de Doutorado. Orientador: Prof. Dr. Benjamin Abdala Junior.

13. RUIVO, Marina Silva. *Literatura e Resistência: Estudo Comparado de* Viagem à Luta Armada, *de Carlos Eugênio Paz, e* A Geração da Utopia, *de Pepetela.* Universidade de São Paulo, 2005. Dissertação de Mestrado. Orientadora: Profª Drª Rita de Cássia Natal Chaves.

14. SANTOS, Francisca Maria dos. Quarup *e* A Geração da Utopia: *História-Ficção e Utopia.* Universidade de São Paulo, 2001. Dissertação de Mestrado. Orientadora: Profª Drª Maria Aparecida de Campos Brando Santilli.

15. SANTOS, Maria Alzira de Souza. Os Cus de Judas e Mayombe*: Da Imposição da Dor à Superação do Vazio.* Universidade de São Paulo, 2000. Dissertação de Mestrado. Orientador: Prof. Dr. Benjamin Abdala Junior.

16. SARTESCHI, Rosangela. *Ficção e História no Âmbito do Romance:* Balada da Praia dos Cães *e* Mayombe. Universidade de São Paulo, 2005. Tese de Doutorado. Orientadora: Profª Drª Maria Aparecida de Campos Brando Santilli.

17. TEIXEIRA, Valéria Maria Borges. *A Recuperação da Cultura Tradicional Angolana a partir da Recuperação do Mito, da*

Lenda e da História em Lueji: O Nascimento dum Império. Universidade de São Paulo, 1999. Dissertação de Mestrado. Orientadora: Profª Drª Rita de Cássia Natal Chaves.

V. Universidade do Estado do Rio de Janeiro (UERJ)

1. AMORIM, Cláudia Maria de Souza. *Estilhaços da Guerra na Obra de Lobo Antunes e Pepetela.* Universidade do Estado do Rio de Janeiro, 2006. Tese de Doutorado. Orientadora: Profª Drª Nadiá Paulo Ferreira.

VI. Universidade Estadual de Londrina (UEL)

1. FERREIRA, Cláudia Cristina. *Relendo Pepetela e Jorge Amado – Cenários Lusófonos Enviesados pelo Realismo Mágico – Uma Estrutura Mítica Pautada na Vertente Culturológica.* Universidade Estadual de Londrina, 2002. Dissertação de Mestrado. Orientador: Prof. Dr. Sérgio Paulo Adolfo.
2. FERREIRA, Silvana Rodrigues Quintilhano. *Uma Releitura da Mulher Angolana em* Lueji, A Gloriosa Família *e* Mayombe*, de Pepetela: Diálogo Pós-colonial e Feminista.* Universidade Estadual de Londrina, 2007. Dissertação de Mestrado. Orientador: Prof. Dr. Sérgio Paulo Adolfo.
3. TONDINELLI, Tiago. *Um Diálogo entre* Mayombe *e a Filosofia Culturalista.* Universidade Estadual de Londrina, 2004. Dissertação de Mestrado. Orientador: Prof. Dr. Sérgio Paulo Adolfo.

VII. Universidade Estadual Júlio de Mesquita Filho (Unesp – Assis)

1. ADOLFO, Sérgio Paulo. *A Ficção de Pepetela e a Formação da Angolanidade.* Universidade Estadual Paulista Júlio de Mesquita Filho – Assis, 1993. Tese de Doutorado. Orientador: Prof. Dr. Fernando Manuel de Mendonça.
2. MANTOLVANI, Rosangela Manhas. *Guerrilheiros, Heróis, Angolanos: As Personagens de Pepetela.* Universidade Estadual Paulista Júlio de Mesquita Filho – Assis, 2005. Dissertação de Mestrado. Orientadora: Profª Drª Tania Celestino de Macêdo.

3. MELLO, Cláudio José de Almeida. *Discurso Social, História e Política no Romance Histórico Contemporâneo de Língua Portuguesa: Leminski, Lobo Antunes e Pepetela.* Universidade Estadual Paulista Júlio de Mesquita Filho – Assis, 2005. Tese de Doutorado. Orientador: Prof. Dr. Antônio Roberto Esteves.

VIII. Universidade Federal da Bahia (UFBA)

1. OLIVEIRA FILHO, Jesiel Ferreira de. *Leituras Pós-coloniais de Comemorações Lusófonas.* Universidade Federal da Bahia, 2003. Dissertação de Mestrado. Orientadora: Profª Drª Eneida Leal Cunha.

IX. Universidade Federal da Paraíba (UFPB)

1. COSTA, Maria Gabriela Cardoso Fernandes da. *Memória e Identidade em* Viva o Povo Brasileiro *e* Lueji: O Nascimento de um Império. Universidade Federal da Paraíba, 2006. Tese de Doutorado. Orientadora: Profª Drª Elisalva de Fátima Madruga Dantas.
2. LACERDA, Wanilda Lima Vidal de. *O Olhar de Pepetela sobre Angola.* Universidade Federal da Paraíba, 2007. Tese de Doutorado. Orientadora: Profª Drª Elisalva de Fátima Madruga Dantas.

X. Universidade Federal de Goiás (UFGO)

1. MELO, Márcio Araújo de. *Macunaíma e Nunga: Um Caso de Identidade Nacional.* Universidade Federal de Goiás, 1997. Dissertação de Mestrado. Orientador: Prof. Dr. Manoel de Souza e Silva.

XI. Universidade Federal de Minas Gerais (UFMG)

1. PIRES, Rosane de Almeida. *Narrativas Quilombolas:* Negros em Contos, *de Cuti e* Mayombe, *de Pepetela.* Universidade Federal de Minas Gerais, 1998. Dissertação de Mestrado. Orientadora: Profª Drª Maria Nazareth Soares Fonseca.

XII. Universidade Federal do Mato Grosso do Sul (UFMS)

1. LOPES, Fernando de Oliveira. *Uma Leitura de* Yaka, *de Pepetela.* Universidade Federal de Mato Grosso do Sul, 2004. Dissertação de Mestrado. Orientador: Prof. Dr. Sérgio Nolasco dos Santos.

XIII. Universidade Federal de Santa Catarina (UFSC)

1. MARCON, Frank Nilton. *Leituras Transatlânticas: Diálogos sobre Identidades e o Romance de Pepetela.* Universidade Federal de Santa Catarina, 2005. Tese de Doutorado. Orientadora: Profª Drª Ilka Boaventura Leite.

XIV. Universidade Federal do Rio de Janeiro (UFRJ)

1. DUTRA, Robson Lacerda. *O Espelho Refratário das Águas: Uma Leitura das Relações entre História, Mito e Ficção em Narrativas de Pepetela.* Universidade Federal do Rio de Janeiro, 2002. Dissertação de Mestrado. Orientadora: Profª Drª Carmen Lucia Tindó Ribeiro Secco.
2. DUTRA, Robson Lacerda. *Pepetela e a Elipse do Herói.* Universidade Federal do Rio de Janeiro, 2007. Tese de Doutorado. Orientadora: Profª Drª Carmen Lucia Tindó Ribeiro Secco.
3. ROSA, Patrícia Simões de Oliveira. *Guilhermina e Lueji: Corpos que Executam, Argila Prévia do Som.* Universidade Federal do Rio de Janeiro, 2004. Dissertação de Mestrado. Orientadoras: Profª Drª Carmen Lucia Tindó Ribeiro Secco e Profª Drª Teresa Cristina Cerdeira da Silva.
4. SANTOS, Olimpia Maria dos. *A Alegoria Barroca em Pepetela e Boaventura Cardoso.* Universidade Federal do Rio de Janeiro, 2007. Tese de Doutorado. Orientadora: Profª Drª Carmen Lucia Tindó Ribeiro Secco.
5. SANTOS, Olimpia Maria dos. *Entre a História e a Ficção, uma Outra Versão: Análise de* A Gloriosa Família: O Tempo dos Flamengos, *de Pepetela.* Universidade Federal do Rio de Janeiro, 2002. Dissertação de Mestrado. Orientadora: Profª Drª Carmen Lucia Tindó Ribeiro Secco.

6. TEIXEIRA, Vanessa Ribeiro. *Saramago e Pepetela – Identidades Submersas: Kiandas, Jangadas, Águas Revoltas...* Universidade Federal do Rio de Janeiro, 2004. Dissertação de Mestrado. Orientadora: Profª Drª Carmen Lucia Tindó Ribeiro Secco.

XV. Universidade Federal do Rio Grande do Sul (UFRGS)

1. CONTE, Daniel. *Espaços Possíveis: A Representação Espacial nas Obras de Pepetela e Lobo Antunes.* Universidade Federal do Rio Grande do Sul, 2001. Dissertação de Mestrado. Orientadora: Profª Drª Jane Fraga Tutikian.

XVI. Universidade Federal Fluminense (UFF)

1. CAMPOS, Maria do Carmo Sepúlveda. *Estórias de Angola: No Espelho Ficcional, a Dupla Face da Pedagogia.* Universidade Federal Fluminense, 1997. Dissertação de Mestrado. Orientadora: Profª Drª Laura Cavalcante Padilha.
2. CHAVES, Rita de Cássia Natal. Mayombe*: A Reinvenção de Ogum, o Prometeu Africano.* Universidade Federal Fluminense, 1984. Dissertação de Mestrado. Orientador: Domício Proença Filho.
3. HILDEBRANDO. Antonio Barreto. A Revolta da Casa dos Ídolos: *A Nação em Cena.* Universidade Federal Fluminense, 1996. Dissertação de Mestrado. Orientadora: Profª Drª Laura Cavalcante Padilha.
4. MIRANDA, Maria Geralda de. Yaka*, ou um Texto Tecendo a Nação.* Universidade Federal Fluminense, 1995. Dissertação de Mestrado. Orientadora: Profª Drª Laura Cavalcante Padilha.

B. Em Andamento

I. Pontifícia Universidade Católica de Minas Gerais (PUC-MG)

1. BRETAS, Homero. A Gloriosa Família*, de Pepetela: Literatura e História.* Pontifícia Universidade Católica de Minas Ge-

rais. Dissertação de Mestrado. Orientador: Prof. Dr. Audemaro Taranto Goulart. Início: 2005.

II. Pontifícia Universidade Católica do Rio Grande do Sul (PUC-RS)

1. BAYER, Adriana Elisabete. *Pepetela e Ondjaki: Com a Juventude, a Palavra Faz o Sonho.* Pontifícia Universidade Católica do Rio Grande do Sul. Dissertação de Mestrado. Orientadora: Profª Drª Vera Teixeira de Aguiar. Início: 2006.

III. Universidade de São Paulo (USP)

1. MANTOLVANI, Rosangela Manhas. *Das Invasões às Fogueiras: Os Discursos Ex-cêntricos de Pepetela e Saramago.* Universidade de São Paulo. Tese de Doutorado. Orientadora: Profª Drª Tania Celestino de Macêdo. Início: 2006.
2. RABECCHI, Ana Lúcia Gomes da Silva. Chão de Exílio *nas Duas Margens do Atlântico: A Exclusão em* Os Tambores de São Luís e A Gloriosa Família. Universidade de São Paulo. Tese de Doutorado. Orientadora: Profª Drª Salete de Almeida Cara. Início: 2004.
3. SANTOS, Donizeth Aparecido dos. *O Processo de Formação Regional/Nacional e de Construção Identitária Através da Literatura: Um Estudo Comparativo entre* O Tempo e o Vento, *de Erico Veríssimo, e* Yaka, *de Pepetela.* Universidade de São Paulo. Tese de Doutorado. Orientador: Profª Drª Tania Celestino de Macêdo. Início: 2008.

IV. Universidade Federal da Bahia (UFBA)

1. FIGUEIREDO, Fábio Baqueiro. *A Construção Nacional em Angola: Noções sobre Tribo e Nação na Literatura de Pepetela (1971-1983).* Universidade Federal da Bahia. Dissertação de Mestrado. Orientador: Prof. Dr. Valdemir D. Zamparoni. Início: 2007.

V. Universidade Federal de Santa Maria (UFSM)

1. PROLLA, Vera. *Identidade e Revolução em Pepetela e Antonio Callado.* Universidade Federal de Santa Maria. Tese de

Doutorado. Orientador: Prof. Dr. Pedro Brum Santos. Início: 2003.

VI. Universidade Federal do Rio de Janeiro (UFRJ)

1. TEIXEIRA, Vanessa Ribeiro. *Pepetela e Saramago: Flutuação de Gêneros.* Universidade Federal do Rio de Janeiro. Tese de Doutorado. Orientadora: Profª Drª Carmen Lucia Tindó Ribeiro Secco. Início: 2005.

VII. Universidade Federal do Rio Grande do Sul (UFRGS)

1. CONTE, Daniel. *Calados por Deus ou de Como a África Foi Arrasada Pela História: Os Tons do Silêncio no Processo de Construção da Identidade Angolana e Sua Representação na Ficção de Pepetela.* Universidade Federal do Rio Grande do Sul. Tese de Doutorado. Orientadora: Profª Drª Jane Fraga Tutikian. Início: 2004.

VIII. Universidade Federal Fluminense (UFF)

1. ASSIS, Roberta Guimarães Franco Faria de. As Aventuras de Ngunga e Bom Dia Camaradas*: Dois Olhares "Infantis" Sobre (Duas) Angola(s).* Universidade Federal Fluminense. Dissertação de Mestrado. Orientadora: Profª Drª Laura Cavalcanti Padilha. Início: 2007.
2. RODRIGUES, Maria Inês Mexias. Os Cus de Judas *e* A Geração da Utopia*: A Memória de Uma Guerra na (Re)visão de Lobo Antunes e Pepetela.* Universidade Federal Fluminense. Tese de Doutorado. Orientadora: Profª Drª Laura Cavalcante Padilha. Início: 2006.

Título	*Portanto... Pepetela*
Organizadoras	Rita Chaves e Tania Macêdo
Editor	Plinio Martins Filho
Produção editorial	Aline Sato
Capa	Tomás Martins
Ilustração da capa	Salete Mulin
Revisão	Geraldo Gerson de Souza
Editoração eletrônica	Daniel Lopes Argento Daniela Fujiwara Gustavo Marchetti
Formato	12,5 × 20,5 cm
Tipologia	Times
Papel	Cartão Supremo 250 g/m^2 (capa) Pólen Soft 80 g/m^2 (miolo)
Número de páginas	392
Impressão e acabamento	Cromosete Gráfica e Editora